修眞圖
수진도 연구

자항 **김상태** 지음

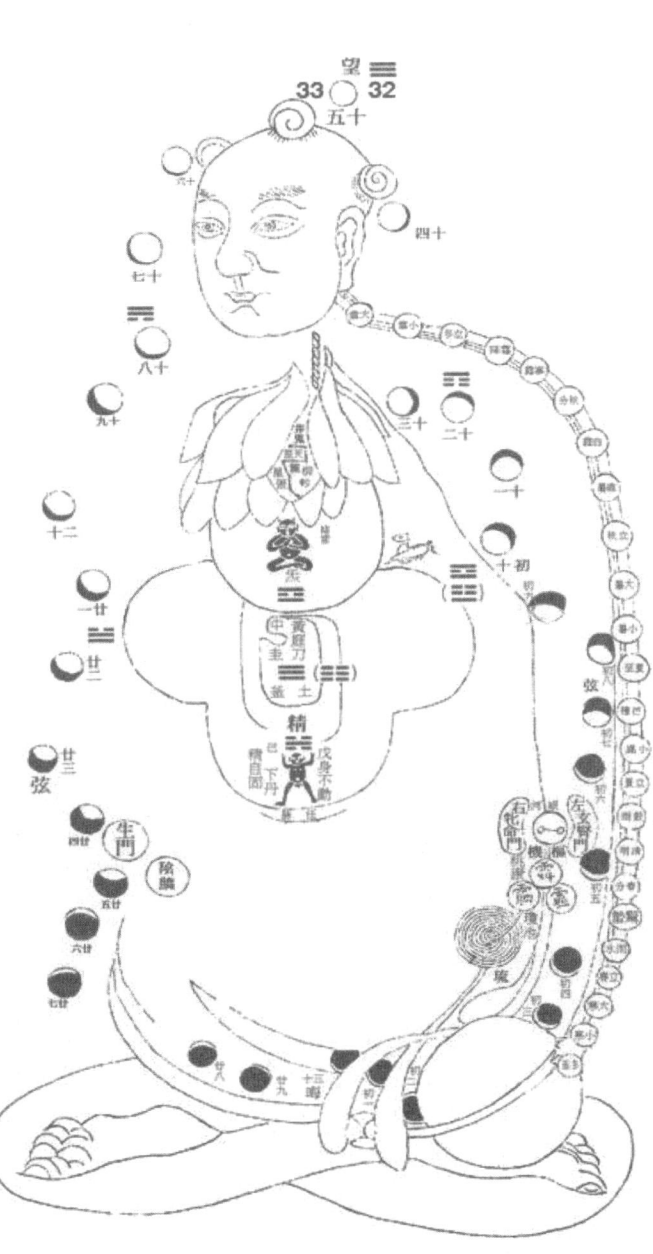

혼속출판사

서 평

맹자의 군자 세 가지 즐거움 중의 하나인 천하의 영재를 얻어서 교육한다고 말이 나와 관련이 없는 줄 알았다. 그런데 고려대학과 파리4대학(소르본느 고등종교과학원 EPHE)에서 수학한 '천하의 영재'인 김상태 박사(자항스님)와 인연을 맺을 줄이야 생각도 못했다.

그는 홍산문화와 관련하여 환국, 신시배달국, 단군조선의 역사를 석사학위 논문으로 쓰고 싶다고 하였지만, 내가 보기에 한국 상고사의 역사를 공부해서 쓰기보다는 본인이 수행 재직하고 있는 일관도를 다루는 것이 좋다고 조언하였고, 그래서 나온 논문이 일관도의 『왕각일의 삼교합일론』이다. 일관도에 대한 기존의 논문이 주로 민간사상에서 조명한 논문인 데 반해, 이 논문은 철학사상의 관점에서 일관도를 조명한 최초의 논문이라 하겠다. 그는 박사과정에서 『수진도』로 논문을 쓰겠다고 하였는데, 마침 나도 카트린 데스페(Catherine Despeux, 1946-현재)의 『수진도』 중국어 번역본을 가지고 있었다. 이 책을 언젠가는 봐야지 하고 생각만 하고 있었는데, 논문을 쓰겠다니 놀라울 따름이었다.

『수진도』는 한 장의 도면에 중국 도교의 핵심을 그려 넣은 것이다. 이것을 카트린 데스페는 번역만 하였고, 존사와 내단의 내용에 대한 분석은 없었다. 내가 보기에 그녀는 이것을 분석할 수 있는 시간과 여유가 안 되었던 것 같다. 마침 나는 왕양명의 문집을 읽던 중에 그가 내단 수련 이전에 상청파의 존사법 수행을 하고 있었다는 것을 알게 되었다. 송대 이후에는 종려의 내단파가 장악하고, 상청파는 없어진 줄 알았는데 그게 아니라 계속 영향을 미치고 있었다. 그래서 상청파의 존사법과 종려파의 내단법을 비교하면 어떨까 하는 생각만 하고 있었다. 그리고 이 두 파를 그냥 설명해서는 안 되고, 일반인도 알아듣기 쉽게 하고자 이승헌 총장님의 내림공부와 올림공부라는 도식을 적용하였다. 그래서 전자는 내림공부이고, 후자는 올림공부라는 틀이 마련이 된 것이다. 내림공부와 올림공부는 각 문파에서 이 중 하나만 택하는 것이 아니고 두 가지 공부를 섞어서 상대적인 비율만이 있을 뿐이다. 궁극적으로 두 공부는 참 나를 깨닫는 것이고 그것이 자신의 본성임을 깨닫는 것이다.

이것을 『수진도』에는 어떻게 적용할 것인지는 구체적인 문제는 그의 몫이었다. 그는 한문과 프랑스어를 할 줄 알았고, 일관도에서 계속 수행하고 있어서 도교 문헌이 갖는 난해함을 풀 수 있었다. 이론과 실천을 아울러 겸비한 연구자가 있다는 것이 한국의 자랑이다. 이 책의 출간이 단순히 그의 개인 연구 업적이 아니라 한국의 도교 이해를 바탕으로 한 것이란 점에서 의의가 있다. 프랑스는 19세기 이래로 중국 도교에 대한 이해가 높은 수준에 있다. 그러한 프랑스조차도 시도하지 못했던 『수진도』 분석 작업을 우리는 하는 것이다. 이 책의 출간은 한국과 프랑스 양국의 학문적 상호교류를 촉진하리라고 본다. 아울러 문화혁명 이래로 무너졌던 수련 전통을 회복해 나가고 있는 중국과 상당한 도교 문헌의 이론적 성과를 가지고 있는 일본에도 상당한 도움이 되리라 생각한다.

앞으로 그가 이 성과에 만족하지 말고, 더욱 노력해서 세계적인 전문연구자로 우뚝 서기를 바라 마지않는다. 그것이 단군의 홍익인간 사상이라고 생각한다.

2023. 10. 15.
녹토재에서
조남호(국제뇌교육대학원 교수)

서문

　수진도는 존사(存思)와 내단(內丹)이라는 두 가지 수련방법을 글과 그림으로 표현한 신체도면(身體圖面)이다. 수진도의 연원을 살펴보면 위진남북조시대에 상청파(上淸派) 수련법인 존사기법(存思技法)이 『대동진경』속에 그림으로 존재하고, 당말오대 종려파(鍾呂派) 수련법인 내단기법(內丹技法)은 『종려전도집』에 문헌으로 존재한다. 이후 19c 청조말(淸朝末), 종려파 계통의 수련자들은 수진도의 도상을 제작하며 인체를 머리(상단전)·가슴(중단전)·하복부(하단전)로 표현하고 양다리를 교차시켜 결가부좌(結跏趺坐)한 수행자의 모습을 글과 그림으로 도식화하여 비문(碑文)에 기록하여 표현하였다.

　본 연구의 목적은 존사와 내단이라는 기운의 이동 경로를 중심으로 수진도의 도상(圖像)을 분석하였다. 상청파 수련자들이 행하는 존사기법의 체내신 이동 경로는 종려파 수련자들의 시대에 와서, 내단 호흡수행은 체내신 존사 경로의 변용이라는 단초를 제공하였고 내단기법을 형성하는 이론적 배경이 되었다. 더불어 상청파 존사기법을 내림공부로 바라보고, 종려파 내단기법을 올림공부로 바라보며, 존사와 내단 수련법이 기운 이동경로의 측면에서 동일 선상에 공존하고 있음을 제시하는 것이 목적이다. 이러한 목적을 달성하기 위하여 다음과 같이 세 가지 관점에서 수진도를 고찰하고 분석하며 재해석하였다.

　첫째, 상청파 계통의 경전인 『대동진경』, 『황정경』, 『등진은결』과 종려파 계통의 『종려전도집』과 『영보필법』을 중점적으로 수진도 분석의 이론적 배경으로 재해석하였다. 『대동진경』은 제39

장경으로 구성되어 있고, 체내신들은 인체 내의 39개 특정 부위에서 수호신(守護神)의 역할을 주재한다. 『황정경』은 36장으로 구성되어 있으며 체내신들이 인체 내에서 간·심·비·폐·신·담의 오장육부 기관에서 주신(主神)의 역할을 주재하며, 『등진은결』은 상·중·하권으로 구성되어 있는데 구진(九眞)이라는 신선들이 기항부인 두정부의 니환궁에서 거주하며 인체의 중추적(中樞的)인 역할을 주재한다. 『종려전도집』은 18론으로 구성되어 있고 『영보필법』은 상·하권 제10장으로 구성되어 있는데 미려(尾閭), 협척(夾脊), 옥침(玉枕)의 삼관(三關)과 상단전·중단전·하단전의 삼전(三田)에 대하여 설명하고 있으며 내단기법 수련에서 일어나는 인체 내부 기운의 흐름을 제시하고 있다.

둘째, 상청파 수련자들의 존사기법 수행을 살펴보면, 『대동진경』에서는 존사기법을 수행할 때 침을 삼키는 것을 인진(咽津)이라 하고, 진액(津液)은 체내신으로 변용되며 니환, 강궁, 신장, 미려, 협척, 옥침 등의 존사 경로를 통해 인체(人體) 내 각 부위에 수호신으로 안착하며 거주하였다. 『황정경』과 『등진은결』에서는 체내신의 이름만 언급하며 존사 이동 과정을 제시하지 않고 있다. 종려파의 『종려전도집』과 『영보필법』에서는 『대동진경』에서 제시하는 진액이 옥액이나 금액으로 변용되어 용호교구(龍虎交媾)로 옥액환단(玉液還丹)과 금액환단(金液還丹)을 이루며 단(丹)이 완성되어 주후비금정(肘後飛金晶)으로 미려관, 협척관, 옥침관이라는 삼관의 내단 이동 경로를 통하여 임독맥으로 순환한다고 보았다. 이는 종려파의 내단기법에서 상청파가 제시하는 체내신은 사라지고, 호흡을 통한 기운으로 변용되어 내단 수련의 이론적 기초가 되었음을 의미한다. 특히 『대동진경』 제4장 경문에서 신선이 단(丹)으로 변용된다고 제시하고 있고 종려파 『종려전도집』, 「논내관」에서는 상청파의 존사 개념을 내관, 좌망, 존상이라는 개념으로 수용하고 있음을 제시하였다.

셋째, 수진도는 삼전과 삼관을 통한 임독맥을 제시하고 있는데 종려파와 상청파의 경전을 통해 알 수 있듯이 종려파의 수련자들은 내단기법으로 호흡의 이동을 삼관과 삼전의 임독맥 경로로 유통하며, 상청파 수련자들의 존사기법은 대부분의 체내신을 임독맥의 경로를 통해 순환시키도록 하고 있다. 이는 존사기법과 내단기법이 기운의 이동 경로라는 측면에서 상호 밀접한 연관성을 가지며 수진도에 반영되고 있음을 알 수 있다.

더불어 이 연구는 체내신의 존사와 내단 호흡이라는 이 두 가지 기운의 흐름 경로가 수진도에 반영되어 있어 상청파 내림공부의 존사기법과 종려파 올림공부의 내단기법이 상호 동일선상에 있는 수련 방법임을 알 수 있었다. 따라서 이 연구는 존사와 내단의 경로라는 관점에서 수진도와 관련된 연구뿐만 아니라 상청파의 존사 수련과 종려파의 내단 수련의 기초 자료로 활용할 수 있을 것이다.

이 연구는 2022년 국제뇌교육종합대학원 국학과 조남호 교수님의 지도아래 연구된 논문이다. 존사와 내단 수련 공부에 관심이 있는 제현에게 조금이나마 도움이 되기를 바라며, 곤수곡인 혼속대조사 스승님의 반백(反白)과 본성회복이라는 가르침 속에 철학은 본성을 회복하는 학문이라고 강조하신 조남호 은사님께 감사드린다. 아울러 이 책의 출판을 후원해 주신 혼속문화장학재단 이사장 양은선 점전사님과 강오숙 점전사님, 김미숙 점전사님, 일관도 재단 이사장 김재천 점전사님과 세계무도아카데미 김용호 총재님 및 교열에 힘써주신 강남오 점전사님과 해조음 이주현 대표께 감사드린다.

서울 인덕법단에서
자항 **김상태**

서평

서문

I. 서론 ··· 11
   1. 연구목적 및 문제 ··· 11
   2. 연구범위와 방법 ·· 12
   3. 연구자료 검토 ·· 19

II. 수진도에 관한 이론적 배경 고찰 ················· 27
   1. 상청파의 존사기법 ·· 27
      1) 『대동진경』 ·· 27
      2) 『황정경』 ·· 49
      3) 『등진은결』 ·· 68
   2. 시대별 『황정경』과 『대동진경』에 대한 해석 ········ 75
      1) 육조, 수·당·송 시대 ································ 76
      2) 명·청 시대 ·· 79
      3) 존사에 관한 현대적 해석 ························· 83
      4) 소결 ·· 91
   3. 종려파의 내단기법 ·· 96
      1) 『종려전도집』 ··· 96
      2) 『영보필법』 ·· 122
      3) 소결 ·· 134

III. 수진도의 구성체계 고찰 ································· 137
  1. 수진도의 구성 체계 ································· 137
  2. 상청파의 체내신 존사(存思) 경로 ················· 142
    1) 구진(九眞)과 니환궁(泥丸宮) ················· 142
    2) 오장(五臟)의 체내신과 간·심·비·폐·신 ······· 149
    3) 육부(六腑)의 체내신과 담(膽) ················· 178
  3. 상청파의 존사 경로와 종려파의 내단 경로 ············ 181
    1) 삼관(三關) ··································· 184
    2) 삼전의 위치에 대한 시대별 해석 ················ 201
    3) 삼전(三田) ··································· 209
    4) 상단전과 니환(泥丸), 혀(舌) ··················· 209
    5) 중단전과 강궁(絳宮), 삼혼(三魂)과 칠백(七魄),
       오방(五方) ··································· 214
    6) 하단전과 양신(兩腎), 신궁(腎宮), 금정(金精),
       신문(腎門)과 명문(命門), 배꼽(臍), 탁약(橐籥) ······ 234
    7) 용천혈(湧泉穴)과 삼리혈(三里穴), 기경팔맥(奇經八脈)과
       아홉지옥(九地獄) ······························· 250
    8) 24절기(24節氣), 8괘(8卦)와 삭망(朔望)·만월(滿月) 256

IV. 존사와 내단 이동 경로 비교 ························· 273
  1. 상청파 존사 경로 ··································· 273
  2. 종려파 내단 경로 ··································· 275
  3. 비교분석표 ··· 276

V. 맺음말 ··· 284

참고문헌 ··· 293

ABSTRACT ·· 298

부록 ……………………………………………………………… 303
   1. 상단전(上丹田) ………………………………………… 308
   2. 중단전(中丹田) ………………………………………… 311
   3. 하단전(下丹田) ………………………………………… 315
   4. 호흡토납(呼吸吐納) …………………………………… 316

표 목차

〈표 1〉 기존 연구와 본 논문 연구의 차이점 ……………… 26
〈표 2〉 오장육부의 체내신 이름 조견표 …………………… 51
〈표 3〉 존사 의미의 현대적 해석 1 ………………………… 85
〈표 4〉 존사 의미의 현대적 해석 2 ………………………… 86
〈표 5〉 수진도에 표기된 삼관(三關) 비교 ………………… 200
〈표 6〉 삼전(三田)위 위치 …………………………………… 208
〈표 7〉 상청파 존사와 종려파 내단 경로 비교 …………… 276
〈표 8〉 존사와 내단의 경로, 기경팔맥과 12경맥 관련 …… 282

그림 목차

〈그림 1〉 수진도 광동 삼원궁 판본 ………………………… 16
〈그림 2〉 수진도 북경 백운관 판본 1 ……………………… 17
〈그림 3〉 수진도 북경 백운관 판본 2 ……………………… 18
〈그림 4〉 수진도 백운관 판본 해석 순서 번호 …………… 141
〈그림 5〉 『대동진경』 제28장 존사도 ……………………… 271
〈그림 6〉 『대동진경』 제28장 부록 ………………………… 271
〈그림 7〉 『대동진경』 송경옥결 존사도 …………………… 272

I. 서론

1. 연구목적 및 문제

수진도(修眞圖)는 19세기 청조말기(淸朝末期)에 제작된 신체도면으로 상청파 존사와 종려파 내단의 두 가지 수련 전통을 글과 그림으로 표현하고 있는 도상(圖像)이다. 이 도상을 살펴보면 상단전 위치인 두정부 머리 부분은 구궁(九宮), 구진(九眞)과 니환궁(泥丸宮)으로 표현하고 있고 중단전의 중앙 부위는 간·심·비·폐·신·담의 오장육부와 하단전의 하복부 부분은 신장(腎臟)과 명문(命門)을 그림으로 표현하며 수련자가 결가부좌한 모습으로 상청파 계통의 존사기법 이론과 종려파 계통의 내단기법을 종합적으로 표현하고 있다.[1]

본 논문에서는 수진도에 표현된 글과 도면을 분석하며 존사와 내단의 경로를 중심으로 수진도가 표현하고자 하는 수련법을 재해석하고 상청파의 체내신 이동경로와 종려파의 호흡을 통한 기운의 이동 경로를 종합한 관점에서 수진도를 분석하는데 연구목적이 있으며, 이러한 목적 달성을 위한 연구문제는 다음과 같다.

첫째, 수진도 분석을 위해 존사기법 전통으로 내려오는 상청파 계통의 경전인 『대동진경』, 『황정경』, 『등진은결』과 내단기법의 호흡 전통으로 내려오는 종려파 계통의 『종려전도집』과 『영보필

---

[1] 그 밖에 청용(靑龍), 백호(白虎), 주작(朱雀), 현무(玄武)의 사신도(四神圖)와 구룡(龜龍) 및 수진도 圖像의 척추 부분인 미려, 협척, 옥침에 우차(牛車), 녹차(鹿車), 양차(羊車)를 각각 배치하여 표현하고 있다.

법』에서의 수련법은 어떤 관점인가?

둘째, 상청파 수련자들이 존사기법을 수행하며 체내신(體內神)의 신들을 신체 내에 어떻게 형상화하는지 그 과정을 제시하며 이 신들의 인체 내 이동 경로가 종려파의 내단기법에서는 체내신은 사라지고 대신에 호흡을 통한 기운의 이동 경로로 변용되어 내단 수련의 이론적 기초가 어떻게 형성 되었는가?

셋째, 상청파 계통의 내림공부 존사기법과 종려파 계통의 올림공부 내단기법 수련인 단전 호흡법이 기운의 이동 경로라는 측면에서 상호 밀접한 연관성을 가지며 수진도에 어떻게 반영되고 있는가?

이에 본 논문은 위 세 가지 연구목적과 문제 해결을 위해 존사와 내단 경로를 중심으로 수진도에 관하여 고찰한 연구이다.

2. 연구범위와 방법

수진도에 대한 연구범위는 상청파의 존사기법과 종려파의 내단기법과 관련된 경전과 기록에 대한 문헌 조사를 토대로 존사기법의 체내신 이동 경로가 내단기법의 기운 이동 경로에 어떻게 영향을 주고 있으며 수용되고 있는지 그 관련성을 제시하며 연구범위로 정하였다.

연구방법으로는 상청파의 소의 경전인 『대동진경』, 『황정경』, 『등진은결』과 종려파의 내단기법을 기록한 『종려전도집』과 『영보필법』의 문헌 조사를 주로 하였는데 이를 선택한 이유는 다음과 같다.

① 수진도의 신체도면에서 제시하고 있는 미려, 협척, 옥침에

대하여 상청파 『대동진경』에는 체내신의 존사 이동 경로가 종려파의 내단 호흡 경로인 미려, 협척, 옥침의 경로가 기록되어 있고 ② 수진도에서 인용하고 있는 오장육부의 체내신 이름은 『황정경』에 기록되어 있으며, 수진도에서 제시하고 있는 두정부 니환궁의 이름이 『등진은결』에 나타나며, ③ 『종려전도집』과 『영보필법』에 기록된 내단 호흡의 이동 경로가 수진도에서 제시하고 있는 미려, 협척, 옥침의 기록과 동일하기 때문이다.

본 논문에서는 상청파의 소의 경전인 『대동진경』, 『황정경』, 『등진은결』의 존사기법과 종려파의 『종려전도집』과 『영보필법』의 내단기법을 분석하고 재해석하며 이를 인용하였다.[2] 아울러 상청파 존사기법은 내림공부, 종려파 내단기법은 올림공부[3]임을 제시하며 이 두 계통이 어떻게 서로 연결되고 발전되며 상호 영향을 주고받으면서 수진도에 반영되고 있는지 존사와 내단의 기운 이동 경로를 중심으로 구체적으로 제시하고자 하였다. 이와 같은 관점에서 그 연구 범위와 방법을 정하여 수진도에 관하여 고찰하고자 한다.

한편, 수진도에는 인체와 관련된 해부학적 의학 용어가 기술되어 있는데 수진도를 조각하고 그림으로 묘사한 저자들은 인체의

---

[2] 이하에서는 상청파 존사기법의 체내신 이동 경로를 존사 또는 존사법으로 종려파 내단기법의 호흡 이동 경로를 내단 또는 내단법으로 축약하여 표기한다.

[3] 조남호, 「타오의 생활문화」, 『仙道文化』 23권, 2017, 9-39쪽. : 수련의 방법은 올림공부와 내림공부 두 가지로 살펴볼 수 있다. 올림공부는 아래부터 올라가는 공부로 지감 조식 금촉, 정충 기장, 신명, 힐링차크라 등이 있고 내림공부로는 위에서 아래로 내오는 율려, 뇌파진동, 생명전자수련, 주문(활구)수련 등이 있다. 내림공부와 올림공부는 결국 본성이 밝아져 에너지의 순수한 상태로 연결되는 것이다.

해부학적 의학지식을 이해하고 있었던 것으로 보인다. 『황제내경』 과 『동의보감』에는 오장육부[4]와 기항부에 대하여 설명하고 있다. 기항부((寄恒腑)는 뇌(腦), 수(髓), 골(骨), 혈맥(穴脈), 담(膽), 여자포(胞)이다. 수진도에서는 상청파 체내신의 존사와 종려파 내단학의 이론과 관련하여 오장과 육부를 다루고 있고 육부는 담장 만 다루고 있다. 기항부와 관련해서는 뇌와 골수 및 혈맥을 언급하고 있으나 혈맥 중에서 기경팔맥의 임맥과 독맥을 중심으로 일부분만을 제시하고 있다. 본 논문에서는 수진도와 상청파 『대동진경』, 『황정경』, 『등진은경』 및 종려파 『종려전도집』, 『영보필법』에서 언급하고 있는 12경맥, 기경팔맥과 오장육부 및 기항부와 관련하여 심리적, 정신적인 측면에서 존사와 내단 관련 부분만 제한적으로 『황제내경』과 『동의보감』을 인용하고 신체의 의학적 측면은 본 논문의 주제 범위에서 벗어남으로 인용하지 않았다.

수진도를 해석하기 위한 그림 판본에 대한 출처는 수진도의 여러 판본 중에서 아래 그림표에 표시된 〈그림1〉 광동 삼원궁 판본[5]과 북경의 백운관(白雲觀)에 소장된 용호당(龍虎堂)의 판본〈그림2〉[6], 〈그림3〉[7]을 저본으로 카트린 데스푸에(Catherine Despeux)

---

[4] 이시다 히데미 저, 이동철 역, 『기 흐르는 신체』, 열린책들, 1996, 74-81쪽 : 오장은 간 심, 비, 폐, 신이며, 육부는 담, 소장, 위장, 대장, 방광, 삼초이다. 간장은 담장, 심장은 소장, 비장은 위장, 폐장은 대장, 신장은 방광과 음양 관계로 오장과 육부로 상응한다.

[5] Catherine Despeux, *Taoisme et Corps Humain Le Xiuzhen Tu*, Paris, 1994, p.12.

[6] Catherine Despeux, idem, 1994, p.27.

[7] Catherine Despeux, *Taoisme and Self Knowledge, Chart for the Cultivation of Perfection*
(Xiuzhen tu), BRILL LEDEN BOSTON, 2018, p.70.

가 1994년에 프랑스어로 발표한 판본과 2018년에 영어로 출판한 판본을 원본으로 삼아 해석하였다. 이와 같은 자료들을 제한적 범위로 검토하며 본 논문의 주제인 수진도에 관한 연구를 존사와 내단의 기운 이동 경로를 중심으로 구체적으로 논하였다.

〈그림 1〉 수진도 광동 삼원궁 판본

Catherine Despeux, *Taoisme et Corps Humain Le Xiuzhen Tu*, Paris, 1994. p.12

〈그림 2〉 수진도 북경 백운관 판본1

Catherine Despeux, *Taoisme et Corps Humain Le Xiuzhen Tu*, Paris, 1994. p.27

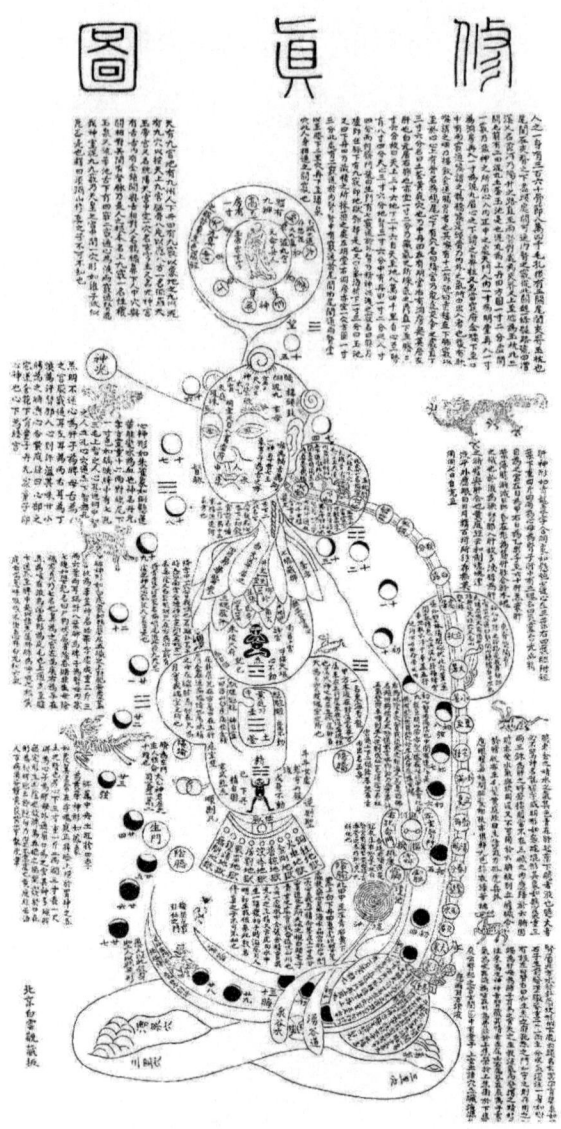

〈그림 3〉 수진도 북경 백운관 판본2

Catherine Despeux, *Taoisme and Self Knowledge*, *Chart for the Cultivation of Perfection (Xiuzhen tu)*, BRILL LEDEN BOSTON, 2018. p.70.

3. 연구자료 검토

수진도에 관한 연구[8]는 카트린 데스풰가 수진도와 내경도에 관하여 1994년에 처음 발표하였는데 프랑스 파리에서 *Taoisme et Corps Humain Le Xiuzhen Tu*(인체와 도교 수진도)라는 제목으로 출판하였다.[9] 이 연구서는 2012년 중국에서 이국강(李國强)이 『도교와 인체(道教與人體)』라는 제목으로 제노서사(齊魯書社) 출판사에서 중국어로 번역 출판하였다. 이후 2018년에는 영문판으로 번역 출판되었다.[10] 수진도는 여러 판본이 있는데 카트린 데스풰(Catherine Despeux)는 7개 판본으로 구분하여 정리하였다. 즉 광동(廣東), 무당산(武當山), 상해(上海), 성도(成都), 곽

---

8) 프랑스 파리의 고등사회과학원(EHESS)과 국립동양어대학교(INALCO) 교수를 역임한 카트린 데스풰(Catherine Despeux), 이사벨 호비넷(Isabelle Robinet)과 파리 소르본대학의 고등종교과학원(EPHE)과 복건성 복건대학 교수를 역임한 크리스토퍼 쉬페(Kristofer Schipper)교수 및 파리 고등종교과학원(EPHE) 교수를 역임한 존 르라쥐웨이(John Lagerwey), 프랑스 국립과학연구원(CNRS)원장을 역임한 장 레비 (Jean Lévi)등 이 수진도에 관하여 연구하였다. 이들은 프랑스에서 중국 도가 또는 도교를 전공하는 전문가 그룹으로 수진도와 내경도에 관하여 처음으로 연구하였다. 또한 독일계 미국학자로 보스턴 대학 교수를 역임한 리비아 콘(Livia Kohn)과 미국인 도교학자 콤자티 루이스(Komjathy Louis), 펜실베니아 대학 로웰 스카(Lowell Skar) 영국 캠브리지 대학 교수를 역임한 조세프 니담(Joseph Needham), 스텐포드 대학 교수직을 역임한 파브리지오 프레가디오(Fabrizio Pregadio) 등이 중국 도가 사상 또는 도교에 대하여 전문적으로 연구하고 있다.

9) Catherine Despeux, idem, 1994.: *Taoisme et Corps Humain Le Xiuzhen Tu* (인체와 도교 수진도)라는 제목으로 1994년 파리에서 출판하였다. 본 연구자는 1995년 프랑스 파리 Sorbonne대학 고등종교과학원(EPHE)의 연구원으로 수학할 때 Kristofer Schipper, John Lagerwey, Catherine Despeux의 강의를 들으며 처음 이 수진도를 접하였다.

10) Catherine Despeux, idem, 2018.

일징(郭一澄), 북경 백운관(白雲觀), 용화당도(龍虎堂圖) 판본이다. 이 7개 판본을 제시하면 아래와 같다.11)

첫째, 1812년 구봉산(邱鳳山, 행주(行舟)라고 알려짐)에 의해 조각된 광동의 삼원궁(三元宮) 비석이다.

둘째, 1888년 또는 1924년 하북(河北)의 무당산(武當山) 판본으로 1924년 인쇄되었는데 연성수진전도(煉性修眞全圖)라 새겨져 있다. 이 판본은 무당산 용문파(龍門派)의 오명현(吳明玄)에 의해 1888년 나무로 조각되어졌다.

셋째, 1920년 단성구전도(丹成九轉圖)라는 이름으로 인쇄된 판본이다. 이 작품의 저자는 상해 지역의 무역업자인 석유강(席裕康)으로 대만에서 출판되었다.

넷째, 1922년 수진전도(修眞全圖)는 사천(四川) 성도(成都)에 있는 단보(段甫)가 인쇄한 그림 판본으로 1983년 조세프 니담(Joseph Needaham)에 의해 공개되었다.

다섯째, 곽일징(郭一澄) 판본으로 연대 미상이다.

여섯째, 1984 북경 백운관(白雲觀) 판본이 있다.

일곱째, 1988년 용화당도(龍虎堂圖) 판본이 있다.

카트린 데스데스풰는 심혈을 기울려 이 수진도를 연구하였다. 그러나 이 연구는 판본에 관한 연구와 출전, 그리고 수진도 내용에 표기되어 있는 존사와 내단 용어에 대한 원전(原典)을 소개하고 설명하는데 그치고 있다. 더구나 수진도는 상청파의 수련자들이 존사기법을 수행하면서 나타나는 체내신의 이동 경로를 표현

---

11) Catherine Despeux, idem, 1994, pp.11-22. Fabrizio Pregadio ed., op. cit., pp.767-770.

하고 있고, 종려파의 내단기법에 대한 호흡의 기운 이동 경로를 표현하고 있는 도상이라는 특이점을 가지고 있는데 이를 논하지 않았다.

수진도에 관하여 유일하게 국내 연구 논문12)이 있으나 한의학적 측면에서 수승화강의 원리만을 논하고 있을 뿐 상청파와 종려파의 기운이동 경로라는 관점은 논하고 있지 않다. 그 외 수진도를 이해하기 위한 이론적 배경을 고찰 할 수 있는 문헌으로 상청파의 주요 경전인 『황정경』13), 『대동진경』, 14)15) 『등진은결』16)을 연구한 선행 논문이 있으나 이는 상청파의 오장육부와 인체의 체내신에 관한 존사(存思)법을 연구한 논문이다. 더구나 상청파의 존사법에 대하여 구체적으로 연구 분석하고 설명하면서도 상청파 존사기법의 체내신 이동 경로와 종려파 내단기법의 호흡과 관련한 그 기운의 이동 경로를 비교 분석하며 논하지는 않고 있다.

또한 상청파 계통의 존사기법이나 종려파 계통의 내단기법 호흡을 연구하는 기존 연구자들은 존사기법의 일부인 부록(符籙),

---

12) 이기훈, 『內經圖와 修眞圖에 대한 硏究 -韓醫學의 水升火降 원리를 중심으로-』, 경희대학교, 박사학위논문, 2013. : 이 논문에서는 수진도를 한의학적 측면에서 수승화강을 중심으로 살피고 있으며, 상청파와 종려파의 기운 이동 경로의 결합이라는 도식에 대하여는 논하지 않고 있다. 그 밖에 수진도에 관한 국내 연구 논문은 거의 찾아 볼 수 없다.
13) 정우진, 「황정외경경과 황정내경경의 수행론의 비교연구」, 『동양철학』 제51집, 2019.
14) 김지현, 「도교의 신체론과 의학적지식 -『황정경』과 『대동경』을 중심으로-」, 『도교문화연구』 제43집, 2015.
15) 최수빈, 『道敎 上淸派 大洞眞經 硏究 - 몸, 우주, 그리고 신비주의적 수행-』, 서강대학교, 박사학위 논문, 2013.
16) 최현민, 『상청파의 수일사상 -등진은결을 중심으로-』, SetonInter- religious Research Center, 1996.

송경(誦經), 주문(呪文), 고치(叩齒), 인액(咽液), 안마(按摩), 토식(吐息)등에 초점을 맞추고 포일(抱一)이나 수일(守一)의 도(道)에 대한 관점에서 논할 뿐, 우주 자연의 신들을 빛으로 치환하며 체내신(體內神)으로 초대하여 합일시키는 과정의 이동 경로가 후대 내단기법 호흡 수련에서 체내신은 사라지고 체내신의 이동 경로는 기(氣) 흐름의 이동 경로로 수용되거나 변용되고 있음에 대하여는 논하지 않고 있다.17) 더욱이 내단기법에서 중요시하는 호흡법의 연원을 상청파 수련자들이 행하는 존사기법의 주문법인 육자결에서 그 호흡법의 연원을 찾기도 하였다.18) 따라서 본 연구의 목적은 선행연구자들이 논하지 않은 상청파 체내신 존사 경로와 종려파 호흡의 내단 경로라는 위와 같은 관점들을 재분석하고 이 두 가지 수련 계통이 동일선상에 있음을 제시하고자 하였다.

본 연구의 목적을 수행하기 위해서는 먼저 수진도의 구성 체계를 이해하고 도교 상청파 수련방법인 존사기법의 수행 체계와 종려파의 내단 수련 이론을 이해하며 접근하였다. 또한 존사기법을 이해하기 위해서 『황정경』, 『대동진경』, 『등진은결』등의 문헌을

---

17) 상청파 존사기법이나 종려파 내단학을 연구하는 蘇登福, 李遠國등 중국의 학자들 역시 상청파의 체내신 존사기법의 이동 경로가 후대 종려파의 내단기법에서 기운(氣運)의 이동 경로로 수용 되거나 변용되어 내단 수련 체계을 이어가고 있음에 대하여 논하지 않고 있다.

18) 胡愔, 『黃庭內景五臟六腑補瀉圖』:"此六字, 六腑之氣, 非神名, 人用宜知之, 但爲除疾非胎息也."(이 육자는 육부의 기운을 뜻하며 신의 이름이 아니다. 사람들이 이를 사용 할 때는 단지 병을 제거하기 위한 것임을 알아야 하며 태식법이 아니다)"라고 강조하고 있다. 호음은 육자결이 태식호흡법이 아니라고 설명하고 있는 것이다. 상청파를 연구하는 국내외 학자들 대부분은 이 육자결은 호흡법이라고 인식하고 있다. 조남호는 『황정경』이나 『대동진경』에 나타나는 육자결은 호흡법이 아니며, 존사기법의 수행방법에서 나타나는 오장의 병을 치료하기 위한 일종의 주문, 주술 행위라고 호음과 견해를 같이하고 있다.

통해 상청파의 수행자들이 오장육부의 체내신을 어떻게 집중하고 이미지 형상화하여 수행하는지 그 존사기법의 수련 방법을 구체적으로 제시하였고 이를 통해 그 수련의 전개과정을 총괄적으로 연구하며 존사기법의 수련방법이 후대에 종려파의 『종려전도집』과 『영보필법』에서 옥액환단이나 금액환단 및 삼관의 내단기법 호흡 수련방법의 이론 성립에 영향을 미치고 있음을 알 수 있었다.

수진도에 관한 이론적 배경을 고찰하기 위한 연구자료 검토를 위해 상청파 계통을 살펴보면, 초기 상청파의 수행자들은 존사 과정에서 위 경전들을 암송하고 부적을 사용하며 주문 수련을 중심적으로 수행하였다. 상청파를 모산파(茅山波)라 부르기도 하는데 위진남북조시대 도홍경(陶弘景: 452-536)이 상청파의 경전과 도법을 전파하고 모산종을 개창하고 상청파의 실질전인 창시자가 되었다. 강소성(江蘇省)에 있는 모산(茅山)에서 유래하여 모산파(茅山波)라 칭한 것이다.19) 본래 종조(宗祖)는 서진(西晉)시대의 위화존(魏華存, 252-334)이다.20) 『등진은결』은 도홍경이 사람들에게 전하기 위하여 위 『황정경』과 『대동진경』에 대한 주석서로 편찬한 것이다.

---

19) 이원국 저, 김낙필·이석명 외 2인 역, 『내단 심신수련의 역사1』, 성균관대학교 출판부, 2006, 419쪽.
20) 김낙필·이석명 외 2인 역, 앞의 책, 388-390쪽. : "그녀는 어려서부터 도를 좋아하여 수련하였고 유문(劉文)에게 시집을 갔는데 청허진인(淸虛眞人)이라는 선인(仙人) 강림하여 『대동진경』을 전해 주었고 또한 경림진인(景林眞人)이라는 선인이 『황정내경경』을 전해주어 밤낮으로 암송하여 수행하였다. 그녀가 죽은 다음 그의 아들 유박(劉璞)은 양회(楊羲)에게 도법을 전해주었다. 그들은 모두 신선이 되어 승천하였는데 그녀가 여러 차례 모산(茅山)에 강림하니 사람들이 『황정경』을 중요시하였고 상청파가 형성됨에 따라 마침내 그녀는 사상청제일대태사(嗣上淸第一代太師)로 추존되어 상청파의 시조가 되었다."

종려파 계통의 내단이란 중국 도교 역사상 여러 분야 가운데 몸과 마음을 수양하는 이른바, 심신수련(心身修煉) 또는 성명쌍수(性命雙修)를 통해 자기완성을 위한 도(道)의 수양을 목적으로 한다.21) 내단에 관한 기록은 한(漢)나라 시대 이 무렵에 성립된 것으로 보이는데 그 연원은 동진(東晉)시기 갈홍(葛洪)의 『포박자(抱朴子)』에 보이는 태식(胎息), 수일(守一) 등 여러 가지 수련 양생법을 내단적 수련방식으로 인식하기 시작하였다. 이후 『노자하상공장구(老子河上公章句)와 위백양(魏伯陽)의 『주역참동계(周易參洞契)』 및 위진시대(魏晉時代)에 상청파의 등장으로 내단적 해석에 의하여 인체내 수화이기(水火二氣)의 만남을 통해 선천일기를 함양하는 핵심으로 삼았다. 이들 문헌들을 내단적 시각으로 주석함으로써 당(唐)나라 시대의 『주역참동계』를 후에 만고단경왕(萬古丹經王)이라 하여 내단의 역사에서 원경으로 받아 들였다.22) 당말오대 무렵 종려 내단법이라는 『종려전도집』과 『영보필법』의 내단학 저술 등으로 내단파가 등장하여 적극적인 내단 수련의 역사가 시작되었다. 이는 남파와 북파를 통해 전승되어 왔으며 내단학 종려파를 형성하였다.

수진도를 연구를 함에 있어서 그 이론적 배경의 선행 자료는 앞에서 설명한 이유와 같이 상청파의 주요 경전인 『대동진경』, 『황정경』, 『등진은결』과 종려파의 주요 문헌인 『종려전도집』과 『영

---

21) 조남호, 앞의 논문, 9-39쪽. : "이를 선도(仙道), 단학(丹學) 또는 신선도(神仙道), 선학(仙學) 등으로 불리며 인간완성, 인성회복을 목적으로 한다. 즉 도(道)를 닦는 다는 의미이다. 도(道)는 중국어 발음으로 따오(Tao 또는 Dao)라고 하는데 인간완성, 인성회복을 위한 몸과 마음의 공부로 최고의 궁극적인 원리이다."
22) 김낙필・이석명 외 2인 역, 앞의 책, 14쪽.

보필법』을 중점적으로 검토하였다.23) 또한 상청파 『황정경』을 주석한 8세기 양구자(梁丘子)의 『황정내경옥경주(黃庭內景玉經註)』를 참고 하였으며 종려파『종려전도집』의 주석서라 할 수 있는 『영보필법(靈寶畢法)』과 이와 관련된 『운급칠참(雲笈七籤)』, 『수진십서(修眞十書)』를 검토하며 참고하였다. 수진도의 신체도면에 나타나는 오장육부의 간, 심, 폐, 비, 신, 담과 기항부인 뇌, 골수, 혈맥과 관련된 내단 부분은 『황제내경(黃帝內經)』, 「소문편(素問篇)」과 『황제내경(黃帝內經)』, 「난경편(難經篇)」24) 및 『동의보감(東醫寶鑑)』, 「내경편 신형(內景篇, 身形)」25)을 본 연구의 목적과 범위 내에서 제한적으로 검토하여 주석에 인용하였다.

본 논문에서는 존사기법 수행에서 우주 자연의 신들이 빛과 함께 신체 내부로 들어올 때 어떤 경로를 통하여 체내신으로 안착하며 거주하는지를 밝혔고, 이 체내신의 존사 경로가 후대에 전진도 종려파나 오류학파에서는 체내신의 존사기법이 완전히 사라지고 임독맥의 내단기법 호흡 전통의 이론으로 정립되었음을 수진도 분석 연구를 통하여 구체적으로 제시하였다. 더구나 기존

---

23) 본 논문에서는 상청파의 경전인 『대동진경』, 『황정경』, 『등진은결』에 존사기법과 함께 수일(守一)의 개념이 등장하는데 상청파에서는 수일이라는 개념을 어떻게 사용하는지 존사기법의 연원을 밝히며 이를 인용하였으며, 특히 상청파 『황정경』의 존사기법에 기초해서 『대동진경』, 『등진은결』등에서 수행하는 존사의 수행법을 구체적으로 설명하였다. 종려파의 내단학은 『종려전도집』과 『영보필법』을 이론적 배경으로 고찰하면서 내단 호흡의 기운 이동 경로의 기원이 상청파의 체내신 이동 경로를 수용하고 있었음을 알 수 있었다.
24) 『黃帝內經』: 본 논문에서는 상청파 체내신 존사 경로와 종려파 내단 경로에 대하여 오장육부와 기항부인 뇌, 니환, 골수, 혈맥 및 12경맥과 임독맥을 포함한 기경팔맥 대하여 수련과 관련된 부분만을 인용하였다.
25) 『東醫寶鑑』: 본 논문에서는 상청파와 종려파가 제시하고 있는 미려, 협척, 옥침과 태식호흡법과 관련된 부분만을 인용하였다.

연구가들은 종려파 내단의 연원을 상청파의 『황정경』이나 『대동진경』에서 보이는 육자결이나 토식에서 내단 호흡의 연원을 찾기도 하였으나, 본 연구에서는 육자결이나 토식은 호흡법이 아니라 상청파의 수행자들이 존사기법을 수련할 때 행하는 일종의 주문이나 인체의 오장육부에 대한 치료 목적임을 제시하였다. 본 논문에서 제시하고자 하는 기존 연구가들과 차이점은 아래 〈표 1〉과 같다.

〈표 1〉 기존 연구와 본 논문 연구의 차이점

기존 연구	본 논문 연구
1. 기존 연구가들은 상청파 존사법의 육자결이나 토식 행위를 호흡법으로 인식하고 이를 종려파 내단법의 호흡이동 경로의 연원이라 논함. 2. 수진도는 상청파의 수련자들이 존사기법을 수행하면서 나타나는 체내신의 이동 경로를 표현하고 있고 종려파의 내단기법에 대한 호흡의 기운 이동 경로를 표현하고 있는 도상이라는 특이점을 가지고 있는데 이를 논하지 않음.	1. 본 논문은 상청파 존사법의 육자결이나 토식 행위는 호흡법이 아니며 경전 송경 시 행하는 일종의 주문이나 치료 목적의 의미임을 재해석하였다. 2. 상청파 수련자들이 행하는 체내신의 존사 이동 경로가 종려파의 내단기법에서는 체내신은 사라지고 호흡을 통한 기운의 이동 경로로 변용되어 내단 수련의 이론적 배경이 되었음을 알 수 있었다. 3. 상청파 체내신의 존사와 종려파 내단 호흡이라는 이 두 가지 기운의 흐름 경로가 어떻게 합치하는지, 상청파 내림공부의 존사기법과 종려파 올림공부의 내단기법이 상호 동일선상에 있는 수련방법으로 수진도에 반영되고 있음을 제시하였다.

II. 수진도에 관한 이론적 배경 고찰

1. 상청파의 존사기법

　수진도에는 인체 내의 오장육부와 두정부의 니환 구궁(九宮) 부위에 체내신들이 거주하고 있는 모습이 표현되어 있다. 이 신들은 아무 이유 없이 인체 내에 거주하지 않는다. 상청파 수련자는 존사기법을 수행할 때 정제된 의식과 그 의식의 진행 순서에 따라 체내신을 초대하며 이 체내신은 일정한 이동 경로를 통하여 오장육부와 두정부의 니환 구궁에 거주한다. 이러한 체내신의 이동경로에 대하여 『대동진경』에는 자세히 기록되어 있다. 또한 수진도는 미려, 협척, 옥침의 삼관(三關)과 상단전, 중단전, 하단전의 삼전(三田)에 대하여 설명하고 있는데 수진도에서 표현하고 있는 이와 같은 인체 내부의 기운에 대한 흐름 경로는 육조시대에 형성된 상청파의 존사기법과 당말 오대초에 형성된 종려파 내단기법을 표현하고 설명하고 있는 것으로 이 장에서는 먼저 수진도를 이해하기 위하여 이에 관한 이론적 배경으로 상청파의 주요경전인 『대동진경』과 『황정경』및 『등진은결』에 나타나는 체내신의 이름과 역할 및 이들 체내신의 존사 이동 경로를 고찰해 보고자 한다.

1) 『대동진경』

　『대동진경』[26]은 상청파의 핵심경전으로 39장의 경문으로 구성되어 있으며 몸 전체 39부위에 대한 상청파의 존사 수행방법을 구체적으로 기술하고 있다. 『대동진경』은 존사의 수행방법으로 부록(符錄), 송경(誦經), 주문(呪文), 고치(叩齒), 인액(咽液), 안마(按摩), 토식(吐息)등을 설명하고 있는데 상청파의 존사 수행법 순서를 구체적으로 기록하고 있다.27) 『대동진경』 존사기법의 수행과정은 세 부분으로 설명할 수 있다.

첫째는 제1권 송경옥결(誦經玉訣)은 부록을 사용하여, 송경하며 주문을 수련하는 과정으로 주로 존사기법으로 신을 부르는 초대 의식으로 송경을 행하며 존사 수행의 첫 번째 순서로 준비과정 혹은 정화과정에 해당하는 송경부분이다. 송경을 통해 인체를 정화하고 해, 달, 북두칠성 등 우주 자연물의 빛을 신으로 형상화하여 초대하는 체내신의 존사를 담고 있다.

둘째는 제2권부터 제6권 후반에 이르는 제39장경(三十九章經)

---

26) 『大洞眞經』의 정식명칭은 『상청대동진경(上淸大同眞經)』이라 부르는데, 상청대동진경삼십구장(上淸大洞眞經三十九章經)으로, 총39장 제6권으로 구성되어 있다. 위진남북조시대인 東晉 興寧三年(365년) 위부인(魏夫人)과 상청파 도사 양의(楊義)가 신선으로부터 받았다는 상청파의 기본 경전이다. 모산종단(茅山宗壇)의 6권으로 상청파 23代 宗師 觀妙先生 朱自英(976-1029)이 서문을 쓰고 상청파의 38代 宗師 蔣宗瑛(?-1410)이 편찬하였고 명나라 초에 正一天師, 張宇初가 편찬하였다. 본 연구의 『大同眞經』은 『正統道藏』의 洞眞部本文類에 수록된 원본을 해석, 분석하였고 『雲笈七籤』, 卷四十二, 存思部에 수록된 『大同眞經』도 참고하였다. 각주는 『大同眞經』으로 표기하며 출처는 Kristofer Schipper, ed. 1975. Concordance du Tao-tsang: Titres des ouvrages. Paris: EFEO.(Publications de l'EFEO, 102) Index of Zhengtong Daozang (正統道藏書目錄總錄) DZCT 분류표기에 따른다.

27) 특히 『대동진경』은 존사방법으로 태양, 달, 북두칠성 등 빛과 관련된 자연물을 신의 개념으로 상상하며 이미지화하여 인체의 오장육부를 포함한 신체의 39개 부위와 연결하여 우주 자연의 신들을 자신의 몸 안에 체내신으로 초대하는 의식을 구체적으로 기술하고 있다. 이는 존사기법의 내림공부를 설명하고 있음을 알 수 있다.

은 본격적인 존사과정을 기술한 것으로 이 단계는 외부의 대상신들을 인체 내의 간, 심, 폐, 비, 신, 담 등 5장6부를 중심으로 39 부위 체내신을 존사하는데 최종적으로 제일존군(帝一尊君) 일자(一者)로 귀결한다.

셋째는 특히 제39장 마지막장에서 회풍혼합제일비설(徊風混合帝一祕設)로 표현하고 있다. 이는 『등진은결』의 수일(守一)의 존사기법과 같다. 『대동진경』은 일자(一者)로서 신일합일의 경지인 신에 대한 존사기법 수행에서 한 걸음 더 나아가 무(無)의 경지를 설명하며 이 과정에서 부록(符籙), 송경(誦經), 주문(呪文), 고치(叩齒), 인액(咽液), 안마(按摩), 토식(吐息)의 행위로 존사기법을 수행하며 이들 체내신들은 인체내 39 부위에 거주하며 수호신의 역할을 한다.

(1) 존사 수행의 진행순서

상청파 수련자들은 『대동진경』을 송경할 때 경문에 기록된 존사 수행의 진행 순서에 따라 차례로 의식을 행한다. 수련 장소에 입실하면 먼저 정화의 의미로 송경을 시작한다.

『대동진경』「송경입실존사지도」에서 존사기법의 수행은 보통은 정실(靜室, 靜室)이라는 조용한 방에서 이루어지는데 정실의 위치는 동남쪽이라고 구체적으로 제시하고 있다.[28] 정실과 관련해서는 이이시 마사코 논문[29] 및 최수빈의 논문[30]에서 자세히 설명

---

28) 『大洞眞經』, DZCT6, 誦經入室存思之圖 卷1 第1: "自東南出戶."; 『대동진경』에는 동남쪽으로 출입문이라고 기록하고 있어 정실의 위치는 남쪽과 동쪽 사이 동남쪽 문이다.

하고 있다.

 이러한 준비과정이 끝나면 존사 수행이 시작된다. 먼저 정실에 들어가기 전에 존사 수행자는 ① 자주 빛 구름(紫雲)이 수행자 자신의 몸과 방 전체를 에워싸는 것을 존사 한다. ② 방에 들어설 때 그는 경전과 삼광보지(三光寶芝)[31] 라고 불리는 초자연적 식물을 수호하는 옥동(玉童)과 옥녀(玉女)를 존사를 통해 보아야 한다. ③ 그리고 삼광보지(三光寶芝)의 향(香)이 정실에 가득함을 존사한다. ④ 방에 들어서면 수행자는 우선 북쪽 방향(北方)으로 향한 다음, 존사의 대상이 되는 신들에게 지금부터 자신이 『대동진경』을 송경할 것임을 알린다. 존사 수행자는 이들 신들이 중재해 줄 것을 빌고 자신들을 죽음으로부터 지켜주며 자신과 자신의 7대 조부모 조상의 죄를 용서하여 줄 것을 빌며 9대 자손들이 무

---

29) 石井昌子, 『眞誥 に說く「靜室」について』, 秋月觀暎 編, 道敎と宗敎文化, 東京:平河出版社, 1987, pp. 137-138. : "상청파 교리를 집대성한 도홍경이 편찬한 진고(眞誥)에도 정실의 구조나 제작법에 대한 설명이 나타나 있는 것으로 보아 상청파에서 대개 존사의 장소로서 정실을 사용한다."

30) 최수빈, 앞의 논문, 254쪽. : "대체로 상청파의 수행은 생기(生氣)의 시간, 곧 자정부터 정오에 해가 높이 뜨는 때까지의 시간에 행하는 것이 바람직하다고 한다. 그리고 수행을 시작하는 시간은 음기와 양기, 혹은 밤과 낮의 기가 아직 구분되기 이전의 때가 적당하다고 한다.
이러한 시간은 바로 혼돈과 미분화의 원초적 시간에 상응하는 것이다. 『대동진경』의 존사 수행 역시 이러한 생기의 시간에 행하는 것이다. 상청파 존사 수행자들은 본격적인 존사를 하기 위해 자신을 둘러싼 모든 시간과 공간을 성스럽게 만든다. "수행자가 들어가 앉아 수행하는 정실은 일반적인 방이 아니라 신들과 교감하고 우주의 기가 소통하는 성스러운 공간으로 탈바꿈한다. 수행자가 존사 명상을 행하는 시간 또한 일상적인 시간 개념과 구분된다. 수행자는 명상기간 동안 초시간적 존재로 변화하여 우주의 시원으로부터 세계의 종말에 이르는 거대한 우주적 시간을 넘나들며 이를 통해 과거와 미래, 그리고 삶과 죽음을 구원의 관점에서 재구성하게 된다. 이제 수행자는 성스러운 시간과 공간이라고 하는 새로운 차원으로 들어가는 준비를 완성하게 된다."

31) 三光이란 해(日)와 달(月)과 별(星)을 의미한다.

명 장수 할 수 있도록 빈다. ⑤ 그런 다음 동쪽을 향하면서 그가 앉을 자리로 옮겨간다. 이때 존사 수행자는 눈을 감고 존사의 대상인 체내신의 색깔과 그 빛이 수행자 자신의 머리를 둘러싸고 있다는 것을 존사 한다. 이것은 존사 수행자 자신이 체내신과 하나 되는 의미를 상징적으로 내포하고 있다. 존사를 시작할 때 이(齒)를 세 번 두드리고 존사가 끝나고 이를 세 번 두드리는데32) 구체적으로 그 내용을 소개하면 다음과 같다.

"수행자는 날개옷과 용(龍)으로 장식된 망토를 입고 옥(玉)으로 된 별이 달린 모자를 쓰고 있다. 그리고 그의 손에는 9가지 색깔을 띤 대(節)를 들고 있다. 또한 동쪽을 상징하는 동물인 청룡(靑龍)이 그의 왼쪽에, 서쪽을 상징하는 동물인 백호(白虎)가 그의 오른쪽에 둘러 서있다. 그의 머리는 꽃으로 장식된 덮개로 덮이고 그의 아래에는 사자(獅子)가 앉아 있다. 또한 선동(仙童)이 향을 피우고 옥녀(玉女)가 산화(散花)하고 있다. 그의 주위를 둘러싼 모든 것은 자색 구름(紫雲)과 또는 오방색의 빛으로 뒤덮여 빛나고 있다."33)

존사 수행자는 자신이 초대할 대상의 체내신을 위와 같이 이미지 형상화하여 용으로 장식된 옷이나 옥으로 된 모자를 쓰고 사

---

32) 『大洞眞經』, DZCT6, 卷1: "訣曰, 先於室外秉簡當心, 臨目扣齒三通, 存室內有紫雲之炁遍滿, 又鬱鬱來冠兆身, 存玉童玉女侍經左右, 三光寶芝洞煥室內. 存思畢, 扣齒三通, 念入戶呪曰 : 天朗炁清, 三光洞明, 金房玉室, 五芝寶生, 玄雲紫蓋, 來映我身, 仙童玉女, 爲我致靈, 九炁齊景, 三光同軒, 上乘紫蓋, 升入帝庭。畢, 先進右足入戶, 三捻香, 叩齒三通, 祝曰 : 玉華散景, 九炁含烟, 香雲密羅, 徑衝九天, 侍香金童, 傳言玉女, 上聞帝前, 令臣長生, 世爲仙眞, 隨心所願, 莫不如言."

33) 『大洞眞經』, DZCT6, 卷1: "次思兆頭正青如碧玉 兩手如丹 兩脚如雪 身着九色羽衣 披龍文之 披頭建玉晨之冠 手執九色之節 青龍侍左 白虎衛右 頭蔭華蓋 下坐獅子 仙童侍香 玉女散花 紫雲翳鬱 滿於室中 五色玄黃羅列前後."

신도의 청룡과 백호를 상상하며 선동옥녀가 향을 피우고 꽃을 뿌리며 오색의 빛이 존사 수행자 자신을 감싸고 있다고 생각한다. 이러한 첫 번째 존사 수행의 과정을 통해 수행자는 신적인 존재와 상호 소통할 수 있도록 한다. 그리고 존사 수행자 자신이 초대할 신적 존재를 오색의 빛으로 이미지 형상화하는 정화 준비 단계가 끝난다. 이때부터 존사 수행자는 신비로운 구름(神雲)을 흡입하며 체내신으로 불러오는 내림공부의 존사과정을 시작하게 된다.

(2) 부록(符籙)

『대동진경』에서는 존사의 수행방법으로 존사와 더불어 부록(符籙)34)을 사용한다.

"부란 본래 나무판, 금속판, 비단, 종이 등에 특이한 모양이나 그림, 한문의 고서체를 그려 넣은 것으로 경전 자체도 원래는 부의 형태였다고 한다. 부는 원래 천문(天文)이었던 것으로 그것이 초자연적 힘을 발휘하기 위해서는 부의 모양을 실수 없이 정확하게 그리지 않으면 안 된다고 한다. 또한 부는 계약, 믿음의 개념과도 연결되는데 두 부분으로 나눠진 나무나 금속판으로 두 반쪽을 맞추어 보아 합해지면 상대와의 계약, 혹은 신분을 확인해 주는 기능을 하는 것이다. 부가 종교적인 목적을 위해서 쓰이게 된 것은 대략 한대(漢代)부터이다. 초기 도교 교단인 태평도와 천사도에서 부(符)를 중요시하였으며, 육조시대와 당대의 모든 도교 교단에서 부를 사용하였다."35)

---

34) 부록(符籙)은 약칭 符라고 칭하는데 부적(符籍)을 사용하여 행하는 수련법으로 상청파에는 존사 수행 시 먼저 符을 사용하여 체내신과의 교감을 형성하고 있음을 보여주고 있다.

부는 영보(靈寶)라고 하여 널리 사용하였는데 이는 한대(漢代) 왕실의 보(寶)의 사용법을 직접 계승한 것이다.36) 상청파에서 부 (符)는 경전과 짝 관계에 있는데 도교 경전 안에는 거의 부(符)를 포함하고 있다. 상청파에서는 경(經)과 더불어 부를 신적(神的) 유 래를 가진 초자연적 대상으로 인식한다. 경전과 마찬가지로 아무 나 부를 소유하거나 작성하는 것이 아니라, 계시를 받을 만한 자 격을 갖춘 수행자에게 신이 수여한다고 말한다.37) 부는 존사 수 행자가 하늘과 소통할 때 통행증(通行證)의 기능을 담당할 뿐만 아니라 신들의 보호(保護)를 보장하는 보증서(保證書)의 역할을 하 기도 한다.38)

『대동진경』에는 각 39장 마다 부(符)의 명칭이 정해져 있다. 예를 들면 제1장의 부는 대동옥제군소마왕부(大洞玉帝君消魔玉符) 이고 제39장의 부는 대동제일존군소마왕부(大洞帝一尊君消魔玉符) 이다.39)

---

35) 최수빈, 앞의 논문, 232쪽.
36) 최수빈, 앞의 논문, 233쪽: 일반적 인식과는 달리, 부(符)는 민간의 주 술적 행위에서 유래한 것이 아니라 본래 부는 보(寶)와 관계가 있다. 보(寶)란 하늘의 보호와 승인을 드러내기 위해 하늘이 내려주신 기적의 물건을 의미하며 보에는 부응(符應)과 주응(珠應)과 같은 주술적 대상이 있는데 이 것은 성왕(聖王)의 덕치에 대한 하늘의 감응(感應)으로서 나 타나는 것이라고 한다. 보(寶)의 개념은 한대(漢代)를 중심으로 성행하였 는데 가장 중요한 예가 하도(河圖)와 낙서(洛書)이다; Isabelle. Robinet, *Taoist Meditation*, tr, by F. Pas and N.J. Girardot (Albany: State Universitiy of New York Press), 1993, p.24. ; Catherine Despeux, *alismans and Diagrams Daoism Handbook* ed, by Khon, Boston: Brill, 2000, pp.498-499.
37) Isabelle. Robinet, idem, p.32.
38) 최수빈, 앞의 논문, 233쪽. ; Catherine Despeux, 앞의 책, 1994, p.198.
39) 『大洞眞經』에는 각 장에 체내신의 이름이 명시되어 정해져 있고 그림

"결(訣)에서 말하길 마땅히 청색 글을 담은 황색비단을 차고 소동(小童)의 내휘(內諱)와 명자(名字)를 불러야만 나의 혀뿌리의 아래를 안정시키고 그 액(液)을 굳게 하고 신을 응축시켜 죽음의 근원을 끊고 막는다. 그리고 고치(叩齒)를 아홉 번 한다. 다음으로는 다시 세 번 삼킨다."40)

위 인용문에서 보는 바와 같이 제1장의 부에는 황색 비단 바탕에 푸른 글(靑書黃繒)을 쓰고 있다. 또 다른 제2장에서는 푸른 비단 바탕에 붉은 글(朱書靑繒)41)을 쓰는 것으로 각 장마다 그 바탕 소재가 조금씩 다르게 나타난다.42) 『대동진경』 각 장의 부는 해당 장의 존사 대상인 신의 힘으로 마를 소멸하며 사기(死炁)로부터 몸을 보호한다. 부를 몸에 지니고 신의 이름을 부르며 초대해야만 자신 안에 그 신들을 체내신으로 안착하여 머무르게 할 수 있다. 또한 그 체내신은 수호신의 역할을 하며 이를 통해 죽음의 근원으로부터 자신뿐만 아니라 7대 조상과 9대 자손을 구할 수 있다는 것이다. 존사과정에서 신들의 이름을 정확히 불러야 하는 것도 그 이름에 초자연적 힘이 있기 때문이라 믿는다.43) 이런 측면에서 상청파의 존사기법은 타력적 신앙에서 유래

으로 표현되어 있다. 각 장에 명시된 체내신은 존사를 수행할 때 그 대상의 체내신 명칭을 부르며 초청하고 송경하면 된다. 명칭에 대한 설명은 경문에 결왈(訣曰) 형식으로 설명하고 있으며 이 부적에는 해당하는 체내신의 이름이 명기되어 있다.

40) 『大洞眞經』, DZCT6, 卷2第3: "訣曰 當靑書黃繒佩之 存呼小童內諱 鎭我舌本之下 固液凝神 斷塞死源 內叩齒九通 次再咽液三過."
41) 『上淸大洞眞經』, DZCT6, 卷2第5.
42) 가장 많이 나타나는 것은 황색비단에 붉은 글(朱書黃繒)이고 흰색비단(白繒), 청색비단(靑繒), 붉은 비단에 황색 글(黃書赤繒), 푸른 글(靑書), 검은 글(黑書), 자주색 글(紫書)로 작성된 것이다.
43) 최수빈, 앞의 논문, 235쪽.

한 것으로 보인다. 내림공부의 계통이라고 볼 수 있다. 위의 인용문에서와 같이 존사기법을 행할 때 각각의 신들의 명호를 부르며 초대한다.

(3) 송경(誦經)과 주문(呪文)

상청파 수련자들은 존사기법 수행 시 위와 같이 입실하여 먼저 정화의 의미로 송경을 하고 부적을 사용하며 이어 본격 적으로 『대동진경』 송경과 주문을 동시에 수행한다. 상청파의 수행자들이 행하는 송경과 주문은 『대동진경』에 명시된 내용을 집중하여 송경하고 주문을 외우는 일종의 수행방법이다. 이때 송경의 목소리나 리듬은 매우 중요하며 경전을 염송하는 소리는 하늘에 메아리치고 동시에 하늘에서도 신들이 수행자가 지상에서 염송하는 소리에 맞추어 응답하는 노래를 부른다고 한다. 『대동진경』에는 송경하는 소리에 대해 "옥음(玉音)의 음향이 커다랗게 조화를 이룬다."44)라고 표현하고 있다.

상청파에서는 반복적으로 송경하며 경전의 반복적 독송에 대해서 『대동진경』은 다음과 같이 말한다. 7번의 염송은 만신, 천제, 사명, 또는 거룩한 산의 진일(眞一)을 부른다."45) 또한 『대동진경』 안에는 부적과 더불어 많은 송경과 주문이 등장한다. 상청파 수행자들의 존사 수행과정을 명시한 『대동진경』을 살펴보면 총 39장의 각 장마다 후반부에 ".....미주왈..... 상천내음......지상외

---

44) 『大洞眞經』, DZCT6, 卷2第2: "玉音響太和"
45) 『大洞眞經』, DZCT6, 卷2: "七轉召萬神, 七轉召天帝, 七轉召司命."

음……"46)이라는 형식의 운문(韻文)이 등장하는데 이 송경과 주문은 하늘과 땅 양쪽에서 소통한다. 특히 상청파 수행자들은 『대동진경』의 순서에 따라 송경이 끝나면 이빨을 두드리고 다음과 같이 주문을 외운다.

"필(畢), 이빨을 36번 두드리고 마를 소멸하는 주문을 조용히 외운다. 북제 대마왕이 황제 앞에서 일을 받들어 천곡의 귀신과 사명풍산의 수많은 요괴의 형상을 하고 있는 아홉 개의 머리가 달린 호랑이가 독을 품어내니 천둥과 번개로 머리를 베어 소멸하고 신의 공력으로 주문을 외우고 대동의 법에 의지함을 청하니 말과 같지 않음이 없습니다. 송경을 마치고 서른세 번 이빨을 두드린 다음 끝나면 36구절로 된 『대동멸마신혜옥청은서』47)를 송경한다."48)

『대동진경』에는 위와 같이 부록, 송경, 주문의 존사과정을 명시하고 있는데 존사 수행자는 『대동진경』을 송경할 때 이러한 과정을 존사하며 수련한다.

(4) 고치(叩齒), 인액(咽液), 토식(吐息)

『대동진경』에는 이상의 수행 외에도 신체를 이용한 부수적인

---

46) 『大洞眞經』, DZCT6, 卷2: "…微呪曰 天上內音…地上外音…"
47) 『大洞眞經』, DZCT6, 「大洞滅魔神慧玉淸隱書」, 上淸大洞眞經卷之一, 誦經玉訣: "玄景散天湄, 淸漢薄雲回. 妙炁煥三晨, 丹霞耀紫微. 翔翅期妙會, 洞觀情轉悲. 嘯咤咄嗟頃, 倐忽歷九圍. 攝炁反交初, 倂景幽玄棲."
48) 『大洞眞經』, DZCT6, 上淸大洞眞經卷之一, 茅山上淸三十八代宗師蔣宗瑛校勘, 誦經玉訣: "畢, 叩齒三十六通, 微誦三天滅魔呪, 北帝大魔王, 受事帝君前, 泉曲之鬼, 四明酆山, 千妖混形, 九首同身, 神虎放毒, 鹹滅雷震, 神功吐呪, 請依洞法, 莫不如言 畢, 又叩齒三十六通, 次誦 『大洞滅魔神慧玉淸隱書』."

수행법이 등장한다. 특별히 이러한 신체적 수행법은 본격적인 존사기법의 수행에 들어가기 전 준비과정으로 이를 갈거나 부딪치는 고치(叩齒), 침을 삼키는 인액(咽液), 몸의 일부를 손으로 만지거나 두드리는 안마(按摩), 송경 시 묵은 숨을 토하거나 새로운 숨을 마시는 토식(吐息)을 행한다.49) 이는 『대동진경』 39장의 각 장마다 존사 과정에서 체내신을 응결 때 하나의 과정을 마무리하고 다음 단계로 진입하기 위한 일종의 신인합일, 천인합일이라 할 수 있는 통관의례(通關儀禮)를 의미한다.

『대동진경』에서 고치와 인액은 각 장(章)의 맨 뒤에 등장하고 그 방법을 기술하고 있는데, 해당 장의 존사 수행을 마무리하는 의미로서 고치와 인액을 수차례 행한다. 예를 들어 제1장의 경우, 고치를 아홉 번 하고 다음으로 인액을 세 번 한다고 그 방법을 기술하고 있다.50) 인진은 상청파의 수행자들이 신을 초대하고 창조하는 존사 과정에서 없어서는 안 될 중요한 기능을 하는 것으로 침을 삼키면서 그 침이 응결하며 존사로 체내신을 창조한

---

49) 최수빈, 앞의 논문, 247쪽.: 이 논문에서 논자는 『대동진경』에서 숨을 멈추거나 내쉬는 토식(吐息)을 호흡법으로 보았다. 이는 상청파 『대동진경』의 존사기법 수행과정으로 황정경(黃庭經)에서 보여지는 호흡과 같이 주문(呪文) 수련의 일종으로 보아야 한다. 이 토식법에서 육자결(六字訣) 중 日月 존사에는 희(噫) 자를 24星 존사에는 호(呼) 자를 사용하고 있다. 이 두 글자가 발음상 숨을 내쉬기 편안한 구조로 토식이 잘 이루어지도록 하고자 사용한 것으로 보인다. 『대동진경』에서는 존사기법 수행 시 주문을 외우고 나서 묵은 숨을 토해내는 토식을 행한다.

50) 『大洞眞經』, DZCT6, 弟1章 卷2第3: "乃叩齒九通, 次再咽液三過."; 매 각 장마다 고치와 인액의 수행 방법을 기술하고 있으나 그 횟수는 일치하지 않고 각 장마다 다르다. 제2장과 제11장의 경우에는 고치가 9번(九通), 인액이 9번(九過), 이 밖에 각각 4번, 각각, 5번, 6번을 명시한 장도 있다. 맨 마지막 장(章)인 39章에서는 고치 39번(三十九通), 인액 39번(三十九過) 할 것을 명시하고 있다. 그런데 39章 중에서 제일 많이 나오는 횟수는 고치 9번, 인액 3번을 가장 많이 명시하고 있다.

다. 『대동진경』에서는 39장 각 장 경문마다 이를 결작(結作)이라는 개념을 상용하고 있다. 이는 체내신을 응결(凝結)하여 창작(創作)한다는 창조의 의미라고 재해석 할 수 있다. 이에 대하여 『대동진경』 제1장에 명기된 결작이라 문구는 다음과 같다.

"다음으로 적기(赤氣)를 존사하니 니환(泥丸)으로부터 가운데로 들어가고 그리고 나서 입으로 신운(神雲)을 들이마시고 침을 세 번 삼키어 삼신을 응결하여 만든다(結作)."51)

위 예문에서와 같이 붉은 기운의 적기(赤氣)를 존사하니 니환으로부터 가운데로 들어가고 신비로운 구름(神雲)을 입으로 마시고 침을 세 번 삼키어 삼신(三神)을 응결하여 만든다. 『대동진경』에 명기된 오장육부를 포함한 신체의 39부위를 수호하는 체내신의 창조는 존사기법 수행과정에서 침의 응결인 결작으로 이루어진다. 존사의 대상에 따라 오행을 기준으로 오색의 빛이나 자주 빛을 존사 하면 이 빛은 두정부 뇌(腦)의 니환으로 들어가고 그것이 신운(神雲)의 형태로 나타나는데 존사 수행자가 그 기운을 입으로 흡입하고 여기에서 인진 즉 침을 삼키며 신의 형상을 만들면 된다. 『대동진경』의 존사기법 과정에서 행하는 침은 물의 정화(淨化)를 상징하며 수련자는 인액(咽液)인 침은 삼키는 행위는 체내신을 창조하는 결작의 의미와 함께 존사기법을 행하는 의식(儀式)에서 정화를 실행한다는 의미도 포함하고 있다. 더불어 존사 수행 중에 침을 삼키는 행위는 오장의 각 장기들을 씻어주는

---

51) 『大洞眞經』, DZCT6, 高上虛皇君道經第一, 上清大洞眞經卷之二 茅山上清三十八代宗師蔣宗瑛校勘, 太微小童章: "次思赤炁 從泥丸中入兆 乃口吸神雲 咽津三過 結作三神."

동시에 각 장기들이 잘 조화하도록 도와주는 역할을 한다는 의미도 있지만 체내신을 창조하는 중요한 역할을 한다. 즉 상청파의 수련자가 존사기법을 수행할 때 수행자의 인액인 침은 체내신으로 변용되고 이 신들은 인체 부위를 죽음의 문으로부터 지키는 수호신의 역할을 한다. 상청파에서 인액은 체내신을 창조하는 중요한 매개체라고 할 수 있고 종려파에서의 인액은 단(丹)을 완성할 수 있는 중요한 매개체라고 볼 수 있다.

고치에 대하여 상청파에서는 왼편으로 이빨을 가는 것은 천국의 방울을 울리게 하는 것이고, 오른쪽 이를 가는 것은 하늘의 음을 내는 돌을 소리 나게 하는 것으로 표현하기도 한다.52) 고치의 주된 효과는 음(陰)의 기운을 몰아내는 의미이며, 윗니와 아랫니를 부딪혀 소리를 내는 것은, 하늘의 북을 울려 신들을 부르는 효과와 존사과정에서 인액과 함께 다음 단계를 준비하는 정화(淨化)의 의미로 통관의례의 역할임을 보여주고 있다. 이후 각각의 장마다 고치, 인액, 안마, 토식을 수행한다. 상청파의 수련들은 『대동진경』에 명기된 순서에 따라 송경, 주문, 고치, 인액, 안마, 토식을 동시에 수련함을 알 수 있다.

(5) 39장경(三十九章經)의 체내신과 존사 경로

『대동진경』은 삼십구장경으로 구성되어 있는데 39장경(三十九章經)은 존사기법과 체내신 이동 경로를 설명하고 있다. 존사법이 끝나면 존사 수행자의 몸은 39문호(門戶)를 지키는 39명의 수호

---

52) Isabelle .Robinet, idem, p.38.

Ⅱ. 수진도에 관한 이론적 배경 고찰 39

신들이 체내신으로 안착하며 거주하게 된다. 그리고 마지막 단계로 39장경(三十九章經)에 관한 존사기법을 수행한다. 이때 존사 수행자는 각 신체의 39문호(門戶) 전체의 몸에 모든 기운(氣運)을 존사하고 침을 39번 삼킨다. 그리고는 두 손에 류금화령(流金火鈴)이나 활락칠원(豁落七元)과 같은 신적인 부적(符籍)을 들고 세 번씩 그것을 흔들며 존사 한다. 앞에서 살펴보았듯이 기본적으로 부적의 역할은 사기(死炁)를 막고 마음을 정화(淨化)하는 역할을 하는 것으로 수련자가 하늘을 바라보고 목을 9번 좌우로 흔드는데 이는 하늘의 신을 본받는다는 의미이며, 두 다리를 1번 땅에 두드리는데 이는 땅의 신을 본받는다는 의미를 가지고 있다. 그런 연후에 신체를 27번 흔들어 체내신의 안착을 확인하고 신들과 일체가 되었음을 기뻐한다. 눈동자를 3번 안마하듯이 비비는데 이는 해, 달, 별 삼광이 빛남을 의미하며 코를 손으로 7번 비비는 것은 기운이 신체 전체에 퍼지게 하는 것을 의미하며, 양쪽 눈썹 끝에 있는 두 혈 자리를 3번 안마하는데 이는 사기(死氣) 즉 죽음의 근원을 막는 것을 의미하며, 양쪽 귀를 3번 돌리는 것은 하늘의 창문을 연다는 의미로 해석할 수 있다. 그리고 나서 인진(咽津)53)이라 하여 침을 아홉 번 삼킨다.

  이러한 존사 과정 후에 주문을 외우고 난 뒤 좌선한 상태에서 송경(誦經)을 하는데 제일존군(帝一尊君)과 모든 신들이 방안에 가득 차 있음을 존사 한다. 이때 제일존군이 존사 수행자 자신의

---

53) 상청파 『大同眞經』, 제39장경에서 표현하고 있는 인진(咽津)은 입안 혀 끝에서 발생하는 침을 목으로 삼키는 의미를 말하며 인액(咽液)이라는 용어와 같이 사용하고 있다. 종려파 『鍾呂傳道集』에서는 이 咽液을 玉液, 金液이라는 용어로 개념을 변용하여 사용하고 있다.

눈앞에 있어 제일존군의 입과 존사수행자의 입이 마주 대하며 방안에 모든 존사 신들이 존사 수행을 도와주도록 『대동진경』을 송경하면 신들이 방안에 가득 머물게 된다.54) "제일존군은 체내신(體內神) 중에서 가장 최고의 위치에 있는 신으로 존사 수행자와 신일합일하며 이때부터 모든 신들이 체내신에 거주하기 시작한다. 『대동진경』의 본문에 해당되는 39장경의 존사과정은 정화적(淨化的) 단계를 통해 세속적 인식을 비운 뒤 그 빈 공간을 신적(神的) 이미지들로 존사하며 그 공간을 채우는 작업으로 구성된다. 『대동진경』을 살펴보면 존사하는 이미지들을 기술하고 있는데 일광(日光), 월광(月光), 별의 빛이 등장하는가 하면 신들이 존사를 통해 신체 전체가 환하게 빛나기도 한다. 상청파에서는 존사의 대상을 내경(內景)과 외경(外景)으로 나누어 빛의 이미지를 안과 밖으로 상호 투영하는 빛의 속성에 근거하여 빛과 물질은 바로 초월과 내재의 관계를 나타내는 것으로도 해석된다. 빛은 우리의 주의를 끌어 우리를 어떤 대상에 참여시키며 그를 통해 우리를 그 대상을 넘어서서 타자와의 만남에 이를 수 있게 해주며, 일광(日光), 월광(月光), 별의 빛의 등장은 신들이 존사를 통해 신체 전체가 환하게 빛나기도 한다. 상청파에서는 존사의 대상을 내경(內景)과 외경(外景)으로 나누어 빛의 이미지를 안과 밖으로 상호 투영하는 빛의 속성에 근거하여 빛과 물질은 바로 초월과 내재의 관계를 나타내는 것으로도 해석된다. 빛은 우리의 주의를 끌어 우리를 어떤 대상에 참여시키며 그를 통해 우리를 그 대상을 넘어서서 타자와의 만남에 이를 수 있게 해준다."55) 『

---

54) Isabelle Robinet, idem, p.100.

『대동진경』의 존사과정은 신체 부위 별로 39신들을 존사 함으로써 체외의 우주 자연계의 빛을 수행자의 내면으로 초대하여 자신의 내면을 비추게 하며 체내신으로 창조하고 그 빛을 통해 자신 안에 있는 하늘의 세계를 신선의 풍경으로 드러내는 것이다. 『대동진경』의 39장의 경문은 바로 이러한 내면의 빛을 발견하고 그 빛을 통해 체내신을 결작하여 창조하며 어두움의 큰 동굴(大洞)안을 빛으로 가득 차게 만든다.

『대동진경』의 제39장의 각 경문(經文)들은 각 장마다 체내신의 명칭을 경문의 제목으로 정하고 각 장의 체내신(體內神)이 관장하며 보호하고 수호해야 할 신체부위를 설명하고 있다.

예를 들어 제1장의 경우 "고상허황군도경(高上虛皇君道經)이라는 제목을 달고 있는데 이것은 고상허황군(高上虛皇君)이라는 체내신이며 존사 수행 시 이 체내신을 초대하고 결작하기 위한 경문(經文)임을 알 수 있다. 존사 수행자는 이 체내신을 초대하며 송경한다. 제1장의 체내신(體內神)은 이름이 태미소동간경정(太微小童干景精), 자(字)는 회원자(會元子)이다. 이 체내신(體內神)은 혀와 혈액을 관장하는 수호신이다. 『대동진경』을 살펴보면 각 장(章)에서 표현하고 있는 신들은 체외신과 체내신으로 구분되는데 체외신은 자연물의 빛이며 이 체외신을 존사기법을 통하여 체내신으로 변용하게 만든다. 이 신들의 세계가 우리 인체에도 각각의 그 거주지를 가지고 있다고 이미지화 형상화하며 경문에 기록되어 있는 신들은 신체 내 특정 부위와 관계하고 있어 그 신들의 이름을 송경하면서 존사기법을 수행한다.

---

55) 최수빈, 앞의 논문, 260-261쪽.

또한 『대동진경』 제7장은 명문(命門)을 관장하며 보호하는 수호신의 이름이 명문도군(命門桃君)이며, 제8장은 머리부분 니환(泥丸)을 관장하는 신이 범구상일적자(犯九上一赤子)이고, 제9장은 심장을 관장하는 강궁중일원군(絳宮中一元君), 제13장은 신장을 관장하는 칠진현양군(七眞玄陽君), 제16장은 간을 관장하는 간중사진(肝中四眞)이 등장한다.

이 밖에도 제22장에 자소좌원군(紫素左元君), 23장에 황소중원군(黃素中元君), 제24장에는 백소우원군(白素右元君)등 자(紫), 황(黃), 백(白)의 삼소(三素)의 여성신과 각 장마다 신들이 등장하며 제36장의 삼소노군(三素老君)과 제39장에 앞에서 언급한 최종적으로 이 경전에서 가장 핵심적 위치에 있는 제일존군(帝一尊君)이 기록되어 있다. "제1장부터 제39장까지에 나타난 신들은 모두 39신이며, 제1장부터 제39장에 나타난 신들은 사기(死氣)가 출입하는 통로가 되는 신체의 특정 부위나 장기(臟器)를 관장하며 죽음으로부터 보호하는 수호신의 역할을 주재한다. 그리고 체내의 여러 신들을 통괄하고 존사 수행자의 생명을 부여하는 중추기능을 담당하는 신들이다. 이들 신들의 역할은 신들이 거주하고 담당하는 신체부위에서 사기(死氣)가 들어오는 통로인 사기지호(死氣之戶)를 관장하며 사기(死氣)가 들어오지 못하게 막아주고 보호하는 보호신의 역할을 하고 있다."56) 즉 죽음의 문을 지키는 수호신의 역할을 한다. 또한 존사 수련자는 각 장을 송경할 때 우선 그 장에 해당되는 신을 초대한다.57) 그리고 이 신들이 내려와

---

56) 최수빈, 앞의 논문, 261-262쪽.: 麥谷邦夫, 『大洞眞經三十九章全的艾·中國古道敎史硏究』, 吉川忠夫編 京都同明舍, 1992, p.80.
57) 『大洞眞經』, DZCT6, 卷1: "謹請 神 眞 某某..."

수련자의 머리를 감싸는 것을 존사하고 그다음은 그 신이 니환(泥丸)으로부터 몸 안으로 들어가는 것을 존사하며 입으로 신비로운 구름(神雲)을 흡입하고 침을 몇 번 삼킨다. 그렇게 되면 신기(神氣)가 구체적인 신(神)의 형태를 갖추어 몸 안으로 들어가 신체상의 이동 경로를 통과한 뒤 그 신들이 보호하고 지켜야 할 신체 부위에 안착하여 그 부위를 지켜주며 수호신으로 거주한다. 상청파 수련자는 소마옥부(消魔玉符)58)라는 마를 소멸하는 부적을 차고 『대동진경』을 송경하며 주문을 외우고 신의 이름을 부르며 그 신들이 자신을 지켜주고 보호해 주기를 존사 한다. 상청파의 존사 수련자들은 무조건 신을 부르는 것은 아니다. 『대동진경』에 서술된 체내신의 이동 경로의 통과 과정을 존사하며 따르고 집중한다.

『대동진경』 제1장부터 제39장 경문 가운데 존사기법 수행 시 니환, 강궁, 미려, 협척, 옥침 등 체내신의 존사 이동 경로를 자세히 설명하고 있는 경문은 총 열아홉 개의 장의 경문이다.59) 이 가운데 간(제4장), 심(제19장), 비(제15장), 폐(제5장과 제14장), 신(제7장·제10장·제13장), 담(제12장)의 순서로 오장육부의 존사 경로를 간략하게 살펴보고 수진도 분석에서 구체적으로 제시하겠다.

간(肝)의 체내신 존사 경로를 제시하고 있는 『대동진경』 제4장

---

58) 『大洞眞經』, DZCT6, 上淸大洞眞經卷之一:"消魔玉符."
59) 『大洞眞經』, DZCT6, : 제1장, 제2장, 제3장, 제4장, 제5장, 제7장, 제8장, 제9장, 제10장, 제12장, 제13장, 제14장, 제15장, 제16장, 제19장, 제25장, 제26장, 제27장, 제28장에 대하여 세부적인 체내신의 존사 이동 경로는 수진도 구성체계 분석에서 설명하기로 한다.

좌무영공자장(左無英公子章)은 왼쪽 겨드랑이 밑에 거주하며 간의 뒤 출입문을 지키는 수호신으로 이름이 무영공자현충숙(無英公子玄充叔))이며 자는 합부자(合符子)이다.60) 이 체내신은 좌측 겨드랑이에서 옥빛으로 빛나고 있는데 존사는 좌측 겨드랑이부터 시작하여 옥빛을 띤 신들이 양 눈동자로 들어가며 방광으로 향하는 순서로 존사 한다. 존사 이동 경로는 니환에서부터 시작하여 간의 뒤쪽 출입구를 지나 우측 젖가슴으로 들어가 강궁을 뚫고 좌측 방광으로 들어가 곧바로 우측 방광으로 들어가며 위로 다시 강궁을 뚫고 좌측 젖가슴 안으로 들어가 간으로 들어간다. 존사 수행자가 체내신과 일체화되어 신선에서 단의 기운으로 변용되어 유통되고 있음을 제시하고 있다.61)

심(心)의 체내신 존사 경로를 제시하고 있는『대동진경』제19장 심중일진장(心中一眞章)은 항상 가슴 가운데 죽음의 문을 지키는 체내 수호신으로 그 이름은 심중일진친정액군(心中一眞天精液君)이며. 자는 비생상영(飛生上英)이다. 존사 시 수많은 보배로운 신광(神光)이 온 몸으로 퍼져나가며62) 이 체내신의 존사는 가슴 중앙에서 강궁을 향하며 오행상 붉은빛을 존사한다. 존사 경로는

---

60) 『大洞眞經』, DZCT6, 上皇先生紫晨君道經第四, 上清大洞眞經卷之二, 左無英公子章: "名玄充叔, 字合符子, 左腋之下, 肝之後戶."

61) 『大洞眞經』, DZCT6, 上皇先生紫晨君道經第四, 上清大洞眞經卷之二, 左無英公子章: "使左腋之下常有玉光, 引神明上入兩眼睛之中, 真思左無英口公子玄充叔真炁, ……중략….次思玉光從兆泥丸中入,…중략…過肝之後戶下入右乳, 穿絳官, 入左膀胱, 却入右膀胱, 上穿絳官, 入左乳內, 過肝之後戶, 通流三丹會洞房, 為我致仙變丹容."

62) 『大洞眞經』, DZCT6, 中央黃老君道經第十九, 上清大洞眞經卷之四, 心中一真章: "心中一真天精液君, 字飛生上英, 常守兆胸中, 四極之口死炁之門…중략…化為一輪百寶神光, 神在光內."

니환에서 아래 가슴 중간, 입의 순서다.

비(脾)의 체내신 존사 경로, 『대동진경』 제15장 비중오진장(脾中五眞章)의 체내신 이름은 오진양광군(五眞養光君)이며 자는 태창자(太昌子)이다. 목구멍을 지키는 수호신이다. 이 체내신의 존사 이동 경로는 니환에서 강궁으로 내려가 양 방광으로 들어가 미려혈을 뚫고 다시 니환으로 올라가 얼굴 뺨을 지나 목구멍 혈로 들어가 안착하며 거주한다.63) 비장은 침샘과 관련이 있으므로 목구멍을 지키는 신이다.

폐(肺)의 체내신 존사 경로, 『대동진경』 제14장 폐중육진장(肺中六眞章)의 체내신 이름은 상원소옥군(上元素玉君)이며, 자는 양남중동(梁南中童)이다. 이 체내신은 폐와 목이 상관관계가 있으므로 12마디 목뼈 줄기 죽음의 문을 지키는 수호신이다. 이 체내신의 존사 이동 경로는 오행상 폐는 금에 속하니 흰빛을 존사하며, 이 빛은 관개수로(灌漑水路)64)처럼 기운이 니환으로 들어가고 형상은 금성과 같고 심장의 체내신인 단원(丹元)과 관계가 있어 단원의 궁으로 흘러 들어가 아래로 강궁과 양 방광으로 들어가며 미려혈, 협척을 뚫고 위로는 니환 구궁과 양쪽 귀 위로 나누어 들어가고 아래로는 12마디 목 줄기로 향한다.65) 존사의 이동 경

---

63) 『大洞眞經』, DZCT6, 太淸大道君道經第十五, 太淸大洞眞經卷之三, 脾中五眞章: "五眞養光君, 字太昌子 常守兆喉中極根之戶, 死氣之門, 下入絳宮 分左二右三 入兩膀胱 穿尾閭穴, 來脊, 上入泥丸, 穿兩臉下, 布兩極根之戶, 左二右三而住."

64) 가노우 요시미츠 저, 조남호·김교빈·황희경 외 2인 역, 『몸으로 본 중국사상』, 소나무, 1999, 135-139쪽. : 기와 혈의 관계 구조에서 장부와 12 경락맥을 水路와 經絡이 관계가 있음을 논하였다.

65) 『大洞眞經』, DZCT6, 玉晨太上大道君道經第十四, 上淸大洞眞經卷之三, 肺中六眞章: "肺中六眞上元素玉君, 字梁南中童, 常守兆頸外十二間梁死炁之

로를 관개수로에 비유하고 있다.

신(腎)의 체내신 존사 경로와 관련하여는 『대동진경』 제7장, 제10장, 제13장에서 제시하고 있다. 제7장 명문도군장(命門桃君章)의 체내신 이름은 명문도군해도강(命門桃君孩道康)이며 자(字)는 합정연(合精延)이다. 명문내궁을 지키는 수호신이다. 이 체내신의 이동 경로는 니환에서 응결하여 아래 강궁으로 들어가고 명문내궁에 이르러 기운을 충만하게 한다.66) 제10장 명문하일황정원왕장(命門下一黃庭元王章)의 체내신 이름은 명문하일황정원왕(命門下一黃庭元王) 자는 원양창(元陽昌)이다. 양 방광 사이의 명문을 지키는 수호신이다. 달빛으로 응결되어 만들어진 신이다. 존사기법에서 이 체내신의 이동 경로는 달빛이 니환으로 들어가는 것을 존사하고 강궁으로 들어가 관개수로(灌漑水路)처럼 기운을 펼치고 대장으로 들어가고 양 방광을 지나 양다리 사이 정강이 골수를 뚫고 용천혈로 내려가 양다리 뿌리까지 들어간다.67) 제13장 칠진현양군장(七真玄陽君章)은 양 신장의 체내신의 이동 경로를 설명하고 있다. 양신의 이름은 칠진현양군이며 자는 명왕생이다.

門, 使上帝玉華光映神門之下, 玉晨正炁流入, 丹元之宮, 令七祖父母解散胎結之滯, 受生太上之鄉.真思肺中六真上元素玉君真炁, 白雲之色, 罩於頂上, 默微呪曰 : 六真奕奕, 白光映映, 回帝之景上入丹鄉, 招真下流, 灌我玉霜, 次思白炁從兆泥九中入, 狀如金星, 淡碧衣冠, 下入絳宮, 入兩膀胱, 穿尾閭穴, 夾脊, 上入泥九, 分兩耳上, 下入十二間梁之外"

66) 『大洞眞經』, DZCT6, 上清大洞真經卷之二, 真陽元老玄一君道經第七, 命門桃君章: "命門桃君孩道康, 字合精延, 常守兆臍中之關, 命門內宮死炁之門, 下入絳宮, 充於命門內宮,"

67) 『大洞眞經』, DZCT6, 素靈陽安元君道經第十, 上清大洞真經卷之三, 命門下一黃庭元王章: "命門下一黃庭元王始明精, 字元陽昌, 常守兆兩胯之間, 車軸之戶死炁之門, 真思命門下一黃庭元王始明精真炁, 月光之色, 炁布灌我形, 次思月光從兆泥丸中入, 一神狀如月帝, 下入絳官, 下真元王下入大腸, 出懸於空中, 二神入兩膀胱, 穿兩腿髓內, 下至湧泉穴, 出兩腳根,"

척추의 궁골을 지키는 수호신으로 오행상 북방의 색인 검은색 구름 기운을 현운(玄雲)으로 표현하고 있어 현운을 존사한다. 존사는 니환에서 강궁으로 들어가 양 방광으로 나누어 들어가며 미려혈을 뚫고 위로 양 신장의 기운을 충만하게 하고 등 쪽 궁골로 향하는[68] 이동 경로를 설명하고 있다.

담(膽)의 체내신 존사 경로, 『대동진경』 제12장 담중팔진장(膽中八真章)은 오장육부중 담에 관한 체내신의 존사 이동 경로를 설명하고 있다. 이 체내신 이름은 담중팔진합경군(膽中八真合景君)이며, 자는 북대현정(北臺玄精)이다. 척추 등뼈 마디를 지키는 수호신이다. 담은 오행상 토 기운으로 황금빛이다. 존사기법에서 체내신을 존사할 때 황금빛을 존사한다. 이 체내신의 존사 이동 경로는 황색 기운이 니환 가운데로 들어가는 것을 존사하고 미려를 뚫고 위로 등뼈 마디마다 궁골의 기운을 충만하게 한다.[69] 이와 같이 니환, 미려, 척추 등으로 이동하는 존사 과정을 통과하여 『대동진경』의 체내신은 인체의 오장육부와 인체의 각 기관을 지키는 수호신의 역할을 주재한다. 즉 『대동진경』에 나오는 제39장 신들은 39신체 내 각 부위를 죽음의 문으로부터 지키는 수호신들이다. 또한 『황정경』에 나오는 오장육부의 체내신들과 『등

---

68) 『大洞眞經』, DZCT6, 皇上四老道中君道經第十三, 上淸大洞眞經卷之三, 七眞玄陽君章: "兩腎七眞玄陽君, 字冥光生, 常守兆背之窮骨, 九地之戶死炁之門, 使地戶伏生炁, 窮骨受神液, 六津調滿, 生根探密. 眞思腎中七眞玄陽君眞炁, 玄雲之色, 次思玄雲之炁從兆泥丸中入, 入絳宮, 分入兩膀胱, 穿尾閭穴, 上充兩腎, 出背窮骨."

69) 『大洞眞經』, DZCT6, 高上太素君道經第十二, 上淸大洞眞經卷之三, 膽中八眞章: "膽中八眞合景君, 字北臺玄精, 常守兆背窮骨之下節死炁之門, 使兆背窮骨受生炁, 眞思膽中八眞合景君眞炁, 黃雲之色, 次思黃炁從兆泥丸中入, 穿尾閭, 上充背窮骨下節之戶."

진은결』에 나타나는 니환궁 구진의 신선들을 보호하는 수호신의 역할을 담당하기도 한다.

2) 『황정경』

(1) 오장육부의 체내신(體內神) 이름

『황정경』70)은 제36장으로 구성되어 있으며 인체 내 오장육부에 속하는 체내신의 이름이 수진도에 명기되어 있다. 이 신들의 이름을 존사신 또는 체내신이라고 부르는데 앞서 설명한『대동진경』에 나타나는 상청파의 체내신은 오장이나 신체의 39개 특정 부위를 관장하거나 사기(死炁)로부터 보호하고 지키는 수호신의 개념이며『황정경』에 나타나는 체내신은 오장육부를 관장하는 주재신의 개념이다. 내경 의학에서 말하는 오장신71)과 차이가 있다. 본 절에서는『황정경』의 총 36장 가운데 수진도에 기록된 간·심·비·폐·신·담에 대한 주신(主神)들의 내용만 다루기로 하겠다.『황정경』에 명기된 오장육부의 체내신에 대하여 양구자(梁邱子)의 주석서인『태상황정내경옥경(太上黃庭內景玉經)』에 설

---

70)『黃庭經』은『太上黃庭內景玉經』과『太上黃庭外景玉經』의 약칭으로 일반적으로『內景經』과『外景經』으로 구분한다. 상청파의 핵심경전으로『正統道藏』洞玄部本文類에 수록되어 있다. 본 연구의 각 주는『黃庭經』과 梁丘子의 주석『太上黃庭內景玉經』으로 출처는 kristofer Schipper 교수의 DZCT 전통도장분류 표기에 따른다.
71) 조남호·김교빈·황희경 외 3인 역, 앞의 책, 211-216쪽.: 내경 의학에서는 오장에 배속시킨 정신을 五藏神 또는 五神이라 부른다.『黃帝內經』「難經·三十四難」에 肝은 魂, 心은 神, 脾는 意·智, 肺는 魄, 腎은 精, 志를 배속하고 여기에 五常, 五情, 五臟, 五神을 대응하였다.

명된 체내신 이름과 성격은 다음과 같다.

"심신 이름은 단원(丹元)이요, 자는 수령(守靈)이다. 내상(內象)을 비유한 것이다. 심은 장부의 근원이 되고 남방이며 화의 색을 띠며 신이 사는 집이라 말한다.[72] 폐신은 이름하여 호화(皓華)이며, 자는 허성(虛成)이다. 폐는 심의 화개가 된다. 호는 희다. 서방이며 금의 색이다. 폐의 색은 희다. 그 성질이 가볍고 허한 까닭에 허성(虛成)이라 말한다.[73] 간의 신은 이름이 용연(龍煙)이요, 자는 함명(含明)이다. 간은 목행에 위치하고, 동방이며 청룡(靑龍)의 색이다. 장에서 눈을 주관하고 해가 동방에 나오므로 함명(含明)이라 말한다.[74] 신신(腎神)은 그 이름이 현명(玄冥)이요, 자는 육영(育嬰)이다. 신은 수(水)에 속하는 까닭에 현명이라 말한다. 신의 정기가 자식이 되는 까닭에 육영이라 말한다.[75] 비신(脾神)은 이름을 상재(常在)라 하고, 자는 혼정(魂停)이다. 비는 중앙의 토에 위치한 까닭에 상재(常在) 즉 황정(黃庭)의 궁이라 말한다. 비는 갈아서 음식을 소화하므로 신의 힘이 강건하다. 이런 까닭에 혼정(魂停)이라 말한다.[76] 담신(膽神)은 이름하여 용요(龍曜)이며, 자는 위명(威明)이다. 담의 색은 청광(靑光)인 까닭에 용요(龍曜)라 말한다. 주로 용감하고 씩씩한 까닭에 위명(威明)이라 말한다. 밖으로는 동방의 청룡(靑龍), 뇌진(雷震)의 상(象)을 취한다."[77]

---

72) 梁邱子 註, 『太上黃庭內景玉經』, DZCT331, 第八心神章: "心神丹元字守靈, 內象喩也. 心爲藏府之元, 南方火之色, 栖神之宅也. 故曰守靈."

73) 梁邱子 註, 『太上黃庭內景玉經』, DZCT331, 第九肺部章: "肺神皓華字虛成, 肺爲心之華蓋, 皓白也. 西方金之色, 肺色白, 其質輕虛, 故曰虛成也."

74) 梁邱子 註, 『太上黃庭內景玉經』, DZCT331, 第十一肝部章: "肝神龍煙字含明, 肝位木行, 東方靑龍之色也. 於藏主目, 日出東方, 故曰含明也."

75) 梁邱子 註, 『太上黃庭內景玉經』, DZCT331, 第十二腎部章: "腎神玄冥字育嬰, 腎屬水, 故曰玄冥, 腎精爲子, 故曰育嬰也."

76) 梁邱子 註, 『太上黃庭內景玉經』, DZCT331, 第十三脾部章: "脾神常在字魂停, 脾中央土位也. 故曰常在卽黃庭之宮也. 脾磨卽食消, 神力象壯, 故曰魂停也."

77) 梁邱子 註, 『太上黃庭內景玉經』, DZCT331, 第十四膽章: "膽神龍曜字威明,

이 체내신의 오장에 대한 이름을 살펴보면 오방(五方), 오색(五色)의 이론에 따라 명명 되어져 있다. 심장의 신은 남방의 화(火) 붉은색이며, 폐신은 서방의 금(金) 흰색, 간신은 동방의 목(木) 청색, 신은 북방의 수(水)로 검정색, 비는 중앙의 토(土) 황색, 육부의 담신은 용감하고 씩씩하며 밖으로는 동방의 청룡, 뇌진(雷震)의 형상이라고 설명하고 있다. 앞에서 살펴본 『대동진경』의 체내신은 수호신의 역할을 주재하고 있다면, 『황정경』의 체내신들은 오장육부의 주신의 역할을 한다는 것을 알 수 있다. 특히 심장은 장부의 근원으로 신(神)이 거주한다고 하여 오장 중에서 심장을 중요한 장기로 생각하고 있다. 위 『황정경』에 기록된 오장육부의 체내신의 이름을 수진도와 내경도를 함께 비교해 보면 다음 〈표 2〉와 같다.

〈표 2〉 오장육부의 체내신 이름 조견표

황정경(黃庭經)	수진도(修眞圖)	내경도(內景圖)	비고
心神丹元字守靈 (심신단원자수영)	心神名丹元字守靈 (심신명단원자수영)	心神丹元字守靈 (심신단원자수영)	名
膽神龍曜字威明 (담신용요자위명)	膽神名龍曜字威明 (담신명용요자위명)	膽神龍曜字威明 (담신용요자위명)	名
肺神皓華字虛成 (폐신호화자허성)	肺神名皓華自虛成 (폐신명호화자허성)	肺神華皓自虛成 (폐신화호자허성)	皓華, 華皓
肝神龍煙字含明 (간신용연자함명)	肝神靑龍象字含明 (간신청용상자함명)	肝神龍烟字含明 (간신용연자함명)	龍煙, 龍烟, 靑龍象
腎神玄冥字育嬰 (신신현명자육영)	腎神名玄冥字育嬰 (신신명현명자육영)	腎神玄冥字育嬰 (신신현명자육영)	名
脾神常在字魂停 (비신상재자혼정)	脾神名常在字魂庭 (비신명상재자혼정)	脾神常在字魂亭 (비신상재자혼정)	停, 亭, 庭

膽色靑光, 故曰龍曜, 主於勇悍, 故曰威明, 外取東方靑龍雷震之象."

『황정경』에 설명된 체내신들의 이름은 수진도에 그대로 인용되어 있는데 이는 『황정경』에 나타나는 오장육부의 체내신을 수련하는 수행자가 수진도에 기록하여 표현한 것으로 보인다. 『황정경』과 수진도, 내경도에 표현된 오장육부의 존사 체내신의 이름을 위 〈표2〉에서 살펴보듯이 『황정경』 및 수진도와 내경도에 표시된 체내신의 이름이 똑같다.[78] 『황정경』은 "인체의 오장육부와 가슴과 복부 및 등뼈 줄기로 흐르는 12경락과 24척골(脊骨)을 합하여 36수가 되듯이, 도교의 삼십육천(三十六天)에 비교하여 체내신의 존사기법으로 쓰여진 경전이다. 위진(魏晉)시대의 도가들이 양생(養生) 수련을 목적으로 저술하였는데 원래 명칭은 『태상황정외경옥경(太上黃庭外景玉經)』·『태상황정내경옥경(太上黃庭內景玉經)』이며 일반적으로 『내경경(內景經)』, 『외경경(外景經)』이라 부른다. 『황정경』은 『포박자(抱朴子)』 하람(遐覽)』편에 수록되어 있는데 황정(黃庭)의 위치에 대하여 여러 이론이 있으나 양구자(梁邱子)는 중단전(中丹田)의 아래 비장(脾臟) 위치를 말하고 있다."[79] 또한 양구자는 그의 주석에서 황정의 위치와 의미에 대하여 사람의 몸

---

[78] 단지 차이점이 있다면, 수진도에는 명(名)자를 덧붙여 쓰고 폐신의 이름인 화호(皓華)을 호화(華皓)로 기록하고 용연(龍烟)을 용연(龍煙)으로 청용상(靑龍象)으로 표기하거나 폐신(肺神)의 자(字)를 정(停), 정(亭), 정(庭)으로 표기하는 차이가 있을 뿐이다. 또한 간·심·비·폐·신의 체내신에 육부(六腑)의 기관인 담신(膽神)만을 언급하고 있다. 이는 존사기법 수행자들이 담(膽), 위(胃), 대장(大腸), 소장(小腸), 삼초(三焦), 방광(膀胱) 육부중에서 담신(膽)을 중요시하여 『황정경』 및 수진도와 내경도에서 담신(膽神)을 기록하고 있는 것으로 보여진다. 『황정경』은 7언결구(七言訣句)로 전체 36장으로 구성 되어있다.

[79] 이시다 히데미 저, 이동철 역, 앞의 책, 86쪽, 216쪽. : 梁邱子는 황정의 위치를 비장(脾臟)이라 말하고 있다, 길이는 일척 남짓, 태창(太倉), 위(胃)의 위쪽으로 배꼽 위 3촌에 있다. 비장을 신체의 중심으로 바라보는 견해이다.

중에서 중앙 부분이라고 설명하며 "황(黃)은 중앙의 색이고 정(庭)은 사방(四方)의 가운데를 의미하며, 외부적으로는 천중(天中), 인중(人中), 지중(地中)을 가리키고, 내부적으로는 뇌중(腦中), 심중(心中), 비중(脾中)을 가리킨다. 고로 황정이라고 한다"80)라고 설명 하고 있다. 이는 황정의 위치에 논하며 뇌, 심장, 비장을 중시하고 있음을 보여준다.

소등복(蕭登福)은 『황정경』의 주된 수행은 존사가 아닌, 정기(精氣)를 누적시키는 적정누기(積精累氣)의 수행법이라고 말하고 있다.81) 그는 『황정경』에서 "정을 세어나가지 않게 누적시켜 정기를 모아 진인 되는 것"82)을 인용하여 『황정경』의 주된 수행법이 존사(存思)가 아니라며 『황정경』에서 내단기법의 호흡법을 찾는다. 그러나 그는 상청파 계통의 체내신 존사기법의 유통 경로가 종려 내단파 계통의 내단기법의 호흡으로 변용되어 수용되는 관점에서는 자세히 논하지는 않고 있다.

양구자는 비장(脾臟)의 체내신에 대하여 "비부(脾部)의 궁(宮)은 무기에 속한다. 속에는 누런 속치마를 입은 신명한 동자가 있다. 이 신(神)은 곡식을 소화시키고 소화를 통해 몸으로 들어온 기(氣)를 소화시키고 치아를 관장하며 이 비궁의 신을 태창(太倉)과 짝하는 명동(明童)이라고 한다. 비궁의 신은 길이가 한 치 되는 아홉 겹으로 둘러싸인 성의 금대에 있다.83) 비장은 길이가 한척

---

80) 梁邱子 註, 『太上黃庭內景玉經』, DZCT331, 第十五脾臟章: "黃者, 中央之色, 庭者, 四方之中, 外指事卽天中人中地中, 內指事卽腦中心中脾中, 故曰黃庭也."
81) 蕭登福, 『黃庭經古注今譯』, 香港, 靑松出版社, 2017, 52쪽. : 적정루기는 정을 세어나가지 않게 누적시켜 정기를 모아 진인 되는 것을 말한다.
82) 『黃庭經』, DZCT331, 第二十八仙人章: "積精累氣 以爲眞."

으로 태창에 가려져 있다. 중부노군이 황정을 다스리고 있다. 비장 신의 자는 영원이고 이름은 혼강(混康)이다. 온갖 질병을 치료하고 곡식을 소화시킨다. 노란 옷에 자줏빛 띠와 용호의 부록을 차고 있다."84)고 설명하고 있다. 비장의 체내신은 온갖 질병(疾病)을 치료(治療)하고 음식의 소화를 담당하며, 오행(五行)의 황색 옷과 자색(紫色)의 띠와 용호(龍虎)의 부록(符籙)을 차고 있다고 설명하고 있는데 이는 존사기법의 수행을 깊이 있게 다루고 있음을 알 수 있다.

(2) 육자결(六字訣)과 호흡법

육자결의 역사는 2세기 장자각의(莊子刻意)편에서 그 기원을 찾기도 하지만 6세기 도홍경의 『양성연명록(養性延命錄)』, 7세기 손사막의 『천금요방(千金要方)』에 이르러 여섯 글짜 허(噓), 가(呵), 후(呼), 주(哂), 취(吹), 희(嘻)의 발성과 각 내장의 기능과 상호관계 호흡법으로 간 - 허(噓Xu~), 심장 - 크어 (呵ke ~), 비장 - 후우(呼hu ~), 페- 씨(哂xi, ~), 신장 - 취 (吹chui~), 삼초 - 시(嘻xi, ~) 발음을 하며 호흡을 한다.85)
어떤 연구는 『황정내경경』과 『황정외경경』의 비교 수행법 연

---

83) 梁邱子 註, 『太上黃庭內景玉經』, DZCT331, 第十三脾部章: "脾部之宮屬戊己, 中有明童黃裳裏, 消穀散氣攝牙齒. 是爲太倉兩 明童, 坐在金臺城九重."
84) 梁邱子 註, 『太上黃庭內景玉經』, DZCT331, 第十五脾臟章: "脾長一尺掩太倉. 中部老君治明堂, 厥字靈元名混康, 治人百病消 穀粮. 黃衣紫帶龍虎章."
85) 이시다 히데미 저, 이동철 역, 앞의 책, 194-196쪽.; 馬禮堂, 『養氣功』, 湖北, 科學技術出版社, 1984. 참조.; 胡愔, 『黃庭內景五臟六腑補瀉圖』, 각주 18), 130), 131), 참조.

구에서 호흡법에 대하여 다음과 같이 설명하고 있다. "호흡법은 초기의 외기를 흡입하는 호흡법, 수행자의 몸 안에서 성태(聖胎)를 만드는 태식법, 수행자의 몸 안에 단을 만드는 내단(內丹)을 포괄한다. 이들 수행법은 추구하는 목적과 방법이 다르고, 순수하게 호흡에 집중하는 호흡명상법도 아니지만, 호흡을 주요한 매개로 삼고 있다는 점에서 호흡법이라고 할 수 있다. 중국의 양생사를 고찰하면 다양한 유형의 호흡법이 등장하며, 예를 들어, 육자결(六字訣) 혹은 육자법 등으로 불리는 호흡법은86) 호흡 시에 특정한 소리를 내는 호흡법인데, 특정한 질병치료에 사용된다는 식으로 말하고 있으므로, 양생술이라기 보다는 의술의 영역에 포함시키는 것이 더 적절하다. 거칠게 정리하자면 호흡법은 외기흡입의 호흡법, 태식법, 내단 순으로 발전했다고 말할 수 있다. 사카이다다오(酒井忠夫)는 호흡법에 외기의 흡입과 태식법만을 소개하고 있으나,87) 마스페로(Henri Maspero)의 태식법은 내단과 흡사하므로, 실은 호흡법에 내단을 포함시켰다고 할 수 있다. 사카이 다다오(酒井忠夫)가 말하는 호흡법의 외연은 연구자의 생각과 부합한다고 할 수 있다."88) 라고 설명하고 있다. 그는 이와 같이 『황정경』의 육자결에서 내단기법의 호흡법에 대한 단초를 찾으려 하고 있다. 그러나 육자결은 호흡법이 아니라 인체 오장 기운의 치료를 위한 주문이나 주술과 같은 것으로 앞서 호음의 설명을 인용한 바와 같다. 그는 일본의 사카이 다다오와 프랑스

---

86) 정우진, 앞의 논문, 216쪽.
87) 酒井忠夫 著, 최준식 역, 『도교란 무엇인가』, 서울, 민족사, 1991, 220-232쪽.
88) 정우진, 앞의 논문, 216쪽.

의 앙리 마스페로의 태식법이 내단과 흡사하다는 것을 인용하며 『황정경』에 나타나는 육자결을 호흡법으로 바라보고 이를 태식법과 연결하여 내단기법의 호흡법에 단초를 제시하고자 하였다.

또한 그는 위 앞의 논문에서 내단기법의 호흡법에 대한 단초를 『외경경』에서 찾으려고 하고 있다. "위에는 황정이 있고 아래에는 (배꼽아래 세치 되는 곳에) 관원이 있으며, 뒤에는 신장이 있고 앞에는 배꼽이 있다. 코로 호흡하여 단전으로 들어간다. 이를 살펴 닦으면 장생할 수 있다."[89] 라며 호흡법의 단초를 제시하고 있다. 또한 그는 '태식을 할 수 있으면 입과 코로 숨 쉬지 않는다. 마치 어머니의 뱃속에 있는 것처럼 할 수 있으면 도가 이뤄진다.'[90] 태식은 어머니의 뱃속에 있는 태아처럼 하는 호흡법이다."[91] 라고 설명하며 내단기법에 대한 호흡법의 발전을 『외경경』에서 찾아보려고 고심하였다.

(3) 토납호흡(吐納呼吸)

『황정경』에 기술된 토납호흡에 대하여는 상청파 『대동진경』의 주석인 『옥청무극총진문창대동선경주권2(玉淸無極總眞文昌大洞仙經注卷之二)』 및 『장자(莊子)』「내각편(刻意篇)」과 『회남자(淮南子)』

---

[89] 정우진, 앞의 논문, 217쪽: 王羲之本『外景經』: "上有黃庭下關元, 後有幽闕前命門. 呼吸廬間入丹田, 審能行之可長 存." 본래 왕희지본에는 呼吸廬間入丹田이 呼吸廬外出入丹田으로 되어 있다. 『태상황정외경옥경』의 呼吸廬間入丹田을 따라 고쳤다. 『태상황정외경옥경』에는 이 뒤에 玉池 淸水灌靈根(옥지의 맑은 물은 췌장 즉, 황정에 있는 신령스러운 뿌리를 적다)라는 구절이 있다.

[90] 『抱朴子』,「釋滯」: "得胎息者, 能不以鼻口噓吸, 如在胞胎之中, 則道成矣."

[91] 정우진, 앞의 논문, 218쪽.

「정신훈(精神訓)·제곡훈(齊俗訓)」에 언급하고 있는데 먼저 『옥청무극총진문창대동선경주권2』에 기록된 토납호흡에 관하여 살펴보면 다음과 같이 기록하고 있다.

"마음을 정화하는 신비로운 주문, 대도가 진기에 내려와 숨을 토하고 숨을 들이쉬고 오신(五神)을 정련하오니 원하옵건대 모든 마귀를 포섭하여 마음과 업을 항상 청정하게 하고 온갖 장애를 없애고 모든 악을 몰아내고 모든 중생이 항복하기를 원합니다. 생각을 올바른 길로 옮기며 급급히 율령과 같이 따릅니다. 입을 정화하는 신비로운 주문, 입이 태화궁을 위하여 숨을 토하고 숨을 들이쉬고 참 기운을 내리고 귀한 경전을 수시로 낭송하며 음식은 날마다 맛보며 온갖 악한 말을 하지 않으며 사음의 뜻이 일어나지 않게 하고, 원하옵건대 죄와 괴로움의 뿌리를 없애고, 항상 참된 의미를 논하고. 급급히 율령과 같이 따릅니다."[92]

『옥청무극총진문창대동선경주권2』에서 설명하고 있는 토납호흡은 주문 수련시 숨을 토하고 숨을 들이쉬고 입을 정화하는 주문 수행의 방법임을 알 수 있다. 『대동진경』에서 상청파의 존사기법 수련자들이 존사기법을 수행할 때 토식(吐息)을 행하며 송경을 하는 경우처럼 마음과 입을 정화한다는 의미이다.

"만 번 암송하면 천계에 오르고 모든 재앙이 없어지며 모든 병이

---

92) 『正統道藏』,「洞真部玉訣類」, DZCT103, 『玉清無極總眞文昌大洞仙經注卷之二』: "淨心業神咒, 大道降眞炁, 吐納煉五神, 愿使攝諸魔, 心業常清淨, 斷除万種障, 驅蕩一切殃, 降伏諸有情, 動念歸正道, 急急如律令. 淨口業神咒, 口爲太和宮, 吐納降眞炁, 時時通寶經, 日日餐法味, 勿發諸惡言, 莫起邪淫意, 愿除罪苦根, 常論正眞義, 急急如律令."『옥청무극총진문창대동선경주』은 元나라 道士 衛琪가 상청파 『대동진경』에 대하여 존사기법의 이론을 주석으로 달아 총 10권으로 편찬한 책이다.

낫고 맹수의 포악함을 당하지 않으며, 또한 늙어 감을 막아 수명을 길게 늘릴 수 있다."93)

위와 같이 송경을 하면 천계에 오르고 재앙을 물리치며, 치병과 수명을 늘릴 수 있다고 설명하고 있다. 『내경경』의 마지막장 목욕장(沐浴章)에서는 송경할 때는 주의 사항을 명시하고 있다.

"목욕하여 몸을 깨끗이 하고 비리고 매운 음식을 먹지 않는다. 정실에 들어가 동향하고 황정경을 암송한다. 대략 만 번을 암송하면 뜻이 저절로 선명해진다."94)

상청파는 존사기법 수행시 삼염오훈채95)를 금하고 있다. 도홍경(陶弘景)의 『등진은결』에는 『황정경』을 송경하는 법이 명시되어 있는 송황정경법(誦黃庭經法)이 있다. 이 송경법에는 "『동화옥편황정내경경(東華玉篇黃庭內景經)』을 암송할 때는 열 번 읽은 후 사배(四拜)해야 한다고 설명하고 있다."96) 이 역시 송경의 중요성을 명시하고 있다. 위에서 기술된 토납법은 상청파 수행자들이 존사기법 수행 시 일종의 주문 수련으로 송경을 하기 전에 먼저 몸과 입을 정화하는 주문으로 숨을 토하고 들이쉬는 호흡을 의미하고 있음을 설명하고 있다. 주문을 외울 때 나쁜 기운을 숨으로

---

93) 梁邱子 註, 『太上黃庭內景玉經』, DZCT331.: "詠之萬遍昇三天,千災以消百病痊, 不憚虎狼之凶殘, 亦以卻老年 永延."
94) 梁邱子 註, 『太上黃庭內景玉經』, DZCT331.: "沐浴盛潔棄肥薰, 入室東向誦玉篇, 約得萬遍義自鮮."
95) 三厭五薰菜라고 하여 삼염(天厭; 하늘을 나는 짐승, 地厭; 땅에 기어 다니는 짐승, 水厭; 물속에 사는 짐승)과 오훈채; 부추, 마늘, 달래, 무릇, 파를 삼가고 먹지 않는다.
96) 『登眞隱訣』, DZCT421.: "誦東華玉篇黃庭內景經, 云十讀四拜."

토하고 생기를 마시는 주문 수련 또는 치료 목적의 호흡이다. 내단기법의 호흡 수련법은 아니며 초기 내단기법의 호흡수련의 단초를 제공할 뿐이다. 『장자』의 토납에 대한 설명은 다음과 같다.

> "숨을 급히 쉬거나 천천히 쉬고, 숨을 토하거나 숨을 들이마시면서 호흡하여, 묵은 숨을 토해내고 새로운 숨을 받아들이며 곰처럼 직위하거나 새처럼 목을 펴면서 장수하는 일에 몰두할 따름이다. 이와 같은 것은 도인하는 사람이나 육체를 기르는 사람들로 팽조와 같은 장수자 추구하는 사람들이 좋아하는 것이다."97)

『장자』,「내각편」에서 토고납신(吐故納新)이라 하여 옛날 묵은 숨으로 토해내고 새롭게 호흡을 들이마신다는 도인(導引)의 의미를 가지고 있다. 『회남자』「정신훈」과 『회남자』「제곡훈」편에는 보다 상세하게 토고납신에 대하여 설명하고 있다.

> "숨을 급히 쉬거나 천천히 쉬면서 호흡하여, 묵은 숨을 토해내고 새로운 숨을 받아들이며 곰처럼 곧게 서거나 새처럼 목을 펴며, 오리처럼 목욕하고 원숭이처럼 뛰며 솔개처럼 살피고 범처럼 돌아봄과 같은 것, 이것이 자신의 육체를 기르는 사람이다."98) "숨을 급히 쉬거나 천천히 쉬면서 호흡하여, 묵은 숨을 토해내고 새로운 숨을 받아들이며 육체를 떠나고 지혜를 버리며 소박을 품고 참된 세계로 돌아가 현묘한 세계에서 노닐어 구름 위의 하늘과 통한다."99)

---

97) 『莊子』,「刻意篇」: "吹呴呼吸, 吐故納新, 熊經鳥申, 為壽而已矣, 此道引之士, 養形之人, 彭祖, 壽考者之所好也."
98) 『淮南子』,「精神訓」: "若吹呴呼吸, 吐故內新, 熊經鳥伸, 鳧浴蝯躍, 鴟視虎顧, 是養形之人也."
99) 『淮南子』,「齊俗訓」: "吹嘔呼吸 吐故內新 遺形去智 抱素反眞."

『대동진경』에서는 상청파 수행자들이 인체 내에 체내신을 초대하고 그 체내신이 존사의 이동 경로를 통해 거주지에 안주한 후 토식(吐息)을 하며 송경을 한다. 새로운 체내신이 인체 내에 안주하면 묵은 기를 토해 내는 일종의 신체 정화과정으로 토식을 행한다. 토고납신은 묵은 숨을 토해내고 새롭게 숨을 마시며 곰이나, 새, 오리, 원숭이, 솔개, 호랑이등 동물의 동작을 하며 호흡하는 도인법을 이야기하고 있다. 토납호흡이 내단기법의 수련 호흡법의 단초를 제공할 수 있으나 임독맥이나 기경팔맥, 12경맥과 관련한 기운을 운용하는 내단기법의 수련 호흡과는 차이가 있음을 알 수 있다. 그러므로 육자결과 토식법은 내단에서 말하는 호흡법의 개념이 아니며 일종의 치료나 주문 수련법이라고 할 수 있다.

(4) 태식법(胎息法)

『황정경』에 표현되는 태식법에 대하여 『포박자(抱朴子)』와 천태종의 『마하지관(摩訶止觀)』 및 『동의보감(東醫寶鑑)』의 기록을 살펴보면 다음과 같다. 『포박자』는 "태식을 얻는 자는 능히 코나 입으로 호흡하지 않고 포태에 있는 것과 같이 함으로 즉시 도를 이룬다"[100]하여 태식법을 어머니 태중에 있는 것처럼 코와 입으로 호흡하지 않고 이와 같이 할 수 있다면 도를 이룰 수 있는 호흡법이라고 설명하고 있다.

수나라(581~618)시대 천태지의(天台智顗: 538~597) 역시 『마

---

100) 『抱朴子』,「釋滯」: "得胎息者, 能不以鼻口噓吸, 如在胞胎之中, 則道成矣."

하지관』에 태식법을 설하고 있다.

> "마음을 배꼽에 거는 까닭이란 호흡은 배꼽으로부터 나와서 되돌아 들어가 배꼽에 이르는 것이다. 드나드는 일은 배꼽까지가 그 한도이다. 능히 무상을 쉽게 깨달을 수가 있다. 또한 다음으로 사람이 모태에 탄생할 때, 그 식신이 처음에 피와 합하여 핏줄을 띠는 것은 배꼽에 의존하고 배꼽이 능히 연지 할 수 있는 것이다. 또한 이것은 모든 창자나 위(胃)의 근원인 것이니 근원을 찾으면 능히 부정함을 볼 수 있어서 탐욕을 그칠 수가 있는 것이다."101)

지의의 태식법은 지(止)의 수행이 곧 사념처의 부정관의 하나로 배꼽을 관하여 신념처가 형성되는데 천태의 태식법인 부정관을 통한 지관수행의 호흡법이 내단 호흡법과 상관관계가 있는지 살펴볼 필요가 있다. 남북조시기에 남악혜사(南嶽惠思:515-577)가 처음으로 내단(內丹)이라는 용어 개념을 사용하였는데 "불법을 널리 펴고 건강 장수를 위하여 자신과 중생이 안락하고자 내단을 수련을 했다."102)는 것이다. 그 후 그의 제자 천태지의는 지관법

---

101) 空綠 金無得 註釋, 『大智觀坐禪法 摩何止觀』, 제4책, 운주사, 1995, 256쪽. :"所以繫心 在臍者, 息從臍出, 還入至臍, 出入以臍爲限, 能易吾無常, 復次人託胎時, 識神始興血合, 帶系在臍, 臍能連持."; 이기운, 『동의보감과 천태의학의 상관성연구 -동의보감 내경편과 마하지관의 병환경을 중심으로-』, 동국대학교 불교문화연구원, 2010, 539쪽.

102) 김경수, 『중국내단도교』, 도서출판문사철, 2020, 23쪽. ; 陶弘景이 편찬한 『登真隱訣』中卷: "太明育精, 內鍊丹心, 光輝合映, 神真來尋, 畢, 咽液九過. 到十五日、二十五日、二十九日, 復作如上法."(가히 크게 정을 길러 밝게 하여 내면의 붉은 마음을 단련하니 빛이 휘황찬란하게 화합하여 비추고 신선이 진실로 찾아 온다. 침을 9번 마시고 마친다. 15일, 25일, 29일이 도래하면 위와 같은 존사법을 반복하여 행한다)"고 제시하고 있어 상청파가 이미 앞서 내단의 용어를 존사기법과 같이 사용하고 있어 內丹의 용어는 內鍊丹心의 약칭이 아닌가 하는 문제를 제기하여 본다.

(止觀法)이라는 수행론을 정립하여 중국불교사에 뚜렷한 종적을 남겼고 이 지관법은 내단수련과 연관되어 100년 후 사마승정(司馬承禎;647-725)에게서 『좌망론(坐忘論)』이라는 내단 수련법으로 거듭나게 되었다.103) 태식 호흡법과 관련하여 『동의보감』에서는 자세히 설명하고 있는데 다음과 같다.

『동의보감』에서는 태식법에 대하여 진전(眞詮)을 인용하며 설명하고 있는데 다음과 같이 제시하고 있다.

"태식법: 『진전(眞詮)』104)에서는 사람이 태중에 있을 때는 입과 코로 호흡하지 않고, 탯줄이 어머니의 임맥(任脈)에 연결되어 있어 그 임맥이 폐와 통하고 폐는 코와 통하므로 어머니가 숨을 내쉬면(呼) 태아도 내쉬며, 어머니가 들이마시면(吸) 태아도 따라서 들이마시게 되는데, 그 기는 모두 배꼽으로 드나드는 것이다. 코는 식신(識神)과 탁생(托生)의 시초로, 정과 혈과 함께 합해지는데 그 근본은 배꼽에 있다. 그러므로 사람이 처음 생명을 받을 때는 오직 어머니와 탯줄로만 서로 연결되어 있다. 조식(調息)을 처음 배울 때는 모름지기 그 기가 배꼽에서 나오고 배꼽으로 들어가 없어진다는 것을 생각하여 극히 세밀히 조정하여야 한다. 그 후 입과 코를 사용하지 않고 뱃속의 태아처럼 배꼽으로만 호흡하기 때문에 이것을 태식이라 한다. 처음에 태식은 숨을 한 모금 마시고 배꼽으로 호흡을 하면서 81 혹은 120까지 숫자를 센 다음 입으로 숨을 토하는데, 극히 가늘게 하여 기러기 털을 입과 코 위에 붙이고 숨을 내쉬어도 털이 움직이지 않을 정도가 되어야 한다. 이것을 더욱더 연습하고 헤아리는 숫자를 늘려서 천(千)이 되면, 노인이 다시 젊어지고 하루가 지나면 하루만큼 더 젊어진다. 갈홍은 매년 한 여름철에 깊은 물 밑에 들어가 열흘이 되면 다시 나왔다 하니 이는 코로 쉬는 숨을

---

103) 김경수, 앞의 책, 24쪽.
104) 『眞詮』, 3卷은 명보진자양도생(明葆眞子陽道生)의 傳本으로 『道藏』, 第10冊에 실려 있다.

막아 태식을 할 수 있었기 때문이다. 그렇지만 숨을 막는 것만 알
고 태식을 모른다면 아무런 이득이 없다."105)

위 인용문을 보면 태식법에 대하여 조식(調息)으로 숨을 고를
때 호흡이 배꼽에서 나오고 배꼽으로 들어가 없어진다고 생각하
며 그 구체적인 방법으로는 태식은 숨을 한 모금 마시고 배꼽으
로 호흡을 하면서 81 혹은 120까지 숫자를 센 다음 입으로 숨
을 토하며 기러기 털을 입과 코 위에 붙이고, 숨을 내쉬어도 털
이 움직이지 않을 정도가 되어야 한다는 것이다. "전진도 손진인
양성서에서는 태식이란 영아가 어머니 뱃속에 있을 때처럼 호흡
이 자유로워서 위로는 기관(氣關)에, 아래로는 기해(氣海)에 이르
지만 코와 입의 기를 빌리지 않기 때문에 숨을 막아 호흡하지 않
고도 깊은 물속에 들어가 열흘이 되어도 나오지 않을 수 있는 것
이다"106)라고 하였다. 또한 "내관(內觀)의 요점은 신(神)을 고요하
게 하고 마음을 안정시켜서 어지러운 생각이 일어나지 않게 하는
것이니 사기가 제멋대로 침범하지 못한다. 기는 배꼽으로 돌아가
호흡 식(息)이 되고, 신은 기에 들어가 태(胎)가 되므로 태와 식
이 서로 합하고 섞여 하나가 된 것을 태을(太乙)이라 한다."107)고

---

105) 『東醫寶鑑』,「內經篇」, 卷1期,「新編 對譯 東醫寶鑑』, 280-281쪽, [胎息法]: "眞詮曰, 人在胎中, 不以口鼻呼吸, 惟臍帶繫于母之任脈, 任脈通于肺, 肺通于鼻, 故母呼亦呼, 母吸亦吸, 其氣皆于臍上往來. 天台謂識神托生之始, 與精血合根在於臍, 是以人生時, 惟臍相連. 初學調息, 須想其氣出, 從臍出入 從臍滅. 調得極細, 然後不用口鼻, 但以臍呼吸, 如在胞胎中. 故曰胎息. 初閉氣一口, 以臍呼吸, 數之至八十一, 或一百二十, 乃以口吐氣, 出之當令極細, 以鴻毛着于口鼻之上, 吐氣而鴻毛不動爲度. 漸習漸增, 數之久可至千, 則老者更少, 日還一日矣. 葛仙翁每盛暑, 輒入深淵之底, 十日許乃出, 以其能閉氣胎息耳. 但知閉氣, 不知胎息, 無益也."
106) 『東醫寶鑑』, 앞의 책: "養性曰, 胎息者, 如嬰兒在母胎中, 氣息自在, 上至氣關, 下至氣海, 不假口鼻之氣, 故能閉氣不息, 能入深泉, 旬日不出也."

하였다.

위와 같이 살펴보았듯이 육자결은 오장의 치료를 위한 주문이며, 상청파『대동진경』의 주석서인『옥청무극총진문창대동선경주』에 나타나는 토납법은 존사기법 수행 시 송경 전에 먼저 몸과 입을 정화하는 의미로 나쁜 기운을 숨으로 토하고 생기를 마시는 수련이며 내단수련 호흡의 단초를 제공하나 본격적인 내단 수련 호흡법이라 할 수 없고『황정경』에 나타나는 태식법은 천태지의 선사의『마하지관』의 사념처의 수행 호흡법과 관련이 있다.『동의보감』에서는 마하지관보다는 내단수련과 관련된 태식법을 구체적으로 설명하고 있음을 알 수 있다.

(5) 니환(泥丸) 구궁(九宮)의 체내신

앞장에서『대동진경』에 나타나는 체내신의 존사 이동 경로를 살펴보았듯이 신체 내 존사의 대상은 오장육부와 신체의 각 부위이다. 신체 각 부위에 대한 존사 신 이름은 경전에 정해져 있어서 존사 수행자는 경전을 송경하며 경전에 표기된 순서에 따라 체내신을 이미지화 하여 수행하면 된다. 존사가 시작되면 먼저 니환에 집중하며 존사 대상의 체내신을 빛으로 이미지화 하는데 이 빛은 제일먼저 니환 구궁으로 들어간다. 다음으로 니환으로 들어간 빛은 침을 삼키는 횟수에 따라 신들의 숫자가 정해지며 이때 체내신은 존사의 이동 경로를 따라 유통된다. 대부분 존사

---

107)『東醫寶鑑』, 앞의 책: "又曰, 內觀之要, 靜神定心, 亂想不起, 邪妄不侵. 氣歸臍爲息, 神入氣爲胎, 胎息相合, 混而爲一, 名曰太乙."

의 이동 경로는 니환, 강궁, 미려혈, 협척, 옥침, 니환 등의 순서로 각 장마다 그 이동 경로는 정해져 있다, 송경 후 체내신을 존사하는 데 그 존사기법의 이동 경로는 다음과 같다.

> "담부(膽部)의 궁(宮)은 육부(六腑)의 정(精)을 관장한다.[108] 간(肝)의 기는 힘이 강하고 맑은데다가 멀리까지 미친다. 육부가 줄지어 있는 가운데 삼광이 나온다. 심(心)의 정기와 뜻이 사사로움이 없고 한쪽으로 기울어지지 않으면, 위로 삼초(三焦)에 합치하고 아래로 옥장(玉漿)에 이어진다."[109] "폐(肺)의 기운은 삼초에서 시작된다."[110]

이는 인체(人體)의 오장육부(五臟六腑)의 중심을 담(膽)으로 바라보고 담을 먼저 존사하면 간(肝)의 기운이 맑아지고 심(心)이 뜻이 치우치지 않아 삼초에 합치하고 입안의 침샘인 옥장에 이어지며, 폐(肺)의 기운이 삼초에서 시작하므로 담-간-심-옥장-삼초-폐 순으로 바라본 것이다. 또한 『황제내경』, 「소문·영란필전론」에서는 "삼초(三焦)를 결독(決瀆)의 관(官)으로 수로(水路)와 같은 출구 역할을 하는 기관이라고 하며."[111] 『황제내경』, 「난경·삼십이난(三十二難)」 편에서는 "수곡(水穀)의 도로(道路)요, 기가 시작되고 끝나는 곳이라고 하여,"[112] 삼초는 액(液)의 이동을 담당하는 보이지 않은 기관으로 삼초에서 시작된다는 것은 간기를 타고 올라간 기운이 폐의 기능에 따라 아래로 내려와 아래로 내려온 기

---

108) 梁邱子 註, 『太上黃庭內景玉經』, DZCT331.: "膽部之宮六腑精."
109) 『正統道藏』 洞玄部玉訣類, DZCT405, 『上淸紫精君皇初紫靈道君洞房上經』: "肝氣鬱勃淸且長, 羅列 六腑生三光. 心精意專內不傾, 上合三焦下玉漿."
110) 梁邱子 註, 『太上黃庭內景玉經』, DZCT331.: "肺之爲氣三焦起."
111) 『黃帝內經』, 「素問·靈蘭祕典論」: "三焦者, 決瀆之官, 水道出焉."
112) 『黃帝內經』 「難經·三十一難」: "三焦者, 水穀之道路, 氣之所終始也."

Ⅱ. 수진도에 관한 이론적 배경 고찰

운은 양쪽의 신장(腎臟)에 들어가는 이동 경로로 설명할 수 있다.

이와 같이 『황정경』의 존사기법을 수행하는 사람들은 어느 정도 인체의 해부학적 지식을 가지고 있었으며 신체의 중심인 담부에서 시작한 존사(存思)는 오장육부의 존사 이동을 담 → 간 → 심→ 삼초→ 침샘→ 폐→ 신의 순서로 오행 상승의 원리로 바라보고 존사 경로를 설명하고 있다. 신(腎) 이후 존사기법은 두정부인 니환(泥丸)으로 이동하며 들어간다. 이러한 존사법의 체내신은 그대로 수진도에 반영되어 제시되고 있다.

『황정경』의 니환 구궁(九宮)의 존사에 대한 체내신은 다음과 같다.

"지극한 도(道)는 번거롭지 않으니, 그 요체는 진인(眞人)을 존사하는 데 있다. 니환과 몸의 마디 어느 곳에나 신(神)이 있다. 머리카락의 신은 창화요 자는 태원이고, 뇌신은 정근이요 자는 니환이며, 눈의 신은 명상이며 자는 영현이고, 비신(鼻神)은 옥롱(玉壟)으로 자는 영견이며, 귀의 신은 공한이요 자는 유전이며, 혀의 신은 통명이며 자는 정륜이요, 이빨의 신은 악봉이고 자는 나천이다. 얼굴의 신은 모두 니환을 종조(宗祖)로 삼고 있으니 니환을 비롯한 구진(九眞)에게는 방(房)이 있다. 이 방은 사방 한 치로서 구진은 모두 이곳에 거처하며, 모두 자줏빛 상의와 바람에 날릴 듯한 가벼운 치마를 입고 있다. 한 신(神)만 존사(存思)해도 수명(壽命)이 무궁하고 뇌 가운데 거주하며 각각 별개가 아니며 차례로 줄을 지어 앉아 밖을 향하고 있으며, 마음으로 존사하면 자연히 신과 같아진다."[113]

---

113) 梁邱子 註, DZCT331, 『太上黃庭內景玉經』: "至道不煩訣存眞, 泥丸百節皆有神. 髮神蒼華字太元, 腦神精根字 泥丸, 眼神明上字英玄, 鼻神玉壟字靈堅, 耳神空閑字幽田, 舌神通命字正倫, 齒神愕鋒 字羅千. 一面之神宗泥丸, 泥丸九眞皆有房, 方圓一寸處此中, 同服紫衣飛羅裳. 但思一 部壽無窮. 非各別住居腦中, 列位次坐向外方. 所存在心自相當."

이는 수진도에서 제시하고 있는 두정부 니환의 존사를 설명하고 있는 것이다. 뇌(腦)의 신(神)이름이 정근(精根)이며 자(字)가 니환(泥丸)이라고 설명하고 있으며 머리카락, 눈, 코, 귀, 혀, 이빨의 얼굴 신들은 모두 니환이 근본임을 설명하고 있다. 이처럼 존사기법의 수행은 단순한 존사가 아니라 지극한 도의 수행을 의미하고 있다. 니환은 뇌부 전체를 의미하는데, 수진도에는 두정부에 구궁을 표현하고 있으나 구궁에 대한 명칭을 명시하지는 않았다. 구궁에 대하여 "뇌부구궁 중 명당궁은 심장, 동방궁은 황정, 그리고 니환궁은 단전에 각각 대응하며 명당은 심장을 의미하고, 동방궁에 거주하는 신명에 착안하면, 동방궁이 황정에 대응한다는 점도 알 수 있다."114)

위에서 『황정경』의 오장육부의 체내신과 『등진은결』의 니환 구궁의 체내신을 살펴보면 존사기법의 수행자들은 먼저 오장의 중심인 담장(膽臟)에 집중하며 존사하며 이후 간(肝)에서 폐(肺)로 이동하며 폐에서 신장(腎臟)으로 존사하며 신(腎)에서 니환 두정부로 이동하며 존사하고 체내신을 형상화하는 과정을 보여주고 있다. 이와 같은 체내신의 존사 경로는 수진도에서 제시한 오장육부 체내신과 니환 두정부에 그대로 반영되고 있다.

또한 도홍경은 『등진은결』에서 현주상경소군전(玄洲上卿蘇君傳)을 근거로 니환의 구궁의 명칭에 대하여 자세히 설명하고 있다. 즉 "천전궁(天庭宮), 극진궁(極眞宮), 현단궁(玄丹宮), 태황군(太皇宮), 수촌 명당궁(明堂宮), 동방군(洞房宮), 니환 단전궁(丹田宮), 류주궁(流珠宮), 옥제궁(玉帝宮)"115) 이다.

---

114) 정우진, 앞의 논문, 228쪽.

이는 니환 두정부의 구궁(九宮)이다. 이 니환 두정부 구궁에는 수진도에서 제시하고 있는 신선이라는 진군이 거주하는데 천정군에는 상천진녀(上淸眞女), 극진궁에는 태극제비(太極帝妃), 현단궁에는 중황태일진군(中黃太一眞君), 태황궁에는 태상군후(太上君后), 명당궁의 왼쪽에는 명동진군(明童眞君)이 있고, 오른쪽에는 명녀진군(明女眞君)이 있으며, 중앙에는 명경신군(明鏡神君)이 동방궁에는 무영군(無英君), 백원군(白元君), 황노군(黃老君)이 거하며, 니환 단전궁에는 상원적자제군(上元赤子帝君)과 제경(帝卿)이 거하며, 류주궁에는 류주진군(流珠眞君), 옥제궁에는 옥청신모(玉淸神母)가 각각 거주하고 있다.

3) 『등진은결』

수진도에는 두정부 니환의 상단전 부분에 구진, 구궁을 기록하고 있는데 이는 『등진은결』의 기록과 동일하다는 점은 위에서 살펴본 바와 같다. 또한 『황정경』에서 설명하고 있는 체내신의 존사기법이 오장육부를 중심으로 한 존사법이라면 『등진은결』116)의 존사기법은 수일(守一) 사상을 기본으로 두정부의 니환 구궁

---

115) 『登眞隱訣』, DZCT421.: "天庭宮, 極眞宮, 玄丹宮, 太皇宮, 守寸 明堂宮, 洞房宮, 泥丸宮(丹田), 流珠宮, 玉帝宮."

116) 『登眞隱訣』은 위진남북시대 陶弘景이 編纂 것으로 上卷, 中卷, 下卷 총 3卷으로 구성되어 있으며 上卷에는 玄洲上卿蘇君傳訣, 眞符, 寶章, 九宮, 明堂, 洞房에 관한 존시가법과 中卷에는 符籙에 관한 법, 下卷에는 誦黃庭經法, 拜祝法, 存神別法, 入靜, 章符, 請官의 존사기법을 설명하고 있다. 『正統道藏』 洞玄部玉訣類 遜字號 新文豊本 第11冊에 수록되어 있고 『中華道藏』에는 三洞眞經洞眞上淸經 第2冊에 수록되어 있으며 『道藏提要』에는 編號 420에 수록 되어 있다. 본 연구의 각주에는 『登眞隱訣』로 Kristofer Schipper의 도장분류 표기에 따른다.

(九宮)을 중심으로 하는 존사법이다. 즉 비인격적인 일(一)을 인격화하여 천상의 신들을 체내신으로 집중하며 존사함으로서 천상신(天上神)이 체내신으로 들어와 천인합일(天人合一)되는 과정을 존사하는 기법이다. 『태평경』이전까지는 일(一)은 비인격화된 자연의 도(道)였으나, 육조시대에 와서는 도는 인격화되고 상청파의 존사기법에서 일(一)이라는 개념은 인체 밖의 자연 우주에서 존재하는 것이 아니라 체내신으로 초대하여 신인합일로 몸 안에 거주하게 된 것이다.

『등진은결』은 총 3권으로 구성되어 있는데 상권에는 현주상경소군진결(玄洲上卿蘇君傳訣), 진부(真符), 보장(寶章), 구궁(九宮), 명당(明堂), 동방(洞房)의 존사기법을 설명하고 있고 중권에는 "가히 크게 정을 길러 밝게 하여 내면의 붉은 마음을 단련하니 빛이 휘황찬란하게 화합하여 비추니 신선이 진실로 찾아온다. 침을 9번 마시고 마친다. 15일, 25일, 29일이 도래하면 위와 같은 존사법을 반복하여 행한다."117)고 하여 존사기법의 수련방식을 설명하고 있고 하권에는 송황정경법(誦黃庭經法), 배축법(拜祝法), 별신별법(存神別法), 입정(入靜), 장부(章符), 청관(請官)의 존사기법을 설명하고 있다.

이러한 체내신을 존사하는 기법을 상청파『등진은결』에서는 수일(守一)의 존사기법 수행이라 표현하고 있는데 상청파의 수일사상이 니환 구궁의 체내신으로 들어오는 존사기법 과정을 살펴보

---

117) 『登眞隱訣』, DZCT421, 中卷:"太明育精, 內鍊丹心, 光輝合映, 神真來尋, 畢, 咽液九過. 到十五日, 二十五日、二十九日, 復作如上法." 상청파가 이미 앞서 내단의 용어를 존사기법과 같이 사용하고 있어 內丹의 용어는 內鍊丹心의 약칭이 아닌가 하는 문제를 제기하여 본다.

고자 한다. 또한 체내신의 존사기법 이동 경로가 종려파 내단기법 호흡의 기운 이동 경로로 어떻게 합치되고 수진도에 반영되고 있는지 고찰한다.

(1) 수일(守一)의 존사

도홍경(陶弘景:456-536)은 육조(六朝)시기에 상청파 주요 경전인 『등진은결』을 주석하였다. 등진(登眞)의 진(眞)은 선(仙)과 거의 같은 뜻이므로 『등진은결』은 신선에 오르는(登) 득선(得仙)의 비결을 설명한 책으로 해석할 수 있는데 득선(得仙)의 비결로 수일(守一)의 실천을 체계적으로 설명한 경전이다.118)

수일(守一)은 글자 그대로 일(一)을 지키는 수행과정으로 『등진은결』에서 일(一)은 신격화되고 인격화된 개념인 삼일(三一)로 드러난다. 삼일(三一)은 북극성(北極星)의 원기(元氣)로부터 존사 수행자 자신과 체내신이 머리 부분인 두정의 니환인 동굴방(洞房)에 거주하게 되는데, 이처럼 동방(洞房)에 거하는 삼진일(三眞一)이 곧 백원군(白元君), 무영군(無英君), 황노군(黃老君)이다. 이 삼군(三君)을 존사하는 것, 즉 수삼일(守三一)이 곧 『등진은결』에서 말하는 수일인 것이다.119)

먼저 수일을 존사하기 전에 부적을 사용하는데 구체적으로 존사기법의 준비과정을 살펴보면 다음과 같다.

---

118) 吉岡義豊 著, 최준식 역, 『중국의 도교』, 민족사, 1991, 118쪽.
119) 최현민, 앞의 책 2쪽.

"먼저 입춘, 춘분, 입하, 하지, 입추, 추분, 입동, 동지의 팔절일 새벽에 태양을 향해 붉게 쓴 부적 일부를 삼키고 마친다. 그 뒤 재배하고 뜻에 따라 축원한다."120)

이와 같이 부적을 먹는 것은 몸속의 체내신을 불러 그에게 주문을 드리고자 하는 행위라고 볼 수 있다. 구체적으로 체내신을 존사하기 전에 부적을 삼키는 행위를 통해 존사 하고자 하는 마음을 준비하는 것이다. 도홍경은 입춘 때 부적을 써서 몸에 지님으로써 진일(眞一)을 상견하게 되면, 다음 절기까지는 다시 부적을 쓰지 않고 이미 써놓은 부적을 먹으면 된다고 한다.121) "부적을 써서 왼쪽 팔꿈치에 차고 8년간 부정한 일을 하지 않는다면 삼일(三一)이 모두 드러난다"고 한다.122) 이와 같이 8년간 수행을 통해 수일수행의 핵심인 삼일이 모두 드러남에 비해 그만큼 수행을 많이 하면 할수록 존사가 깊어짐을 의미한다. 구궁(九宮)은 본래 비어 있고, 체내신은 존사(存思)를 함으로써 그 안에 구진(九眞)의 신선으로 거주하게 된다. 그리고 이 신선들은 두정부 뇌의 니환 구궁에 수일(守一), 포일(抱一)이라는 개념으로 하나로 일체화 된다. 즉 상청파 『등진은결』에서 두정부를 존사 할 때 수일의 개념은 존사 수행자와 체내신이 하나로 일치하는 신인합일(神人合一) 또는 천인합일(天人合一)의 경지를 보여주는 것이다.

---

120) 『登眞隱訣』, DZCT421, 券上 眞符: "立春春分 立夏夏至 立秋秋分 立冬冬至 始一也. 朱書平旦向王日舌一符畢再拜祝願隨意"

121) 『登眞隱訣』, DZCT421, 券上: "立春一節, 書佩使可至相見, 餘節不順復作, 唯更起書服者耳."

122) 『登眞隱訣』, DZCT421, 券上: "寶藏, "左勿經汚佩之, 八年而三一俱見矣."

(2) 북두칠성(北斗七星)의 존사

『금궐제군삼원진일경(金闕帝君三元眞一經)』에서는 북두칠성 수일(守一)에 대해서 다음과 같이 말한다.

"입춘 한밤중에 동쪽을 향해 정좌하고 9번 기를 들이마시고 35회 침을 삼키고 마친다. 북두칠성을 존사하니 별이 머리 위로 내려 온다. 음정진인 두 별을 존사하니 두 별이 머리 정상에 가깝게 내려 온다. 양명(陽明), 현명(玄冥) 2별은 뒤에 있고 현명진인(玄冥眞人)은 앞에 있다. 이때 삼일존군(三一尊君)을 존사한다. 이 존군(存君)의 몸이 변신함을 본다. 그것이 하나가 되어 그 자신으로부터 나온다. 상원(上元)과 대신(大神)은 기(氣)가 되어 입을 통해 머리의 단전궁(丹田宮)으로 들어가고, 중원(中元)과 그 대신(大神)은 기가 되어 입을 통해 심장으로 들어가고, 하원(下元)과 대신(大神)은 기(氣)가 되어 입을 통해 하단전에 들어간다. 이와 같이 삼원(三元)이 삼궁(三宮)에 있게 되면 만사가 끝난다."[123]

먼저 입춘 한밤중에 동쪽을 향해 북두칠성을 존사하는 데 9번 기운을 마시고 35번 침을 삼키면 별이 머리에 내려오고 양명(陽明), 현명(玄冥) 두 별을 존사하니 머리위에 내려온다. 이 양명과 현명은 보성과 필성으로 보인다. 북두칠성과 보성, 필성이 인액을 삼키면 상원(上元) 대신(大神)은 형상화 되어 존사 수행자 자신으로부터 나타나 체내신으로 합일하여 입을 통해 두정부 니환 단전궁(丹田宮)으로 들어가고 중원과 그 대신은 입을 통해 심장으

---

[123] 『金闕帝君三元眞』: "一經守一之法 立春之日 夜半之時 正坐東向 服氣九過 咽液三十五過畢 乃存北斗七星 來下我頂上...存陰精眞人二星 親迫頭頂上 陽明玄冥二星却 在上也 陽明陰精二星在後面 玄冥眞人在前面...又思三一之尊君."

로 들어가며, 하원과 그 대신은 입을 통해 하단전으로 들어간다고 설명하고 있다. 이와같이 삼원이 삼궁에 거주하게 되면 만사가 끝난다. 이는 상청파의 존사기법이 체내신 경로가 종려파 내단기법에서 옥액이 입에서 니환 상단전, 심장 중단전으로 하단전인 신장으로 내려가는 경로와 상관관계가 있음을 보여주고 있다.

(3) 구궁(九宮)의 존사

수촌(守寸)에 바로 이어서 나머지 칠분(7分)이 명당궁(明堂宮)이다. 따라서 수촌과 명당은 다른 궁이 아니라 수촌이 명당의 외대궐인 것이다. 그 외의 궁은 명당 안쪽에 상하로 각각 일촌씩 되어 똑같이 8로 나누어져 있다. 9궁 중에서 5궁은 수촌에서부터 계속 일촌씩 들어가면서 있는 방으로 명당궁(明堂宮), 동방궁(洞房宮), 단전궁(丹田宮), 류주궁(流珠宮), 옥제궁(玉帝宮)이 그것이다.[124] 여기에 각각 신들이 거하는데 명당궁의 왼쪽에는 이름이 현양(玄陽)이고 자(字)가 소청(少靑)인 명동진군(明童眞君)이 있고, 오른쪽에는 이름이 미음(微陰)이고 자(字)가 소원(少元)인 명녀진군(明女眞君)이 있으며, 중앙에는 이름이 조정(照精)이고 자(字)가 사명(四明)인 명경신군(明鏡神君)이 있다. 동방궁(洞房宮)에는 무영군(無英君), 백원군(白元君), 황노군(黃老君)이 거하며 단전궁(丹田宮)에는 상원적자제군(上元赤子帝君)과 제경(帝卿)이 있다. 류주궁(流珠宮)에는 류주진군(流珠眞君)이 거하며 옥제궁(玉帝宮)에는 옥청신모

---

124) 『登眞隱訣』, DZCT421, 券上: "却入一寸爲明堂宮 却入二寸爲洞房宮 却入三寸爲丹田宮 却入四寸爲流珠宮 却入五寸爲玉帝宮."

(玉淸神母)가 거한다. 명당 1촌 위로 천정군(天庭宮)이 있으며 여기에 상천진녀(上淸眞女)가 살고, 단전 1촌 위에 있는 현단궁(玄丹宮)에는 중황태일진군(中黃太一眞君)이 있고, 류주(流珠) 1촌 위에 있는 태황궁(太皇宮)에는 태상군후(太上君后)가 있고 동방(洞房) 1촌 위의 극진궁(極眞宮)에는 태극제비(太極帝妃)가 있다.

이 구궁(九宮)은 같은 머리 위에 있어도 도홍경은 옥제궁(玉帝宮), 태황궁(太皇宮), 천정궁(天庭宮), 극진궁(極眞宮), 현단궁(玄丹宮), 동방궁(洞房宮), 류주궁(流珠宮), 단전궁(丹田宮), 명당궁(明堂宮) 순으로 되어 있다고 본다. 그 중 명당(明堂), 동방(洞房), 단전(丹田), 류주(流珠) 4궁의 경(經)은 모두 신선이 진인(眞人)이 되기 위한 도로서 세상에 전해진 것이다.125) 이사벨 호비넷, 그녀의 논문에서 앙리 마스페로 말을 인용하며 현단궁(玄丹宮)의 존사(存思)방법에 대해 다음과 같이 말한다.

"존사(存思)하기 위해 앉거나 누울 때마다 먼저 북극을 존사(存思)해야한다. 거기로부터 적기(赤氣)가 내려와 현단(玄丹)으로 들어간다. 어느 정도 시간이 지난 뒤 이 기(氣)는 점점 그 궁을 채우고 몸의 안팎으로 출입한다. 그것이 내 몸을 감싸고 안팎으로 움직이면 나는 그것과 완전히 하나가 된다."126)

이는 수일 존사기법 완성을 의미한다. 『등진은결』의 존사기법은 수일(守一) 사상을 기본으로 두정부의 니환 구궁(九宮)을 중심으로 하는 존사법으로 비인격적인 일(一)을 인격화하여 천상(天

---

125) 『登眞隱訣』, DZCT421, 券上: "其明堂洞房丹田流珠 四宮之經 皆神仙爲眞人之道 道傳於世."
126) Isabelle Robinet, idem, p.160.

上)의 신(神)들을 체내신(體內神)으로 집중하며 존사함으로서 천상신(天上神)이 체내신으로 들어와 천인합일(天人合一)되는 과정을 존사하는 기법이다. 신인이 합일되어 기운이 충만함으로 안밖으로 움직이며 완전히 하나가 된 것이다.

옥제궁(玉帝宮), 태황궁(太皇宮), 천정궁(天庭宮), 극진궁(極眞宮), 현단궁(玄丹宮), 동방궁(洞房宮), 류주궁(流珠宮), 단전궁(丹田宮), 명당궁(明堂宮)은 구궁으로 현단궁(玄丹宮), 동방궁(洞房宮), 류주궁(流珠宮), 단전궁(丹田宮), 명당궁(明堂宮) 5궁의 신은 남성신으로서 웅일(雄一)이며, 4궁의 옥제궁(玉帝宮), 천정군(天庭宮), 극진궁(極眞宮), 태황궁(太皇宮)은 여성신으로서 자일(雌一)이라 한다. 상청파의 『등진은결』에서 수일(守一)의 존사기법은 자연의 도를 신격화, 인격화하여 대우주와 소우주인 몸과의 일치를 통해 천인합일로 득선(得仙)하고자 하는 것이다. 체내신의 존사는 단지 외부의 신들이 체내신으로 그냥 머무는 것이 아니라 신인합일로 일치하여 조화롭게 상생하는 의미를 갖는다.

2. 시대별 『황정경』과 『대동진경』에 대한 해석

『대동진경』, 『황정경』, 『등진은결』에서 존사기법 수련의 오장육부의 체내신을 구체적으로 묘사하고 있음을 살펴보았고 이 체내신이 어떤 이동 경로를 통하여 신체기관에 거주하는지를 살펴보았다. 육조시대 이후 현대에 이르기 까지 『황정경』과 『대동진경』의 시대별 해석 경향을 살펴보면 다음과 같다.

1) 육조, 수, 당, 송 시대

　시대별 『황정경』의 해석 경향에 대하여 오장(五臟)을 중요시한 것은 경전 성립 초기부터 형성된 관점이며, 이는 한(漢)나라 시대 『태평경』의 오장 존사기법과 그 맥을 같이하고 있다. 육조, 수, 당시대의 시기에 심장을 오장의 주인이라고 하여 심장을 중심으로 보았다. 그러나 당시대 양구자(梁丘子 : ?-729)의 본명은 백리충(白履忠)이다 그는 『황정경』의 주석서인 『황정내경옥경주(黃庭內景玉經註)』127)을 저술하면서 비장을 오장의 중심으로 보아야 한다고 주장하고 삼초(三焦)에 관하여 『황제내경』의 영추나 난경설의 상초는 위(胃)의 위(上) 심장 아래, 중초는 위의 중간 빈 공간, 하초는 위의 끝부분과 방광 사이에 부분으로 보았다. 백리충은 이와 같은 기존 삼초설을 따르지 않고 『중황경』설에 따라 심. 간. 폐의 세 장기를 중심으로 삼초를 파악하고 있다. 또한 백리충은 삼단전(三丹田)에 대해 미간에서 3촌 들어간 지점을 상단전, 심장을 중단전, 배꼽 아래 3촌 지점을 하단전으로 파악했는데,128) 이는 육조시대 상청파의 경전에 기록된 삼단전 이론에 대한 인식을 같이하고 있다.129) 하지만 그의 미간을 중심으로 한 두뇌를 바라보는 상단전 이론은 계승되지 못하고 내단의 두뇌 이론은 발전하지 못하였다.

---

127) 『雲笈七籤』, 卷11-12 收錄.
128) 『黃庭內經玉經注』, DZCT401.: "心卽中丹田也, 眉間却入三寸爲丹田宮,... 臍下三寸."
129) 『雲笈七籤』: "兩眉間, 上丹田, 心絳宮, 中丹田, 臍下三寸, 下丹田也, 合三丹田也."

848년대 여도사 호음(胡愔)은 『황정내경오장육부보사도』을130) 저술하고 당시대 의학적 지식을 바탕으로 『황정경』에 기록된 오장의 기운을 의학적 지식과 연결하여 주석하고 있는데 그녀의 서문에서 오장의 기운을 설명하며 "오장의 기를 모아 육부, 삼초, 십이경맥을 이루며, 구규가 생기고, 오장은 인간 육체형성을 주장하는 것으로 그중에 하나라도 손상되면 병이 생기고 오장이 모두 손상되면 정신도 소멸하고 마는 것이다"라고 하며 『황정경』과 12경락의 관계를 연결하며 처음으로 서술 하고 있다.

특히 호음은 『황정내경경』 속에서 오장의 장부에 주목하며 장부도를 제시하고 수양법과 병의 진단법, 장부의 기를 조절하는 육자결, 식이요법, 도인 체조등을 부기하고 있는데, 『황정내경경』의 장부에 대한 배열 순서를 폐→심→간→비→신→담의 순서로 배열하고 있는데 이는 "폐신, 심하, 간허, 비호, 신취, 담희(肺呬, 心呵, 肝噓, 脾呼, 腎吹, 膽嘻)의 육자결의 순서에 따른 것이다. 호음은 "이들 여섯 자는 육부의 기를 의미하며 체내신의 이름이 아니다. 사람들이 이를 운용할 때는 이것이 다만 병을 제거 할 뿐 태식법과 관련된 것이 아니라는 것을 알아야 한다"131) 라고 이야기 하고 있다. 호음은 육자결이 태식호흡법이 아니라고 설명하고 있다. 그러나 기존 연구자들은 이 육자결이 호흡법이라고 인식하고 있다. 본 연구자가 보기에 『황정경』에 나타나는 육자

---

130) 胡愔, 『黃庭內景五臟六腑補瀉圖』, DZCT432.: 『正統道藏』 洞玄部靈圖類와 『修眞十書』에 수록되어 있는데 『修眞十書』 수록 본에는 오장육부도의 그림이 빠져있다.

131) 胡愔, 앞의 책.: "此六字, 六腑之氣, 非神名, 人用宜知之, 但爲除疾, 非胎息也."

결이나 『대동진경』, 『등진은결』에 나타나는 토식(吐息)은 그 목적이 호흡법이 아니며, 존사기법의 수행방법에서 나타나는 일종의 주문, 주술 행위의 치유행위법이고 이는 호음과 견해를 같이한다.

당나라 말기에서 북송 사이 신유학이 태동하고 불교의 선종 사상이 주종을 이루는데 도교 역시 도관 시스템이 동요하며 새로운 의학지식과 해부학적 지식 및 치료법을 이해하며 신유학의 이해와 선불합종이 나타난다.

송대의 『황정경』이해 경향은 증조(曾慥, ?-1155)가 펴낸 『도추』를 살펴보면 오대 북송의 『황정경』에 대한 새로운 해석 경향을 보여주고 있다. 『도추』 「황정편」에서 장부의 인식이 심신(心腎) 중심의 구조를 중요하게 인식하고 심장부위인 강궁(絳宮)과 신장(腎臟)의 작용은 일월의 운행에 비유되며 명문(命門)에서 니환(泥丸)까지 신체 상하 유통하는 기의 순환을 주관하는 기관이 강조되었다.

단전에서 일어나는 자기(紫氣)의 합류에 의해 새로운 생명의 탄생을 암시 한다. 이는 중앙 황정의 기와 니환 구궁의 황연(黃鉛)과 자홍(紫汞)의 생성결합으로 해석한다. 즉 납과 수은으로 상징되는 신장의 수(水)와 심장의 화(火)의 결합과정으로 풀이하고 있다. 이는 심신의 용호(龍虎) 혹은 연홍(鉛汞)의 결합을 통한 내단 또는 금단의 생성 시나리오 인식 경향은 이렇듯 북송시대에 들어서야 시작한다. 『내경경』에 "남성성을 알고 여성성을 지키면 늙지 않을 수 있다는(知雄守雌可無老) 것에 대하여 남성성은 화룡(火龍), 여성성은 수호(水虎)라고 표현하며 성인은 진기를 채취하여 두 가지로 나누었으니 하나는 납이요, 하나는 수은이라고 표현하고 있다.

또한 증조의 『도추』「황정편」에는 폐를 통해 들어온 기가 경맥을 따라 순환하며 오십도를 주기로 신체를 주기한다고 설명하며 도교적 신체의 인식이 혈맥을 따른 기의 순환체로 인식 변화되고 있음을 볼 수 있는데 이러한 경향은 이미 종려파 계통의 내단학에 나타난다. 이는 금단(金丹) 합성에 대한 『주역참동계』의 내단적 해석과 종려파 계통의 내단학 이론의 영향을 받으면서 내단적 해석 사고가 등장하면서 『황정경』의 존사수행 기법이 호흡과 경맥 사이에 상관관계가 있음을 인식하고 그 이론 지식을 바탕으로 해석하려는 경향이 나타난다.

2) 명·청 시대

명대 『황정경』에 대한 이해는 경맥론에 기반한 해석이 두드러지기 시작한다. 1599년 이일원(李一元)이 출판한 『황정내경경주(黃庭內景經註)』는 그 대표적이며 그는 『황정경』을 철저하게 내단 과정을 그린 것으로 해석하였다. 즉 내단 과정이란 심신(心腎)의 수(水)와 화(火) 이기의 결합을 통해 성태(聖胎)를 맺고 이를 길러 양신(陽神)을 출현시켜 천선(天仙)으로 승선(昇仙)하는 것을 말하며 그 단계는 정·기·신의 승화 과정, 즉 '연정화기·연기화신·연신환허·연허합도'로 요약한다.

삼단전의 이론 역시 머리·가슴·배의 종전 견해에 대하여 이일원은 니환이 있는 두정부는 별도로 취급하고 심장을 상단전·비장을 중단전·신장을 하단전으로 본다. 내단 이론은 호흡을 한

후, 즉 단의 완성에 필요한 화(火)의 조절로 보기 때문이다. 이일원 역시 호흡을 특히 주목하며 신선의 위계에 따라 호흡법이 다르다고 설명한다. 즉 호흡에는 비식(鼻息), 심식(心息), 태식(胎息)이 있고 인선(人仙), 지선(地仙), 천선(天仙)에 대응한다고 본다. 이일원은 비장에 대해서도 내단설에 입각하여 해석하고 있는데, 비장은 심장과 신장의 이기 결합에 의해 금단이 합성되는 중심 장소로 해석하였다. 또한 그는 경맥론을 이전의 해석과 차별화하였는데 경맥론으로 이해하였다.

　이일원이 본격적으로 의학 지식을 바탕으로 『황정경』을 읽었다는 점이다. 그는 기경팔맥중 임독맥관점에서 특별히 해석하며 음양맥을 기술하고 있다. 독맥은 미려의 정기를 회음부에서 척추를 통해 두정부까지 끌어 올리는 등부위, 즉 양의 기맥이며 그 추동력으로 사슴을 상징한다. 임맥은 코로 들이쉰 기를 하반신으로 하강시키는 몸의 안쪽, 즉 음의 기맥으로 그 추동력은 거북이로 상징된다. 여기서 나타나는 사슴과 거북의 상징적 동물은 10세기 경 오대의 연라자(烟蘿子)가 그린 내경도(內景圖)이다.132) 연라자는 이 그림에서 독맥을 통해 척추의 삼관을 거쳐 기해의 정기를 끌어 올리는 동력이 양차(羊車), 녹차(鹿車), 우차(牛車) 순으로 그려져 있고 그 중 거북은 기해(氣海)에 존재하는 음구(飮龜)로 묘사된다. 또한 이원일은 주석에서 12경맥은 내단 합성을 위해 하루 12시에 거쳐 기의 순환이 이루어지는 경로를 강조하였다. 이것은 그가 『황정경』을 해석하면서 오장의 존사기법을 12경맥에

---

132) 煙蘿子의 『內景圖』는 『修眞十書』, 卷18에 收錄.되어 있다.: 김학동·구인모·김기욱·이병욱, 「연라자의 내경도에 관한 연구」, 『대한한의학원전학회지』, v..28 no. 3, 2015, 89-106쪽 참조.

대비시키며 오장육부의 기가 삼초에서 시작하여 12시진에 걸쳐 12경맥을 따라 체내를 순환한다는 사고에 기초하여 임독맥과 12경맥의 이해를 바탕으로 『황정경』을 해석 한 것으로 보인다. 이와 같은 설명이 팽용광(彭用光,?-1549)의 『태소맥결(太素脈訣)』에서 보인다.133)

그러나 이일원은 기존 삼단전의 이론인 머리, 가슴, 배의 종전 견해에 대하여 그는 니환과 두정을 별도로 취급하고 상단전을 심장, 중단전을 비장, 하단전을 신장으로 해석하고 심장과 신장의 기운을 중요시하고 수(水), 화(火)이론을 중시한 나머지 니환과 두정의 연결 고리를 별도로 취급하여 중국 내단 호흡의 이론과 사상의 발전에 뇌를 포함하지 못하는 오류를 범하여 중국의 내단 호흡 이론이 현대까지 발전하지 못하고 있다는 문제를 제기해 본다. 임독맥을 포함한 경맥론을 기반으로 『황정경』을 이해하고 해석하려는 경향은 청대까지 계속된다. 건륭21년(1756) 양임방이 간행한 『황정경천추(黃庭經闡註)』는 진령(陳齡)의 「황정경내경형신설도(黃庭經內經形神圖說)」을 수록하고 있는데, 이는 오장육부의 도해와 임독맥의 도해로 구성된 것이다.

육조시대에서 송대에 이르기까지 『황정경』의 해석은 체내신 존사는 니환궁에서 시작하여 각 부위에 안착하는 것으로 끝났는데, 16세기 이후 명, 청대에 이르러 이와 같이 12경맥과 기경팔맥인

---

133) 明나라 彭用光이 編纂하여 刊行한 醫學叢書로 5卷으로 구성되어 있다. 第1,2卷은 『太素運氣脈訣』 일반적으로 『太素脈訣』이라 부른다. 第3卷은 『叔和脈訣』이며, 第4卷은 『十二經絡臟腑病情藥性』이고, 第5卷은 『試效要方倂論』이 있다. 팽용광은 위 저서에서 『황정경』에 기록된 5장6부를 기경팔맥의 임독맥과 12경맥을 바탕으로 해석 하려는 경향을 보이고 있다.

임독맥을 따라 신체를 이해하고 해석 하려는 경향이 뚜렷이 나타난다.

『대동진경』의 해석은 『황정경』의 해석과 같이 경맥에 대한 이해를 바탕으로 해석하고 있는데 특히 임독맥에 대한 이해를 바탕으로 원대에 뚜렷이 나타난다. 『대동진경』의 존사기법에서 "두정부 위로 보랏빛 운기를 들이마시고 세 번 들이 삼켜 혀 아래에 신을 만드는 수려한 선비상에 보랏빛 관을 쓰고 보랏빛 의복을 입었다. 그가 심장으로 내려가 아래로 미려를 뚫고 위로 협척으로 들어가 니환의 뒷문, 뇌의 후골로 올라오도록 한다."134)라고 기술하고 있는데 이러한 존사기법은 이와 같이 원대에 와서 임독맥의 관점에서 재해석 되고 있다.

『대동진경』에는 체내신이 신체 각 부위에 안착하여 수호신으로 자리하고 있는데 이를 임독맥과 접목시켜 이해하는 것은 『대동옥경(大洞玉經)』에서 비롯된다. "『대동옥경』은 1364년 원의 국자감 학자였던 웅태고(雄太古, 자는 린초(隣初)가 명말의 전란을 피해 강소성 용호산으로 가져온 것인데 청미파(淸微波)의 신선인 조수진(趙守眞) 주석이 추가된 것이다. 위의 존사법에서 니환과 옥침에 대한 그의 주석은 다음과 같다.'뇌의 후침골을 말한다. 미간에서 3촌 들어간 부분을 단전이라고 하니 이것이 니환궁이다. 니환의 뒷문은 바로 옥침 아래에 있는데 독맥이 들어간 곳이다.'135) 상청파 『대동진경』의 체내신 존사법이 종려파의 임독맥에

---

134) 梁邱子 註, 『太上玉淸大洞玉經』, DZCT7,:"吸頂上紫雲, 三吸呑下, 結一神, 秀士相, 紫冠紫衣, 入心宮, 下穿尾閭, 入夾脊, 至泥丸後戶・腦後骨."
135) 『大洞玉經』, DZCT7, 第二章: "腦後枕骨, 眉間却入三寸爲丹田, 卽泥丸宮, 泥丸後戶, 正在玉

따른 기의 경로 순환인 내단기법으로 다시 정의되고 있는 것이다. 이후 『대동진경』은 청대에 여동빈과 문창 신앙과 결속이 강화되었고 유체서(劉體恕, ?-1743)가 간행한 부란강필서인 『대동경시도(大洞經示讀)』에 이르면 체내신의 존사법을 모두 제거하고 순수한 내단 문헌으로 재해석하기에 이른다."136) 위 상청파 존사 기법의 미려, 협척, 옥침의 체내신의 이동 경로는 종려파 내단기법의 기운 이동 경로와 명확히 일치하고 있음을 의미한다. 이는 수진도에 그대로 반영되고 있는 것이다. 이와 같이 상청파와 종려파의 기운 유통 흐름은 동일선상에 있음을 알 수 있다.

3) 존사에 관한 현대적 해석

존사(存思)의 이론적 메커니즘은 '존재하다와 생각하다'라는 단어에서 분해 할 수 있다. 존재라는 단어는 존재와 질문으로 가르치고 나중에 주석가는 존재도 존재한다. 라고 설명한다. 이는 존재에서 말한 것 때문입니다.137) 허신 설해문자의 연민과 질문의 의미는 존재의 원래 의미이다. 휼(恤)이라는 의미는 불쌍하다, 연민, 우울 및 받다로 해석된다.

이 단어들은 모두 구금을 의미하는 수신을 제외하고 걱정의 의

枕之下, 督脈所入處."
136) 김지현, 앞의 논문, 215-216쪽: "앞의 논문에서 논자는 체내신의 존사 이동 경로가 두정에서 심장-미려-협척-옥침임을 명확히 밝히고 있다."이는 상청파 체내신의 존사기법 이동 경로가 종려파 내단 호흡의 운기와 관련된 미려-협척-옥침의 임독맥 주천과 일치하는 내단기법 이동 경로임을 의미한다.
137) 許慎 著,『說文解字注』, 上海, 上海古籍出版社, 1985, 十四篇下, 頁二六上. : "引徐鍇注."

미를 포함하고 있으며, 이는 모으다로 확장된다. 존(存)이라는 단어의 의미는 in과 received의 의미를 포함한다.138) 르네 데카르트(René Descartes)는 존재에 대하여 그의 저서 『방법서설』과 『철학의 원리』에서 "나는 생각한다. 고로 나는 존재한다(Je pense donc je suis, cogito ergo sum)"라는 명제를 그의 사유 체계 속에서 제1원리(Le premier principe)로 삼았다.139) 존사는 또한 실존의 문제이다. 이에 대하여 종려파는 『종려전도집』에서 "내관은 좌망과 존상의 방법이다. 선현후성이 취하는 것도 있고 취하지 않는 것도 있다"140)라고 하여 내관(內觀), 존상(存想), 좌망(坐忘)이라는 개념으로 존사의 의미를 사용하였다. 육조시대 상청파의 존사 개념은 동서양을 통해 존재에 대한 해석의 확장을 보여주고 있다. 존사의 영어 번역은 우리에게 생각할 거리를 제공하는데 대표적인 번역은 아래와 같다.141)

---

138) 許慎 著, 위의 책, 十篇下, 頁三四下: "段注云「收」則「當依《玉篇》作救也, 山田 利明指出, 存思的傳統雖漢代已有, 但 存思 之名見於 『黃庭內景經』, 後統一使用. 『抱朴子』 有思、念、思作、思神 等多種名稱. 見山田利明:『洞房神存思考』, 東方宗教. 第74號, 1989, 11月, 頁20, 35, 注1. 筆者按, 『太平經』; 存思之處, 有用思存一名, 入室思存, 五官轉移. 見王明, 『太平經合校』, 頁309; 因此, 存 字之作 憂 解, 應是漢代之義; 至於 『詩經』, 鄭風. 出其東門中, 匪我思存的思存, 東漢之思存 及晉人之存思, 則當不合此義."

139) René Descartes, *Discours de la méthode*, Paris, 1637, p.34. ; René Descartes, *Principia philosophia*, Paris, 1654, p.2.

140) 『鍾呂傳道集』「論內觀」:"內觀坐忘存想之法, 先賢後聖, 有取而有不取者."

141) 陳偉強,『意象飛翔 上清大洞真經 所述之存思修煉』, 香港浸會大學, 中國語言文學系, 中國文化研究所學報, Journal of Chinese Studies No. 53, 2011, July. : 『황정경』과 『대동진경』의 문학이론 중에서 존사의 이미지 이론과의 관계성을 탐구한 비교 연구 논문이다. 그는 이 논문에서 유럽과 미주 연구자의 존사에 대한 개념을 정리하였다.

〈표 3〉 존사의 의미 현대적 해석 1

역자(譯者)	영역(英譯)	한역(漢譯)	연구자한글역
Isabelle Robinet	mental visualization visualization visual meditation[142]	精神視象化 視象化 視覺冥想	정신시상화 시상화 시각명상
Michel Strickmann	visualization[143]	視象化	시상화
Stephen R.Bokenkamp	retentive contemplation retentive visualization (存見)[144]	意念集中的冥想 意念集中的視象化	의념집중 명상 의념집중시상화
Edward H. Schafer	actualization[145]	活現	활현
Paul W. Kroll	to actualize in thought[146]	在思維中使之活現	사유의 활현
Livia Kohn	visualization and meditation visualization, actualization (存)[147]	視象化及冥思 視象化 活現	시상화와 명상 시상화 활현

142) Isabelle Robinet, *Taoist Meditation, The Mao-shan Tradition of Great Purity*, trans. Julian F. Pas and Norman J. Girardot Albany, NY: State University of New York Press, 1993, pp. 48-50. ; idem, *Taoism Growth of a Religion*, trans. Phyllis Brooks Stanford, CA: Stanford University Press, 1997, pp. 122-24; idem, *Visualization and Ecstatic Flight in Shangqing Taoism*, in *Taoist Meditation and Longevity Techniques*, ed. Livia Kohn, Ann Arbor, MI Center for Chinese Studies, University of Michigan, 1989, pp. 160-61. 作者還引述西方類似概念作類比分析, 如: Mircea Eliade 的「創造性想象」(creative imagination)、Henri Corbin的「主動想象」Active imagination; 按此詞亦為榮格, Carl Gastav Jung(1875-1961). 使用 等等.

143) Strickmann, *On the Alchemy of T'ao Hung-ching*, p. 128.

144) Bokenkamp, *Early Daoist Scriptures*, Berkeley and Los Angeles, University of California Press, 1997. p. 288.

145) Schafer, *The Jade Woman of Greatest Mystery, History of Religions* 17, no. 3/4 February-May 1978, p. 387. Kroll, *Li Po's Transcendent Diction*, Journal of the American Oriental Society 106, no. 1 January-March 1986, p. 104.

146) 陳偉強, 앞의 논문, 2011, p.30: 關於意象的「視象化」作用, Ray Frazer 認為意象經營是:「引導讀者至於似乎看見某事物的過程」見Frazer, The Origin

위 스테판 보켄캄(Stephen R.Bokenkamp)은 『황정경』과 『대동진경』의 존사에 관한 번역을 의념의 집중명상(retentive contemplation)이나 의념 집중 시상화 (retentive visualization) 라고 표현하고 있다. 그는 존사의 개념을 명확하게 이해하고 있는 것으로 보여 진다. 또한 상청파를 전문적으로 연구하는 존사에 대한 국내 연구가들의 해석은 다음과 같다.

〈표 4〉 존사의 의미 현대적 해석 2

역 자	한 글 역
조 남 호	수양론148), 내림공부 마음 챙김 현상,149) 존심150)
정 우 진	존사수행151)
김 지 현	도교명상152)
최 수 빈	명상(시각적, 청각적, 신체적)153)

of the Term 'Image', p.149,余寶琳對此論作了兩方面的詮解, 其一是意象的定義的靈活性, 它可以把焦點從認 (perception) 轉移至想象(imagination), 即從處於觀者身外的或是獨立的事物 (圖畫), 轉化為讀者視象化或想象的產物. 其二是模仿 (mimēsis, imitation, representation), 具體討論 詳下文. 見 Yu, The Reading of Imagery, pp. 3-4.

147) Isabelle Robinet, *Taoism*, p.122: "Everything happens in the world of Images, where 'spirits take physical form and bodies take spiritual form.' This world is a kind of intermediary between the world of tangible realities and that of ineffable realities, the world of xiang (images or symbols).
148) 조남호, 「선조의 주역 참동계연구 그리고 동의보감」, 『仙道文化』 15권, 2013, 403-406쪽.
149) 조남호, 앞의 논문, 2017, 9-39쪽; 조남호, 『황정경』, 『대동진경』, 논문연구5 강의록, 2022.
150) 여동빈 저, 조남호 역, 『太乙金華宗旨』, 기철학연구3 강의록, 2022.
151) 정우진, 앞의 논문, 208-229쪽.
152) 김지현, 앞의 논문, 183쪽.

『상청파』를 전문적으로 연구하는 국내 선도(仙道)나 도가(道家) 학자의 견해는 존사(存思)의 개념에 대하여 위 표에서 보는 바와 같이 조남호는 「선조의 주역 참동계 연구 그리고 동의보감」 논문에서 조선시대 유학자들이 성리학을 바탕으로 도교의 저작인 『주역참동계』, 『황정경』, 『용호비결』을 읽으며, 도교 수양론에 관심을 두고 있음을 논하며 수양론으로 해석하고 『황정경』, 『대동진경』의 논문연구2 강의록에서 내림공부 전통의 '마음 챙김 현상'이라고 해석하며 존사(存思)의 연원은 춘추전국시대 맹자(孟子)의 존심(存心) 사상에 있다고 해석한다. 존심은 유가의 핵심사상으로 『맹자』의 존기심양기성(存其心養其性)[154]에 유래한다. 정우진은 『황정내경경』과 『황정외경경』의 수행론 비교연구 논문에서 '존사수행'이라고 한역 그대로 해석하고 있고 김지현은 「도교의 신체론과 의학지식」 논문에서 유럽 도가 학자들의 존사에 대한 해석을 소개하며 '도교 명상'이라 해석하고, 최수빈은 『道教 上淸派의 大洞眞經 硏究』 논문에서 구체적으로 존사를 '시각적 명상, 청각적 명상, 신체적 명상'으로 구분하여 해석하고 있다.

이러한 해석에는 일반적으로 시각화와 이미지라는 두 가지 주요 구성 요소가 포함된다. 시각화라는 용어는 특히 사고의 기능과 이미지 형성 과정을 반영한다.[155] 샤퍼(Schafer)는 마음 챙김

---

153) 최수빈, 앞의 논문, 211-247쪽.
154) 김상태, 『일관도 왕각일(王覺一)의 삼교합일론』, 국제뇌교육종합대학원, 석사학위논문, 2020, 30쪽. : 儒家의 核心思想은 存心養性에 있다. 『孟子』「盡心章句上」, "孟子曰, 盡其心者, 知其性也, 知其性, 則知天矣...存其心養其性, 所以事天也.(그 마음을 다 하는 사람은 본성을 알고, 본성을 알면 하늘을 안다. 그 마음을 보존하고 그 본성을 기르는 것은 하늘을 섬기는 일이다.) 佛家는 明心見性, 道家는 修心煉性이 核心思想이다.
155) 陳偉強, 앞의 논문, p.30: 關於意象的「視象化」作用, Ray Frazer,認為

활동의 목적은 마음의 그림을 그리는 것뿐만 아니라 마음의 대상이 인지할 수 있게 보이게 하는 것이라고 믿는다. 그는 이 대상을 현실화하기 위해서는 시각화라는 단어만으로는 그 의미를 표현하기에 부족하므로 구현으로 번역해야 한다고 강조하고 이 통찰력은 종교적 감정의 역할이 강조된다고 표현한다. 사실 실존적 사고와 관련된 이미지 형성 과정은 매우 강력하다. 이사벨 호비넷은 마음의 상태를 이미지의 세계라고 부르며 다음과 같이 말한다. "이 이미지의 세계에서 모든 일이 발생한다. 정신은 형상이 있고 몸은 정신의 형상으로 세계는 유형적 현실과 형언할 수 없는 현실 사이에 있다. 이는 역경에 나오는 상(象)에 대하여 왕필(王弼)은 의미(意)와 말(言)사이의 세계로 해석했기 때문이다."156)

여기서 드러나는 것은 의미에서 이미지로, 이미지에서 언어로의 표현이며 작가나 사상가의 사고 과정이다. 이미지는 생각과 말 사이 어딘가에 있다. 그렇다면 실존적 사고와 문학 창작의 실천에서 이미지의 각각의 공통된 속성과 기능은 무엇인가? 러시아 형식주의 이론가들은 이미지가 시인에 의해 만들어지는 것이 아

意象經營是「引導讀者至於似乎看見某事物的過程」見 Frazer, The Origin of the Term 'Image', p.149: 余寶琳對此論作了兩方面的詮解, 其一是意象的定義的靈活性, 它可以把焦點從認知(perception) 轉移至想(imagination), 即從處於觀者身外的或是獨立的事物 (圖畫), 轉化為讀者視象化或想象的產物, 其二是模仿 (mimēsis, imitation, representation), 具體討論詳下文, 見 Yu, The Reading of Imagery, pp.3-4.

156) Isabelle Robinet, idem, p.122: "Everything happens in the world of Images, where spirits take physical form and bodies take spiritual form.' This world is a kind of intermediary between the world of tangible realities and that of ineffable realities, the world of xiang(images or symbols) that figured in the Book of Change and was explained by Wang Bi as intermediary between that of ideas and that of words."

니며 예술가는 이미지의 조합을 통해 독특한 비전을 구성한다고 믿는다.157) 이러한 종류의 이해는 존사와 공통점이 있다. 왜냐하면 존사(存思, Cunsi)의 이미지는 상청파의 종교적 신념 체계에 내재되어 있고 실제적으로 신, 악마, 짐승, 예술적 개념 등을 수행하기 위해서는 그 수행의 지침을 제시하는 것이기 때문이다. 이러한 이미지들은 묵상과 안내에 의해 일정한 순서로 배열된다.158) 이러한 관점은 『대동진경』의 작성자가 이미지를 구성하는 방법을 설명하지만 독자의 읽기 과정은 설명하지 않는다. 현대 문학비평가 리차드(1893-1979)는 독자의 관점에서 이미지의 해석을 연구하고 독자를 "비주얼라이저(Visualisers)"로 정의했다. 그러나 이 시각화 과정은 생생하고 정확한 이미지에 의해 영향을 받는다. 독자와 작가 사이의 생각, 행동, 삶의 배경 등의 다양한 차이에 영향을 받아 시각화의 결과는 종종 작가의 원래 의도와

---

157) Victor Shklovsky, *Art as Technique*, in Lee T. Lemon and Marion J. Reis, trans. *Russian Formalist Criticism, Four Essays*, Lincoln, NE, University of Nebraska Press, 1965, p.18.

158) 陳偉強, 위의 논문, 2011, p.30: 這過程體現了美國詩人龐德 (Ezra Pound, 1885-1972) 所說的「形象是多種性質不同的念頭的統一」(unification of disparate ideas), 而中世紀意大利詩人但丁早就將形象定義為「視覺的想象」 (visual imagination). 參Rene Wellek and Austin Warren, *Theory of Literature*, 3rd ed. New York, Harcourt, Brace and World, 1970, pp. 186-188: "Visualisers, however, are exposed to a special danger. The vivid and precise images which arise before us, owe much of their character and detail to sources which are quite outside the poet's control. To use them as an important thread in the texture of the poem's meaning, or to judge the poem by them, is a very risky proceeding."; Richards, *Practical Criticism A Study of Literary Judgment*, New York, Harcourt, Brace and Company, 1935, pp. 223-224.

상당히 다르게 나타난다.159)

그러나 중국 한족의 이해에서 언어와 이미지를 통한 의미 전달은 작가, 화가, 청취자, 독자, 시청자 사이에 장벽이 없는 것처럼 보인다. 단어, 의미, 이미지에 대한 왕필(王弼)의 견해는 본의 아니게 도교 경전의 이미지 관계에 대한 훌륭한 설명을 제공한다. 그 이론은 이미지라는 매개체를 통해 작가로부터 독자에게 전달되는 체계를 구성한다. 언어는 이미지에서 태어나므로 이미지를 관찰하기 위해 단어를 찾을 수 있고 이미지는 마음에서 태어나므로 이미지를 찾아 마음을 관찰할 수 있다. 의미는 이미지로 이루어지며 이미지는 단어로 말해진다. 따라서 화자는 이미지를 이해하고 이미지를 얻었지만 말[言語]을 잊어버리고 이미지는 의도를 유지하고 자랑스럽게 이미지를 잊어버린다.160) 의미, 이미지 및 언어의 3단계 설명은 이미지와 이미지의 표의 문자 기능을 적절하게 설명한다. 특히 주목할 만한 것은 왕필의 담론이 창조에서 중재자로, 중재자에서 독자(또는 보는 사람)로의 완전한 전달 체계를 개괄하고 있다는 점이다. 이 시스템에서 이미지 세계는 현실 세계의 반영이다. 진위강은 그의 논문에서 김지현의 논문을 인용하며 "『대동진경』에 기술된 이미지 사고 활동으로 구성된 하

---

159) Richards, *Practical Criticism, A Study of Literary Judgment*, New York, Harcourt, Brace and Company, 1935, pp. 223-244. :"Visualisers, however, are exposed to a special danger. The vivid and precise images which arise before us, owe much of their character and detail to sources which are quite outside the poet's control. To use them as an important thread in the texture of the poem's meaning, or to judge the poem by them, is a very risky proceeding."

160) 王弼, 『周易略例』, 收入樓宇烈, 『王弼集校釋』, 北京, 中華書局, 1980, 頁609.

늘의 경치와 신들의 활동은 대우주와 소우주를 동시에 기술하며, 천궁의 신들이 어떻게 여행하는지를 기술할 뿐만 아니라, 신들이 인간의 몸에 들어가서 인간의 몸에서 살아가는 방법도 제시한다."161) 라고 설명하고 있다.

4) 소결

수진도에 대한 연구를 위하여 그 이론적 배경으로 상청파의 존사기법을 설명하고 있는 주요 경전인 『대동진경』, 『황정경』 및 『등진은결』과 이에 대하여 육조시대부터 명대, 청대 및 현대에 이르기 까지 상청파의 존사기법에 대한 시대별 해석 경향을 살펴보았다.

『대동진경』에서는 먼저 존사의 수행방법으로 존사의 대상이 되는 그림 도상과 더불어 부록(符籙)을 사용한다. 부록은 부적(符籍)을 말하는데 부(符)는 존사 수행자가 우주 자연의 체외신과 소통할 때 통행증(通行證)의 기능을 담당하고, 옥패와 같은 보증서(保證書)의 의미를 가지고 있으며, 신인합일, 천인합일의 의미도 함유하고 있다. 『대동진경』에는 모두 39장(三十九章)의 경문과 39장의 그림 및 39개의 부록이 있는데 각 장 경문마다 체내신의 이름이 제목으로 정해져 있고 이 체내신이 관장하는 신체부위를 설명하고 있다. 각 경문의 마지막 문구에는 수행자가 가부좌를 한 모습을 한 그림과 부적이 기록되어 있는데 수행자는 이들 체

---

161) 陳偉強, 앞의 논문, p.30: "見金志玹, 『大洞眞經』の實修における身體, 頁28-33, 金志玹把這樣的思想及表述方式稱為「二重結構」,他整理出「體內世界」與「道君世界」中的神祇名諱, 居處等資料在兩個世界裏的對應列表."

내신을 존사하는 과정에서 각 장 경문 마다 부적의 이름을 부르며 체내신을 초대하고 이들 체내신은 인체의 39개 부위에 안착하며 수호신의 역할을 주재한다.

상청파에서 송경은 체내신을 창조하는 수단으로 『대동진경』을 송경할 경우 그 내용을 존사하며 정신을 집중하는 수행방법이다. 그 외 『대동진경』에는 이러한 존사기법의 수행방법이 단계적으로 자세히 기록되어 있다. 수행에 들어가기 전 준비과정으로 이를 갈거나 부딪치는 고치(叩齒)의 행위는 두정부 니환의 구진과 체내신을 안착하기 위한 몸의 울림으로 인식할 수 있으며, 침을 삼키는 인액(咽液)의 행위는 정화의 의미와 체내신을 창조하기 위한 결작의 행위이며, 손으로 몸을 주무르거나 두드리는 안마(按摩)의 행위는 체내신이 인체에 잘 안착할 수 있도록 하는 존사기법임을 알 수 있다. 또한 숨을 멈추거나 내쉬며 기를 순환시키는 등 토식(吐息) 호흡법을 들 수 있다. 상청파에서 『대동진경』의 존사기법을 수행하는 과정으로 이러한 수행법을 행하는데, 이는 39장의 각 장마다 존사 과정에서 체내신을 응결 때 하나의 과정을 마무리하고 다음 경문을 송경하기 위한 단계를 통과하는 의례를 의미한다. 특히 인액(咽液)은 상청파의 수행자들이 신을 초대하는 존사 과정에서 없어서는 안 될 중요한 기능을 하는 것으로 침을 삼키면서 그 침이 응결하며 체내신을 창조한다. 『대동진경』에서 이를 결작(結作)이라 하였다. 존사기법에서 먼저 외부 오행상의 색깔을 빛으로 존사하는데 존사의 시작은 머리 부분인 내환에서부터 시작한다. 이 때 니환부터 시작하는 존사의 대상은 각 장에 따라 빛으로 치환되며 빛이 니환의 가운데로 들어가며 존사 수행자는 그것이 신비로운 구름(神雲)의 형상으로 머리를 덥고 있다고 생각하며 그 기운을 입으로 흡입하고 입안에 침이 가득하면 인액(咽液)을 목으로 삼키면서 체내신의 형상을 존사하며 이 신들을 창조하면 된다.『대동진경』의 존사기법 과정에서 행하는 침은 물의 정화(淨化)를 상징하며 수련자가 침을 삼키는 행위를 통해 존사(存思)기법을 행하는 의식(儀式)에서 정화를 실행한다는 의미이다. 더불어 수행 중에 침을 삼키는 행위는 오장의 각 장기들을 씻어주는 동시에 각 장기들이 잘 조화하도록 도와주는 역할을 한다는 의미도 있지만 체내신을 창조하는 중요한 역할을 한다. 고치(叩齒)를 상청파에서는 하늘의 북을 울려 신들을 부르는 효과와 존사 과정에서 인액과 함께 다음 단계를 준비하는 정화(淨化)의 의미로 통관의례(通關儀禮)의 역할임을 보여주고 있다.

『대동진경』은 총 39장 경문이 있으며 제6권으로 구성되어 있는데 위 와 같이 빛의 존사기법과 체내신 이동 경로를 설명하고 있다. 39장의 경문은 바로 이러한 외부의 빛을 내면의 빛으로 합치하고 그 빛을 통해 신비의 큰 동굴(大洞) 안으로 진입하는 과정을 담고 있다. 종려파 내단기법의 회광반조 이론의 초기 이론을 담론화 할 수 있는 배경도 여기에 있다.『대동진경』에서 존사기법의 수행은 보통은 정실(靜室)이라는 조용한 방에서 이루어진다. 방에 들어서면 수행자는 우선 북쪽(北方)을 향한 다음 많은 신(神)들을 불러내고 그들에게 지금부터 자신이『대동진경』을 송경 할 것임을 알린다. 존사 수행자는 이들 신(神)들이 중재해 줄 것을 빌고 자신들을 죽음으로부터 지켜주며 자신과 자신의 7대 조부모 조상의 죄를 용서하여 줄 것을 빌며 9대 자손들이 무명

장수 할 수 있도록 빈다.

존사 수행자는 날개옷 모양의 용(龍)으로 장식된 망토를 입고 옥(玉)으로 된 별모양의 관을 쓰고 허리에는 9가지 색깔을 띤 허리띠(節)를 매고 있다. 또한 동방을 상징하는 청룡(靑龍)이 왼쪽에, 서방을 상징하는 동물인 백호(白虎)가 오른쪽에 있고 존사 수행자의 머리 위에는 신비로운 구름(神雲)과 또는 오방색의 빛으로 뒤덮여 빛나고 있고 존사 한다. 이러한 존사의 과정을 통해 수행자는 신적인 존재와 상호 소통할 수 있도록 한다. 위의 내용들은 존사를 하기 시작할 때 준비단계를 나타낸다. 이때부터 존사 수행자는 신비로운 구름(神雲)의 기운을 머리를 덮고 있다고 생각하며 체내신으로 불러오는 내림공부의 존사과정을 시작하게 된다. 다음으로 오방(五方), 일월(日月)등 자연의 빛을 인체 내 체내신으로 형상화하여 초대한다. 그리고 초대된 체내신은 존사 수행자와 일체가 되어 신체 부위에 사기(死炁) 즉 죽음의 문을 지키는 수호신이 된다.

상청파에서 설명하고 있는 체내신의 존사 과정을 살펴 본 바는 다음과 같다. 『대동진경』에는 체내신의 이름이 이미 정해져 있다. 앞에서 살펴본 바와 같이 체내신을 그에 대응하는 체내신으로 초대하고 결작하기 전에 신들을 위한 정실을 마련하고 정화작업을 한 뒤 위와 같이 정해진 신들을 초대하며 존사 수행을 시작한다. 위 태일신의 경우, 태일신의 이름은 무유(務猷)이며 자는 귀회창(歸會昌)이라는 신인데 이 신의 이름을 부르며, 옥침(玉枕) 아래를 지키고 니환(泥丸)을 죽음의 기운으로부터 보호하고 7대 조상과 9대 자손이 기뻐하며 상청에 오르기를 빈다. 그런 다음에 자색 기운이 니환 가운데로 들어가는 것을 집중하여 생각하고 이 때 입으로 신운(神雲)을 흡입하고 입에서 침이 돌면 이 침을 삼 키며 신을 형상화하며 결작하여 만든다. 신을 결작하여 형상화할 때 일신(一神)은 1번 삼키며, 삼신(三神)은 3번, 오신(五神)은 5번, 칠신(七神)은 7번, 구신(九神)은 9번 침을 삼킨다. 이러한 신들을 체내신으로 만드는 신의 숫자에 따라 그 수만큼 침을 목구멍으로 삼키며 신을 형상화 한다. 신을 형상화 할 때도 신체의 부위에 따라 오행에 맞추어 빛으로 형상화하며 아래로 강궁으로 들어갔 다가 미려혈을 뚫고 위로 니환 구궁의 뒷문인 옥침 아래를 향한 다. 이 삼신은 존사 수행자가 신의 눈으로 바라보고 차례로 숨을 내쉬는 토식(吐息)을 행하며 『대동진경』을 송경한다. 이때 체내신 의 존사 경로는 니환, 강궁. 미려혈. 협척, 옥침 등 각 장마다 그 이동 경로가 정해져 있다. 『대동진경』은 인체 내의 39 특정 부 위에서 수호신의 역할을 담당하며 『황정경』은 인체 내에서 간, 심, 비, 폐, 신, 담의 주신(主神) 역할을 담당한다. 『등진은결』은 기항부인 두정부의 니환궁에서 구진이 거주하며 중추적인 역할을 담당하고 있음을 살펴보았다. 이는 후술할 종려파의 내단 호흡의 기운 이동 경로와 관련이 있으며 수진도에서는 이를 도상으로 설 명하고 있다.

3. 종려파의 내단기법

1) 『종려전도집』

　수진도는 미려(尾閭), 협척(夾脊), 옥침(玉枕)의 삼관(三關)과 상단전(上丹田), 중단전(中丹田), 하단전(下丹田)의 삼전(三田)에 대하여 설명하고 있으며 내단 수련 시 일어나는 인체 내부의 기운의 흐름에 대하여 표현하고 있다. 수진도에서 표현하고 있는 이와 같은 인체내부의 기운에 대한 흐름은 당말 오대초에 형성된 종려파의 내단학 기법을 정리한 『종려전도집』과 『영보필법』에 나타나는데 이에 대한 내단기법을 살펴보고자 한다.

　『종려전도집』과 『영보필법』은 종리권과 여동빈162)의 문답형식으로 종리권 술(鍾離權述) 여동빈 집(呂洞賓集)· 시견오 전(施肩吾傳)이라 이름 붙여진 수련서이다. 당송시대에 가장 체계적으로 내단기법을 설명하고 있는 문헌으로 평가받고 있다. 『종려전도집』163)은 진선(眞仙), 대도(大道), 천지(天地), 일월(日月), 사시(四詩), 오행(五行), 수화(水火), 용호(龍虎), 단약(丹藥), 연홍(鉛汞), 추첨(抽添), 하거(河車), 환단(論還丹), 연형(煉形), 조원(朝元), 내관(內觀),

---

162) 『八仙列傳』: "八仙 鍾離權, 呂洞賓, 李鐵拐, 韓湘子, 曹國舅, 張國老, 藍采何, 何仙姑이다."종리권(鍾離權)의 성은 종리(鍾離), 이름은 권(權), 자(字)는 운방(雲房)이다. 후에 이름을 각(覺)으로 고쳐 鍾離覺으로 바꾸었으며 자(字)도 적도(寂道)라 하였고 도호(道號)를 정양자(正陽子)라고 하였다. 呂洞賓의 본명은 경(瓊)이고, 또 다른 이름은 소선(紹先)이다. 자(字)는 동빈(洞賓), 백옥(伯玉)이며 후에 이름을 岩으로 고쳤고, 도호가 純陽子이다. 全眞道에서는 鍾離權을 正陽祖師, 呂洞賓은 純陽呂祖로 받든다.

163) 『鍾呂傳道集』을 『眞仙傳道集』이라고도 하는데 본 연구의 각주는 『鍾呂傳道集』으로 표기한다.

마난(魔難), 증험(證驗)등에 대한 것으로 종려 내단학의 내단기법 이론을 총 18개 논제로 정하여 체계적으로 논술한 저서이다. 종리권과 여동빈의 생몰연대는 명확하지 않으나 일반적으로 당말오대의 인물로 보며, 도교사에서 이들을 종려(鍾呂)라 칭하고 이들의 이론을 종려내단학(鍾呂內丹學) 또는 종려단도(鍾呂丹道), 종려단법(鍾呂丹法)으로 일컫는다.164) 『영보필법』은 상,하권 제10장으로 구성되어 있다. 본 연구자는 『종려전도집』에서 진선(眞仙), 일월(日月), 사시(四詩), 오행(五行), 수화(水火), 단약(丹藥), 연홍(鉛汞), 추첨(抽添), 환단(還丹), 연형(煉形), 조원(朝元), 내관(內觀)과 『영보필법』에서 금액환단(金液還丹)과 옥액환단(玉液還丹) 관련 부분만 범위로 하여 논하겠다.

  수진도는 내단기법을 수련하기 위한 인체의 도상으로 내단 수련에서 하단전을 중심으로 정을 단련해 기로 변화하는 수련과정을 연정화기, 중단전을 중심으로 기를 단련해 신으로 변화하는 수련과정을 연기화신, 상단전을 중심으로 신을 단련해 도(道)와 합일하는 수련과정을 연신환허, 연허합도로 표현한다. 연정화기, 연기화신, 연신환허의 용어는 당말 오대 진단(陳摶)의 무극도(無極圖)에서 정의되어지는데165) 이는 이후 내단가의 종지(宗旨)가 된다. 남송의 장백단은 이 세 가지 수련단계를 삼관(三關)이라고 칭하니 곧 연정화기는 초관(初關)이고, 연기화신은 중관(中關)이고, 연신환허는 상관(上關)이 된다.166)

---

164) 이원국 저, 김낙필·이석명 외 2인 역, 577쪽.
165) 최상용, 『無極道』, 와이겔리, 2020, 103쪽, 147쪽, 154-156쪽.
166) 안진수, 『오수양 내단 사상의 선불합종적 경향』, 박사학위논문, 원광대학교, 2013, 73쪽.

『종려전도집』과 『영보필법』167)에서 상단전, 중단전, 하단전 삼전과 미려, 협척, 옥침 삼관의 용어 개념을 명확하게 사용하고 있으며 옥액, 금액, 옥액환단, 금액환단의 수련단계가 이루어지고 있다. 내단은 곧 음(陰)의 기운을 수련하여 양(陽)의 기운으로 전환하는 수행법이다. 종리권의 도호가 정양자(正陽子)이고 여동빈의 도호가 순양자(純陽子)인 연유가 여기에 있음을 알 수 있다. 이 장에서는 수진도와 관련하여 종려 내단학의 수행론을 삼관, 삼전을 중심으로 구체적으로 분석하고자 한다.

(1) 논진선(論眞仙)과 논일월(論日月)

『종려전도집』의 논진선(論眞仙)에는 신선의 단계를 다섯 단계로 구분하여 논하고 있다. "사람이 죽으면 귀신이 되나 도를 이루면 신선이 된다. 신선은 한 종류가 아니다. 순수한 음으로 양이 없

---

167) 鍾離權, 呂洞賓 著, 이봉호·최재호 외 2역, 『종려전도집』, 세창출판사, 2013, 3쪽. : 『종려전도집』과 『영보필법』은 우리나라 선맥을 다루고 있는 『해동전도록』에도 기록되어 있는데 이 기록에 의하면 신라시대 김가기, 의상대사, 최승우에 의해 한반도에 전해졌고, 최치원, 김시습, 서화담, 북창 정렴 등에게 전해졌다고 한다. 안동준, 「초기 내단학의 정립과 김가기」, 『도교문화연구』 제56집, 2022, 145쪽. : 일찍이 일제강점기의 국학자 안확은 한국의 신선사상이 요동반도 청구에서 발원하여 고조선이 멸망하자 하나는 중국으로 다른 하나는 한반도 남쪽으로 전래되었다고 말한 바가 있다.(안확, 「古朝鮮民族의 二大別」, 『동광』 제7호, 1926. 11. ; 권오성, 이태진, 최원식 편, 『自山安廓國學論著集學(4)』, 여강출판사, 1994. 61-64쪽.) 학계의 통설에 따르면 전국 시대 이전에는 중원에 신선사상이 존재하지 않았다 진한시대에는 삼신산 해외설이 주류를 이루고 위진 시대에 이르러 영보파와 상청파를 태동시킨 백가도(帛家道) 역시 고구려 홀본 서성산에서 발원했다. (안동준, 「고구려계 신화와 도교」, 『백산학보』 제54호, 2000, 20-27쪽.)

는 존재는 귀신이다. 순수한 양으로 음이 없는 존재는 신선이다. 음과 양이 서로 섞여 있는 존재가 인간이다. 오직 인간만이 귀신도 되고 신선도 될 수 있다. 어려서부터 수련하지 않고 마음 내키는 대로 하면 병들어 죽어서 귀신이 된다. 이를 알아 수련하여 범인을 벗어나 성인에 들어가 형질을 벗으면 신선이 된다."168)라고 하였다. 이는 신선되거나 귀신이 되는 것은 운명으로 결정되어 있는 것이 아니라 수련을 잘하면 신선이 되고 못하면 귀신이 되는 것으로 수행에 대한 자기 결정권을 의미한다. 신선의 다섯 등급은 다음과 같다.

"법에는 세 가지 이룸이 있다는 것은 소성, 중성, 대성으로 각기 다르다. 신선에는 다섯 등급이 있다. 귀선(鬼仙), 인선(人仙), 지선(地仙), 신선(神仙), 천선(天仙)으로 다르지만 모두 신선이다. 귀선은 귀신을 떠나지 않고 인선은 사람을 떠나지 않으며 지선은 땅에서 벗어나지 않고, 신선은 신에서 벗어나지 않고 천선은 하늘에서 벗어나지 않는다."169)

상청파에서는 신선의 등급을 논하지 않지만 종려파에서는 신선의 등급을 5등급으로 구분하고 있다.

① 귀선은 다섯 등급에서 가장 낮은 존재이다. 음의 상태에서 벗어났지만 신의 형상이 분명하지 않아 귀신이 드나드는 문에 이름이 없고 삼신산에도 이름이 없는 존재이며, 인선은 밑에서 ② 두 번째 등급으로 선비가 대도는 깨닫지 못하였지만 뜻을 간절히

---

168) 이봉호·최재호 외 2인 역, 앞의 책, 25쪽.
169) 『鍾呂傳道集』,「論眞仙」: "法有三成者, 小成中成, 大成之不同也. 仙有五等者, 鬼仙, 人仙, 地仙, 神仙, 天仙之不等, 皆是仙也. 鬼仙不離於鬼, 人仙不離於人, 地仙不離於地, 神仙不離於神, 天仙不離於天."

하여 죽을 때 까지 바꾸지 않는 자로 편안한 가운데 병이 적으니 이를 인선이라 하고 ③ 지선은 대도를 깨닫지 못하고 중성법에 그치고 오로지 장생하여 세상에 머물기만 할 뿐 인간 세상에서 죽지 않는 자들이고 ④ 신선은 지선으로 속세에 머무는 것을 싫어해 공부를 쉬지 않고 한 자이다. 관절과 마디가 서로 통하게 하고 연홍(鉛汞)을 추점하여 금정(金精)으로 정수리를 단련하고 옥액환단(玉液還丹)하여 연형하고 기를 이루고서는 오기조원하며 삼양이 정수리에 모이게 한다. 음이 다 소멸하여 순수한 양이 되어 몸 밖에 몸이 있게 되니 형질을 벗고 신선에 올라 범인을 벗어나 성인이 된 자이다. ⑤ 천선은 신선으로 삼도에 머무는 것을 싫어해 인간 세상에 도를 전하면서 도와 공적이 있고 공과 덕행이 가득 충족한 신선을 천선이라 한다.170) 즉 귀선(鬼仙) → 인선(人仙) → 지선(地仙) → 신선(神仙) → 천선(天仙) 단계를 제시하고 있다.

『대동진경』에는 수행자가 존사기법으로 체내신으로 초대할 때 대상 신들의 이름을 부르며, 7대 조상과 9대 자손이 기뻐하며 상청에 오르기를 빈다는 점에서 종려파의 신선의 개념과 차이가 있다. 즉 상청파는 존사를 수행 할 때 먼저 7대 조상과 9대 자손이 신선에 오르기를 축원한다. 종려파는 내단 수행자가 신선을 이루기를 목적으로 수련하지만 상청파는 조상이나 자손이 신선을 이루기를 축원하는 것이다. 그러나 상청파 수행자가 체내신을 초대하며 그 대상의 신을 결작하여 창조하는데 존사를 수련 할 때 존사의 이동 경로를 통해 체내신과 일체가 되어 기를 모아 정수

---

170) 이봉호·최재호 외2인 역, 앞의 책, 27-34쪽.

리에 모이게 한다는 점에서 종려파 수행자가 내단기법의 이동 경로를 통해 옥액환단, 금액환단 하여 기를 니환궁 정수리에 모이게 하는 기운의 이동 경로는 합치 한다. 다음으로 논일월(論日月)에 관한 『종려전도집』의 내용은 아래와 같다.

> "대도는 정해진 형체가 없이 천지를 생육하며 특정한 이름이 없이 일월을 운행한다. 일월이란 태음 태양의 정화로서 묵묵히 천지가 교합하는 도수를 법도 삼아 만물을 생성하는 공을 돕는다. 동서로 출몰함으로써 밤낮을 나누며 남북으로 왕래함으로써 추위와 더위를 정한다. 이로써 밤낮이 그치지 않고 추위와 더위가 번갈아 일어나며 백(魄) 속에서 혼(魂)이 생기고 혼속에서 백이 생긴다. 나아감과 물러남에 때가 있어 건곤의 수를 잃지 않고 가고 옴에 법도가 있어 천지의 주기를 어기지 않는다."171)

『종려전도집』에는 일월에 대하여 논하고 있다. 여동빈이 종리권에 묻는다. 천지의 이치가 일월이 일정한 궤도를 돌며 교합하는 것을 인체에 비유할 수 있겠는가? 『종려전도집』에서는 해를 혼으로 달을 백으로 표현하고 있다. 종리권은 말한다. "수행하는 선비가 만약 천지에서 법도를 취한다면 스스로 장생하여 죽지 않을 수 있다. 만약 일월이 일정한 궤도를 돌면서 왕래하며 교합하는 것에 비유하자면 달이 해의 혼을 받을 때에 이르러 양으로써 음을 변화시키면 음이 소진되어 양이 순수해진다. 사람의 수련에 비유하면 기로써 신을 성취시켜 형질을 벗어나 신선에 오르며,

---

171) 『鍾呂傳道集』,「論日月」: "大道無形, 生育天地, 大道無名, 運行日月, 日月者, 太陰太陽之精, 默紀天地交合之度, 助行生成萬物之功, 東西出沒, 以分晝夜, 南北往來, 以定寒暑, 晝夜不息, 寒暑相催, 而魄中生魂, 魂中生魄, 進退有時, 不失乾坤之數, 往來有度, 無差天地之期."

Ⅱ. 수진도에 관한 이론적 배경 고찰

순양의 체를 단련하여 성취한다"172)라고 설명하고 있다. 음을 단련하여 순양의 몸을 만들어 신선에 이르는 방법을 설명하고 있는 것이다. 수진도에서 간(肝)에는 혼이 폐(肺)에는 백이 저장되어 있다고 설명하고 있다.

(2) 논단약(論丹藥)과 논연홍(論鉛汞)

연홍은 외단(外丹)의 개념으로 납과 수은으로 불로장생을 추구한 제조법에서 유래한다. 종리권(鍾離權)에게 광성자(廣成子)가 외단(外丹)을 만드는 법을 전수하였다고 전한다.173) 『종려전도집』의 논단약을 살펴보면 다음과 같다.

> "광성자는 심장과 신장 사이에 진수와 진기가 있고 기와 수 사이에 진음과 진양이 있어 이를 배합해 대약을 만들 수 있으니 이는 금석(金石)사이에 지극한 보배가 숨겨져 있는 것과 비견할 수 있다. 광성자가 황제를 가르쳤는데 황제가 정치하는 여가에 법에 따라 수행하였지만 공이 보이지 않았다. 공동산중에서 몸 내부의 일로 법을 삼아 내단을 단련하였다"174)

라고 기록하고 있다. 외단과 내단을 비교해 설명하는데 "외단의 홍(汞)을 내단의 양용(陽龍) 또는 진용(심장의 액 속의 정양의 기)

---

172) 이봉호·최재호 외2인 역, 앞의 책, 49-51쪽.
173) 이상모, 『내단학(內丹學) 비교연구-종려, 오수양, 정렴의 내단학을 중심으로-』, 국제뇌교육 종합대학원, 석사논문, 2014. 35쪽.
174) 『鍾呂傳道集』,「論丹藥」: "廣成子以教黃帝 黃帝政治之暇 依法行持 久不見功 廣成子以心 腎之間 有眞氣眞水 氣水之間 有眞陰眞陽 配合大藥 可比於金石之間而隱至寶 乃於崆峒山中 以內事爲法 而煉大丹."

에, 외단의 연(鉛)을 내단의 음호 또는 진호(신장의 기 속의 진일의 수)에, 외단의 금정(金鼎)을 내단의 폐액에, 외단의 유황을 내단의 황파에 비유하고 있다. 황파는 비장(脾臟)의 액을 의미한다. 주사는 심액에 해당하고 연은 신장의 진기에 해당한다."175)

또한 『종려전도집』에는 "팔석 중에서 오직 주사만을 쓰는데 사속의 홍을 취한다. 오금 중에선 오직 흑연만을 쓰는데 연중의 은을 취한다. 수은(汞)은 양용에 비견되고 납(鉛)은 음호에 비견된다. 심장의 화는 수은 주사의 붉은 색과 같고 신장의 수는 흑연 납의 검은 색과 같기 때문이다. 일 년의 화는 때를 따라 건곤의 책을 잃지 않고 월의 화는 빼고 보태어 자연스럽게 문과 무의 마땅함을 나눈다. 삼층 화로를 세우되 각자 높이를 구촌으로 하고 바깥쪽은 네모지고 안쪽은 둥글게 하여 여덟 방위의 기를 취하며 사시의 절후에 응한다. 금정이 연홍을 감싸 안는 형상은 폐액과 다름이 없고 유황을 약으로 삼아 영사에 화합하는 것은 황파에 비견할 수 있다."176) 라고 기록 하는 것으로 보아 당시에 흑연(鉛)과 주사(汞)을 사용하며 수행하는 외단 수련의 폐단을 내단의 용과 호의 개념으로 대처하고 있음을 알 수 있다.

위의 단약에 대하여 『종려전도집』에서는 논연홍(論鉛汞) 편에서 구체적으로 기록하고 있는데 그 내용은 다음과 같다.

---

175) 이상모, 앞의 논문, 38쪽.
176) 『鍾呂傳道集』,「論丹藥」: "八石之中 惟用硃砂 砂中取汞 五金之中 惟用黑鉛 鉛中 取銀 汞比陽龍 銀爲陰虎 以心火如砂之紅 腎水如鉛之黑 年火隨時 不失乾坤之策 月火抽添 自分文武之宜 卓三層之爐 各高九寸 外方內圓 取八方之氣 應四時之候 金鼎之象 包藏鉛汞 無異於肺液硫黃爲藥 合和靈砂 可比於黃."

"연은 본래 부모의 진기가 합하여 하나가 된 것인데 순수하여 분리되지 않는다. 이미 형체를 이룬 뒤에는 신장 중에 저장되어 있다. 두 신장은 서로 마주 보고 있으면서 같이 기를 상승시키니 곧 원양의 기라하고 기 중에 수가 있으니 진일의 수라 한다. 수는 기를 따라 상승하는데 기가 머물면 수도 머물고 기가 흩어지면 수도 흩어지니 수와 기는 마치 자식과 어미가 서로 떨어지지 않는 것과 같다. 잘 살피는 사람도 기를 보는 데만 그치고 수를 보지 못한다. 이 진일의 수로써 심장의 정양의 기와 합하면 곧 용호가 교합하여 황아로 변하고 황아로 대약을 이룬다. 대약의 재료는 본래 진일의 수로 태를 이루고 정양의 기를 내포하고 있는데 마치 옛날 부모의 진기가 정혈을 포태로 삼는 것과 같다. 삼백일간 조화하면 태가 완성되고 기가 넉넉해져 형이 갖추어지고 신이 와서 어미와 분리된다. 형과 신이 이미 합하고, 형체가 형체를 낳는다. 도를 받드는 사람은 신장의 기가 심장의 기와 교합하는데 기 가운데 저장된 진일의 수와 정양의 기를 갖고 기가 기와 교합함으로써 수가 포태를 이루니 형상이 서미와 같다. 따뜻이 길러 이지러짐이 없도록 해야 한다. 처음에는 음으로 양을 머물게 하고 다음은 양으로 음을 단련하면 기가 변하여 정이 되고 정이 변하여 홍이 되며 홍이 변하여 사가 되고 사가 변하여 금단을 이른다. 금단을 이미 이루면 진기가 저절로 생긴다. 기를 단련하고 신을 이루면 초탈할 수 있고 화룡으로 변해서 어두운 거리를 벗어나 결말에 현학을 타고 봉래섬으로 들어간다."[177]

---

177) 『鍾呂傳道集』,「論鉛汞」: "鉛本父母之眞氣合而爲一 純粹而不離 旣成形之後 藏在腎中 二腎相對 同升於氣 乃曰元陽之氣 氣中有水 乃曰眞一之水 水隨氣升 氣住水住 氣散水散 水與氣 於子母之不相離 善視者止見於氣 不見水 若而此眞一之水 合於心之正陽之氣 乃曰龍虎交媾而變黃芽 以黃芽而爲大藥 大藥之材 本以眞一之水爲胎 內包正陽之氣 如昔日父母之眞地 卽精血爲胞胎 造化三百日 胎完氣足 形備神來 與母分離 形神旣合 合則形生形矣 奉道之人 腎氣交心氣 氣中藏眞一之水 負戴正陽之氣 以氣交眞 水爲胞胎 狀同黍米 溫養無虧 始也卽陰留陽 次以用陽煉陰 氣變爲精 精變爲汞 汞變爲砂 砂變爲金丹 金丹旣就 眞氣自生 煉氣成神 而得超脫 化火龍而出 昏衢 驂玄鶴 而入蓬."

종리권은 진용과 진호가 서로 교구하여 황아를 생성한다고 설명한다.178)

　『종려전도집』에는 연홍과 용호의 관계에 대하여 위와 같이 설명하고 있다. 상청파의『황정경』에서도 오장육부 체내신의 존사법을 설명하며 폐장의 신과, 신장의 신이 상호 교섭하는 것을 설명하고 있다. 수진도에서 폐신의 이름은 호화요, 자는 허성이며, 신장의 신은 이름이 현명이요, 자는 육영이다. 종려파가 내단기법으로 이야기하는 이 용호교구는 상청파에서 이야기하는 용호이다. 수진도에서는 상청파 계통과 종려파 계통의 용호 개념을 같은 시각에서 사용하며 설명하고 있는 것이다. "용호가 교합하는 것을 부모의 정혈이 교합하여 새 생명을 잉태하는 모습으로 비유하고 있다. 사람의 기액의 순환주기는 12신(辰), 즉 24시간으로 용호는 매일 한번 씩 교합을 하게 되는데 이를 용호교구라 한다. 용호교구로 매일 서미 크기의 황아를 얻게 된다. 인용문에서 황아를 진일의 수가 태가 되어 정양의 기를 감싸 안은 형상으로 묘사하고 있는데 외단적 용어로는 수은이 납을 감싸 안은 형상이다. 또한 신장의 기와 심장의 기가 교합해 수가 포태를 이룬다고 설명하고 있다.『종려전도집』의 다른 설명으로는 폐액이 태포가 되어 용호를 머금고 황정으로 보낸다. 정양의 기와 진일의 수가 화합하고 기액을 쌓아 태포를 이룬다고 했다. 여러 설명을 종합해 볼 때 진일의 수인 진호가 정양의 기인 진용 즉 홍을 감싸고 있는 모습이 황아이다. 이 황아를 신장의 진기인 연이 감싸고 있고 이 연을 또 폐액이 감싸고 있는 형상으로 이 전체가 정(精)이

---

178) 이상모, 앞의 논문, 36쪽.

된다. 이를 다르게 표현하면 무(戊)인 진기와 기(己)인 심액이 교구하여 무기(戊己)가 되니 정인 것이다. 심액은 폐액과 동일한 개념이고 폐액을 금액(金液)이라고 한다. 황정은 무기토의 자리가 된다."179)

음양의 수련법을 논할 때 음은 호랑이에 비유하고 양은 용에 비유하여 설명한다. 또한 호랑이는 연(鉛)이 되고 용은 홍(汞)에 비유한다. 음으로 양을 수련하는 것은 음인 진호의 연이 교구를 통해 양의 진용인 홍을 안고 있는 형상이고 양으로 음을 수련한다는 것은 음 기운 연 안에 있는 음의 성질을 단련해 양인 홍을 하나로 합해 연홍을 황아로 성장시키는 것으로 볼 수 있다. 즉 호랑이는 서쪽을 상징하는 폐속의 액을 감싸고 있는 연의 기운이 되고 동쪽을 상징하는 용은 홍으로 음양이 합한 연홍 즉 용호가 교구하여 합해져 연홍이 황아라는 정으로 성장 발전하는 것이다. 이러한 연홍의 외단적 개념이 변용되어 용호라는 개념으로 대치되는 내단기법의 개념 변화 과정을 설명하고 있는 것이다. 이러한 변용의 수련단계 속에서 종려파 내단기법이 형성되며 금단이라는 기운이 완성되어 연정화기의 단계가 성취 되는 것이다

(3) 논추첨(論抽添), 논환단(論還丹)과 논연형(論鍊形

추첨은 추연첨홍(抽鉛添汞)을 의미한다. 앞서 설명한 바와 같이 음양이론을 중심으로 자연의 동서(東西) 방위와 용호(龍虎), 수화(水火)라는 상징적 개념으로 인체의 간장, 심장, 신장과 폐를 연

---

179) 이상모, 앞의 논문, 37쪽.

결하여 수련하는 내단기법이다. "추는 뽑는 것이고 첨은 더하는 것이다. 예로 태음에서 음을 추하면 궐음이 되고 궐음에서 음을 추하면 소음이 된다. 태양에서 양을 추하면 양명이 되고 양명에서 양을 추하면 소양이 된다. 또 소음에 음을 첨하면 궐음이 되고 궐음에 음을 첨하면 태음이 된다. 소양에 양을 첨하면 양명이 되고 양명에 양을 첨하면 태양이 된다. 천지의 음양이 승강할 때는 추첨이 동시에 이루어진다. 즉 양이 첨할 때는 음은 추해지고, 음을 첨할 때는 양은 추해진다. 달의 변화의 경우 초승달에서 보름달까지는 일혼이 첨해지고 월백이 추해지는 과정이고 보름달에서 달이 어두워지는 삭(朔)까지는 월백이 첨해지고 일혼이 추해지는 과정이다. 일혼은 태양으로 부터의 빛이고 월백은 달 스스로 지닌 어두운 부분을 의미한다. 종리권은 대약을 완성하기 위해서는 추연과 첨홍을 반복해야 한다고 말한다. 이들에 대해 『종려전도집』과 『영보필법』에 다양한 설명들이 있지만 그 의미가 명쾌하지는 않다. 이의 의미를 이해하기 위해서는 적절한 추론의 필요성이 있다. 추연 첨홍에서 연과 홍은 기로서 둘 다 양을 의미하므로 이는 앞에서 설명한 양과 음을 추첨하는 것과 형식이 다르다."[180]

앞서 「논일월(論日月)」에서 설명한 바와 같이 태양은 양이고 달은 음이다. 양속에서 음을 음속에서 양을 단련하는 과정을 추연 첨홍으로 설명하고 있는 것이다. "이미 채약으로 첨홍이 됐으면 반드시 추연해야 하는데 이른바 빼고 더함이 밖에 있는 것이 아니다. 하단전으로부터 상단전으로 들어가는 것을 이름하여 주후

---

180) 이상모, 앞의 논문, 41쪽.

비금정이라 하고 또 하거를 일으키고 용호를 달리게 한다 하며, 또 환정보뇌하여 장생불사한다고 한다. 연이 이미 뽑힌 뒤에 홍이 자연히 가운데에서 하강해 중단전에서 하단전으로 돌아간다. 처음에 용호가 교구하여 황아로 변하니 이것은 오행전도이고, 여기에서 추연첨홍으로 태선을 기르는 것은 삼전반복이다. 오행을 전도시키지 않으면 용호가 교구하지 못하고 세 단전에 반복되지 않으면 태선이 기를 충족시키지 못한다. 추연첨홍 100일이면 약의 힘이 온전해지고 200일이면 성스러운 태가 견고해지며 300일이면 신선의 태가 완성되어 진기가 생한다. 진기가 이미 생하면 기를 연성하여 신을 이루는데, 공이 가득 차고 형체를 잊으면 태선이 자연히 변화하니 곧 신선이라 한다"181)라고 설명하고 있다. 또한 『종려전도집』은 연홍에 대하여 다음과 설명하고 있다.

"처음에 홍을 얻는 데에는 반드시 연을 쓰나 연을 쓰면 끝에서는 착오가 생기므로 그것을 뽑아서 상궁으로 들어간다. 원기는 전하지 않고 정을 돌이켜 뇌로 들어가게 한다. 매일 얻은 홍이 음이 다하고 양이 순수해지면 정이 사가 되며 사가 변하여 금이 되니 곧 진연이라 하는데, 진연이란 것은 자신의 진기와 합하여 얻어진 것이다. 진연이 진기 가운데에서 생하면 기 가운데에서 진일의 수가 있게 되어 오기가 조원하며 삼양이 정수리에 모이게 된다. 그 전에 금정이 하강하여 단전으로 들어갔다가 상승하여 형체를 단련하면 신체와 뼈가 금빛이 된다. 이러한 사람은 진연이 내부에서 상승하

---

181) 『鍾呂傳道集』, 「論抽添」: "旣以採藥爲添汞 添汞須抽鉛 所謂抽添非在外也 自下田入上田 名曰肘後飛金晶 又曰起河車而走龍虎 又曰還精補腦 而長生不死 鉛旣後抽 汞自中降 以中田還下田 始以龍虎交媾 而變黃芽 是五行顚倒 此以抽鉛添汞 而養胎仙 是三田返復 五行不顚倒 龍虎不交媾 三田不返復 胎仙不氣足 抽鉛添汞 一百日藥力全 二百日聖胎堅 三百日胎仙完 而眞氣生 眞氣旣生 煉氣成神 功滿忘形 而胎仙自化 乃曰神仙."

면 신체에서 백색의 빛이 나오는데 아래로부터 위로 위로부터 아래로 환단하고 연형하는 것은 다 금정이 왕복하는 공이다. 앞으로부터 뒤로, 뒤로부터 앞으로 몸을 태우고 기를 합하는 것은 모두 진기가 조화하는 공이다. 만약 추첨하지 않고 날마다 채약과 진화를 쓰는데 그친다면 어찌 이와 같은 효험이 있겠는가."182)

위와 같이 종려파의 내단기법을 살펴보면 연홍을 뽑아 상궁 즉 정수리 니환으로 보낸다고 설명하며 금정이 아래로 단전으로 갔다가 위로 올라오는 수련하면 몸의 골수가 금빛이 되고 몸에서 흰 빛이 나오는데 아래에서 위로 위에서 아래로 기운이 돌며 앞과 뒤로 기운이 합하는 이동 경로를 보여주고 있다. 이는 종려파 수련자가 내단기법을 수행하기 위한 준비단계라고 볼 수 있는데 상청파의 수련자가 체내신의 대상 빛을 니환으로 들어가게 하는 존사기법의 준비단계와 일치함을 보여주고 있다.

『종려전도집』과 『영보필법』에는 연을 뽑으면 자동으로 홍이 첨가되어 삼전 반복이 일어나는데 삼전반복의 의미에 대하여는 다음과 같다.

"연이 하단전에서 상단전으로 올라가고, 상단전에서 중단전으로 가서 첨홍이 되어 다시 하단전으로 돌아가는 것으로 이해한다면 척추가 관통되지 못한 상태에서는 연이 삼전반복을 한다고 볼 수 없기

---

182) 『鍾呂傳道集』,「論抽添」: "始也得汞須用鉛 用鉛終是錯 故抽之而入上宮 元氣不傳 還精入腦 日得之汞 陰盡陽純 精變爲砂 而砂變爲金 乃曰眞鉛 眞鉛者 自身之眞氣 合而得之也 眞鉛生眞氣之中 氣中眞一之水 五氣朝元 而三陽聚頂 昔者金精下入丹田 升之煉形 而體骨金色 此者眞鉛升之內府 而體不白光 自下而上 自上而下 還丹煉形 皆金精往復之功也 自前而後 自後而前焚身合氣 皆眞氣造化之功也 若不抽不添 止於日用採藥進火 安有如此之功驗."

때문이다. 그런데 100일 후에 연이 추연으로 척추를 타고 올라간다면 심장에서 홍은 어떻게 생기는 것인가? 앞에서 오장의 기와 액의 운행을 설명할 때 신장의 기가 심장으로 올라가 심장의 기와 합해지면 심액이 생기고 심액 속에 홍이 숨어 있다고 했기 때문이다."183)

종려파의 『영보필법』에서는 "이것을 곧 주후비금정이라 한다. 또 추연이라 하며, 신장 속의 기로 간장의 기를 생하는 것이다"184)라고 설명하고 있다. 또한 『영보필법』에서 "리괘(離卦☲)에서 채약을 하는데 다시 신장의 기를 합하지 않아도 간기가 저절로 심장의 기를 생성하게 되면 두기는 순양이 되어 이팔(二八)의 음이 제거된다. 폐장에서 훈증하여 폐액을 얻어 하강하게 되는데 진기를 포함하고 있다. 날마다 서미 크기를 얻어 황정에 들이는데 이를 내단의 재료라고 한다. 백일동안 어긋나지 않게 하면 약의 힘이 온전해진다"185)고 하였다. "주후비금정 시에 척추를 타고 뇌로 올라간 연이 중단전으로 와서 심액 속의 홍과 용호교구를 통해 합해지니 이것이 채약이고 첨홍으로 매일 황아를 얻어 연이 순양의 체로 자라게 되는 것이다. 연이 하단전에서 상단전으로, 상단전에서 중단전으로, 중단전에서 하단전으로 주류하니 삼전반복이다. 하지만 이 설명에는 한 가지 짚어 볼 사항이 있다. 오장의 기액 순환에서 리괘에서 첨홍이 되는 때는 오시인데, 주후비금정의 경우에는 첨홍의 시간대가 모호해진다. 후대의 내

---

183) 이상모, 앞의 논문, 42쪽.
184) 『靈寶畢法』,「肘後飛金晶」: "乃曰肘後飛金晶 又曰抽鉛 使腎氣生肝氣也."
185) 『靈寶畢法』,「肘後飛金晶」: "自離卦採藥 更無腎氣相合 而肝氣自生心氣 二氣純陽 二八陰消薰蒸於肺 而得肺液下降 包含真氣 日得黍米之大而入黃庭 方曰內丹之材 百日無差藥力全."

단학에서는 화후가 상단전에 오르는 시간이 오시이지만 주후비금정의 경우에는 금정이 간괘(艮卦☶ 山을 의미, 축시와 인시 사이 오전 2시)에 니환에 오른다고 설명한다. 하지만 주후비금정 시 첨홍이 되는 시간에 대해서는 확실한 설명이 없다. 정리를 하면 처음 용호교구를 해서 황아를 얻으면 진화를 하여 단련한 후 추연으로 연을 뽑는다. 이 연은 다시 간을 통해 심장으로 올라가서 첨홍이 된다. 이 과정이 100일간 진행되어 정이 단련되면 약의 힘이 온전해지니 비로소 척추를 관통해 주후비금정이 이루어진다. 주후비금정으로 주천을 통해 순양으로 단련된 연이 상단전에서 중단전으로 가 심장에서 첨홍이 되니 200일이면 성스러운 태가 견고해지고 300일이면 신선의 태가 완성되어 진연이 되는 것이다. 그래서 추연과 주후비금정의 의미는 처음 100일 수련 이후에야 같은 의미가 되는 것이다. 하지만 『종려전도집』과 『영보필법』에는 처음 100일의 수련도 주후비금정으로 차별없이 설명하고 있다. 하단전에 다시 진연이 생겨났다는 것은 선천의 연, 즉 부모로부터 받은 원기를 대신할 후천적 연이 생긴 것이다. 원양에서 생기는 연이 선천의 연이라면 진연은 호흡 수련을 통해 활성화된 홍을 더해 얻은 후천의 연이라 할 수 있다. 이 후천의 진연은 선천의 연인 원양을 회복한 것이다."186)

이는 양이 생하는 간괘(艮卦☶)인 축시와 인시 사이 오전 2시에 양용과 음호를 나르며 흘러온 폐액을 척주(脊柱) 속에 흐르는 독맥 경로를 통하여 미려혈(尾閭) → 협척(夾脊) → 옥침(玉枕) 통해 상단전 즉 니환(泥丸)으로 역류시킨다. 이 역류를 주후비금정

---

186) 이상모, 앞의 논문, 43-45쪽.

이라 부르며, 외단의 추연첨홍에 비견된다.187) 즉 신장 → 간장 → 심장 → 폐 → 황정 → 미려 → 협척 → 옥침 → 니환의 경로이다.

종려파의 이와 같은 내단기법은 상청파의 존사기법에서 존사 수행시 기운의 이동 경로가 니환에서 심장 안 강궁으로 들어가 방광, 신장, 명문으로 들어가며 미려, 협척, 옥침의 척추을 타고 올라가 니환으로 다시 들어가는 존사 이동 경로와 일치함을 알 수 있다. 상청파『대동진경』제8장을 살펴보면 상원대소삼원군도경제8(上元大素三元君道經第八), 니환상일적자장(泥丸上一赤子章)의 체내신 이름은 니환천제군상일적자(泥丸天帝君上一赤子)이며 자는 삼원선(三元先)이다. 이 체내신이 니환을 지키는 수호신이다. 이 체내신의 존사 이동 경로는 니환에서 아래 강궁으로 들어가고 양 방광과 미려혈을 뚫고 위로는 협척과 골수에 들어가 제일 추골을 뚫고 니환궁으로 들어가며 순서에 따라 토식(吐息)을 행한다. 즉, 니환 → 강궁 → 양 방광 → 미려혈 → 협척 → 추골 → 니환궁이 존사 경로 순서이다. 이 경로를 자세히 살펴보면 독맥 축의 니환에서 출발하여 강궁, 방광으로 이어지는 임맥 축을 통해 미려, 협척, 추골, 니환으로 이어지는 독맥 축의 순서로 이루어지고 있음을 알 수 있다. 독맥에서 임맥으로 이어지며 다시 독맥으로 이어지는 존사 이동 경로임을 볼 수 있다.188) 이어서 논환단(論還丹)과 논연형(論鍊形)에서의 내단 경로는 다음과 같다.

단은 단전이고 환은 돌아온다는 의미이다. 환단은 내단수련 시

---

187) 이시다 히데미 저, 이동철 역, 앞의 책, 225-226쪽.
188) 『大洞眞經』, DZCT6, 上元大素三元君道經第八: 주석 222) 상청파 존사 경로 참조.

각 단전에서 일어나는 기와 액의 순환을 설명하는 개념이다. 종려 내단학에서 대표적인 환단의 종류에는 "소환단(小還丹), 대환단(大還丹), 칠반환단(七返還丹), 구전환단(九轉還丹), 옥액환단(玉液還丹), 금액환단(金液還丹)이 있다. 이 단은 하단전에서 상단전으로 돌아가는 것이 있고 상단전에 중단전으로 중단전에서 하단전으로 돌아가는 것이 있다. 또한 양으로써 음으로 돌아가는 단이 있고 음으로써 양으로 돌아가는 단이 있다. 이들 모두 이름이 다른데 그치지 않고 사후에 따른 차별과 착수 처에 따른 각각의 차이 또한 있다."189) 소환단은 하원에서 출발한 기와 진일의 수가 용호교구를 통해 하단전으로 다시 들어오는 것을 의미하고 대환단은 하단전에서 출발한 연과 금정이 상단전과 중단전을 거쳐 하단전으로 다시 돌아오는 것을 의미한다. 칠반환단에서 7은 심장의 정양의 기를 의미하는데 이 7이 첨홍을 통해 하단전으로 가서 하단전의 성태가 완성되면 7이 진기가 되어 다시 중단전으로 돌아가니 이를 칠반환단이라고 한다, 7이 심장으로 돌아가면 폐장의 액이 끊어지고 폐장의 양기인 9가 옮겨가 심장을 도우니 이를 구전환단이라 한다. 소환단과 대환단은 연정화기에 속하고 칠반환단과 구전환단은 연기화신에 속한다. 신장의 액이 신장의 기를 따라 올라 심장의 기와 합쳐져 목구멍을 지나 입에 고인 침을 옥액이라 하는데 300일 수련으로 대약이 완성된 이후에 옥액을 삼켜 하단전으로 보내는 것을 옥액환단이라고 한다. 금액은 금정으로, 대약이 완성되면 주후비금정으로 니환을 보충하는 것

---

189) 『鍾呂傳道集』, 「論還丹」: "有小還丹, 有大還丹, 有七返還丹, 有九傳還丹, 有金液還丹, 有玉液還丹, 有以下丹還上丹, 有以上丹還中丹, 有以中丹還下丹, 有以陽還陰丹, 不止於名號不同, 亦以時候差別而下手處各異也."

이 충족되어 금정이 다시 침으로 화해 중단전을 통해 하단전으로 돌아가는데 이를 금액환단이라고 한다. 이어서 『종려전도집』의 논환단편에서도 같은 논지를 제시 하고 있다.

> "옥액은 곧 신장의 액이다. 신장의 액이 원기를 따라 상승하여 심장에 조회하는데 쌓으면 금수가 되고 올리면 옥지에 가득 차고 흩어지면 경화가 되고 단련하면 백설이 된다. 만약 그것을 거두어 중단전으로부터 하단전으로 들어가서 약이 있게 되면 태선을 목욕시킨다. 만약 그것을 상승시켜 중단전으로부터 사지로 들어가 연형하면 세속의 뼈를 변화시킨다. 올리지도 거두어들이지도 않으면 다시 돌아온다. 그래서 옥액환단이라 한다."190)

옥액은 신장의 액이고 신장의 액이 신장의 원기를 따라 심장에 조회하여 쌓이면 이를 금수(金水)라 했는데 금수는 금액이다. "폐액과 심액은 실제적으로는 같은 개념이므로 옥액은 신액이고 금액은 심액이 된다. 이는 후술할 『영보필법』 옥액환단. 금액환단 부분에서 신장의 액은 금에 비유하고 심장의 액은 옥에 비유한다는 설명과 반대이다. 설명에 혼란이 있어 언급을 하자면, 옥액은 신장에서 기원해서 심장에서 중루로 올라가는 것이니 심액으로 이해할 수도 있으나 환단이라는 개념으로 볼 때는 신액으로 보는 것이 타당하다. 옥액이 삼켜져 하단전으로 돌아오는 것이 옥액환단이니 신장으로 돌아오는 것이다. 금액은 채약 시에는 정의 포태를 이루는 폐액이 추연을 통해 분리되어 니환으로 올라가는 것

---

190) 『鍾呂傳道集』,「論還丹」: "玉液乃腎若也 腎液隨元氣以上升而朝於心 積之而 爲金水 擧之而滿玉池 散而爲瓊花 煉而爲白雪 若納之 自中田而入下田 有 藥則沐浴胎仙 若升之 自中田而入四支 煉形則更遷塵骨 不升不納 周而復始 故曰玉液還丹也."

이지만 대약이 이루어진 후에는 추연이 마무리되므로 이때의 금액은 일반 폐액이 된다. 폐액이 상단전으로 올라서 하단전으로 다시 돌아오면 곧 금액환단이다"191)이라고 한다. 다음으로 금액연형에 대하여 살펴보면 아래와 같다.

"금액연형은 이에 비할 수 없다. 환단을 시작했으나 아직 돌아오지 않아 군화와 서로 마주보는 것을 기제라 하고, 이미 환단하고 다시 일어나 진음과 서로 상대하는 것을 연질이라고 한다. 토는 본래 수를 극하니 만약 금액이 토에 있으면 황제로 하여금 회광하여 태음에 합하게 한다. 화는 본래 금을 극하니 만약 금액이 화에 있으면 적자로 하여금 같은 화로에 있게 하면 자연히 자줏빛 기를 생한다. 수 가운데에서 화를 일으키고 양속에서 음을 없애면 금단이 황정 안에서 변하고 오기 가운데에 있는 양신이 단련되니, 간에서는 푸른 기가 솟구치고 폐에서는 흰빛이 나오며 심장에서는 붉은 기운이 나타나고 신장에서는 검은 기가 오르며 비장에서는 황금빛이 모여서 오기가 중원을 조회하고 군화를 따라 내원을 초월하게 된다. 하원은 음 가운데의 양으로 그 양에 음이 없게 되면 상승하여 신궁에 모인다. 중원은 양 가운데의 양으로 그 양이 다시 생함이 없게 되면 상승하여 신궁에 모인다. 황정의 대약이 음이 다하여 순양이 되면 상승하여 신궁에 모인다. 오액은 하원에 모이고 오기는 중원에 모이며 삼양은 상원에 모인다."192)

---

191) 이상모, 앞의 논문, 70쪽.
192) 『鍾呂傳道集』, 「論鍊形」: "及夫金液煉形 不得比此 始還丹而未還 與君火相見 而曰旣濟 旣還丹而復起 與眞陰相敵 而曰煉質 土本剋水 若金液在土 使黃帝回光 以合於太陰 火本剋金 若金液在火 使赤子同爐 自生 於紫氣 於水中起火 在陽裏消陰 變金丹於黃庭之內 煉陽神在五氣之中 於肝則靑氣 冲 於肺則白色出 於心則赤光現 於腎則黑氣升 於脾則黃色聚 五氣朝於中元 從君火以超內院 下元陰中之陽 其陽無陰 升而聚在神宮 中元陽中之陽 其陽無生 升而聚在神宮 黃庭大藥 陰盡純陽 升而聚在神宮 五液朝於下元 五氣朝於中元 三陽朝於上元."

위 인용문에서 금액연형의 효험은 옥액연형에 비할 바가 없다고 하였음으로 옥액연형이 금액연형에 앞서 이루어지는 것을 알 수 있다. 위에서 양신(陽神)이 오기(五氣) 가운데에서 단련되고 있음을 알 수 있듯이 원신(元神)이 음에서 양의 기운으로 변환되어 신궁에 모인다는 것으로 해석할 수 있다. 『영보필법』「금액환단」에도 옥액연형의 효험이 있은 후에 금액연형을 행한다고 설명하고 있다. 금액연형은 물(水) 가운데 불(火)을 일으키고 양(陽)속에서 음(陰)을 제거하면 금단(金丹)이 황정(黃庭) 안에 변화하여 오기 가운데 양신이 단련된다고 설명하고 있는 것이다. 이렇게 오기 가운데 양신이 단련되면 간에서는 푸른 기의 청 빛이 나오고 폐는 흰빛, 심장은 붉은 기의 빛, 신장은 검은 기운 빛, 비비장은 황금빛이 나와 오기가 중원에 모이고 삼양은 상원 정수리에 모여서 양신(陽神)이 상단전에 발현하게 되는 것이다. 이는 주역(周易)의 수화기제193)처럼 수(水)가 화(火) 위에 있는 형국이다. 즉 양신의 완성을 의미 한다.

『종려전도집』과 『영보필법』에서 양신이 내원(內院)인 상단전에서 이루어지는 과정을 보면 다음과 같이 세 가지의 형태로 설명되어 있음을 볼 수 있다. 첫째는 오장의 오기가 단련되어 내원으

---

193) 『周易』, 第六三卦: 水火旣濟의 괘(䷾)를 말하는데, 불(火)을 상징하는 리괘(離☲)가 아래에 있고 물(水)을 상징하는 감괘(坎☵)가 위에 있는 형상으로 주역 64괘중 음양이 서로 상응하는 이상적인 조화의 괘로 완성, 성취를 의미한다. 이상모, 앞의 책, 70쪽: 위 예문과 같이 환단 후에 금액과 기가 일어나 하원의 음과 마주하는 것을 연질(煉質)이라 하였고 또 금액이 토에 있고 토가 수를 극하니 토를 태음과 합하게 한다고 하였는데 이 둘은 같은 의미이다. 황정과 하원인 신장이 하나가 된다는 의미로 해석할 수도 있고 황정의 진기가 하원의 음 안의 양을 단련시킨다고 완성한다는 의미로 해석할 수 있다.

로 올라가 합쳐져 양신이 되는 것이다. 오기가 중원을 조회한 뒤에 올라간다고 설명한 부분도 있고 그냥 각 장부에서 내원으로 곧장 올라가는 듯이 설명한 부분도 있다. 둘째는 오기가 내원에 올라가서 금단의 진기와 합쳐져 하나의 양신이 되는 것이다. 셋째는 인용문의 설명처럼 삼양이 모두 올라가 합해져 양신이 되는 것이다. 황정과 하원은 모두 하단전에 속하고 또 앞에서 연질의 작용으로 둘이 하나가 된다는 설명이 있듯이 둘째의 오장의 순양의 기와 금단의 진기가 상단전에서 모여 양신이 된다는 설명과 셋째의 삼양이 올라가 양신이 된다는 설명은 결과적으로 같은 것으로 이해할 수 있다. 또 첫째의 오기가 단련되어 내원으로 올라가 양신이 된다는 것도 결국 진기로 단련을 하는 것이니 넓게 보면 셋 모두 같은 개념으로 이해된다. 하지만 위와 같은 설명에만 그친다면 중단전의 역할이 미미하게 된다. 오장의 기가 중원에 모이는 것은 인체 내의 기와 액이 운행되면서 자연스럽게 이루어지는 것이다. 결국 중단전에 항상 오장의 오기가 모여 있게 되는 것이다. 오장이 단련되어 질수록 중단전의 오기도 함께 단련되어 순양이 되니 임계시점에 중단전에서 각 장부에 해당하는 양신이 차례로 또는 한꺼번에 상단전에 올라가 하나의 양신이 되는 것으로 해석할 수도 있다. 성명론에서 중단전 신실(神室)의 원신이 단련되어 양신이 되는 것에 비견하면 중단전을 조회한 오장의 기가 원신의 개념이 되는 것이다. 종리권은 삼양이 내원에 오르는 것을 심신(心神)이 천궁으로 돌아가는 것이라고도 말한다.[194] 이 심신은 오장의 기가 결합된 존재로 해석할 수도 있고 또는 원신으

---

[194] 『鍾呂傳道集』,「論朝元」:"三陽上朝內元 心神以返天宮 是皆朝元者也."

로 해석할 수도 있다. 종리권의 원신은 오장에 두루 분포되어 있는데 심장의 신이 주가 된다고 해석할 수도 있겠다. 어쨌든 오장의 기가 중원에 모여 단련되어 내원에 올라 양신이 되니, 종려내단학에서의 중단전도 신이 자라는 신실(神室)의 역할을 하는 것이다. 수진도에서도 오장의 기가 모이는 중단전의 위치를 중요하게 생각하였다.

상청파의 존사기법에서 오장의 체내신을 존사하면 입에 침이 고이는데 이때 이빨을 두드리는 고치의 행위를 3번 또는 5번하며 침을 삼키면 두정 니환에서 체내신이 내려와 심장 방광→ 미려혈→ 니환→ 양뺨→ 목구멍 순으로 체내신의 존사 이동 경로를 설명하고 있는데195) 종려파의 내단 이동 경로 같다. 수진도는 이와 같은 상청파의 체내신 경로와 종려파의 내단 이동 경로를 설명하고 있다.

(4) 논조원(論朝元)과 논내관(論內觀)

대약이 이루어지면 옥액이 환단해서 태선을 목욕시키고 진기가 옥액(玉液)과 함께 올라 속세의 진골(塵骨)를 바꾸니 이것을 옥액연형이라 설명하고 있다.

"대약이 장차 이루어지면 옥액으로 환단해서 태선을 목욕시킨다. 진기가 이미 생기면 옥액과 함께 상승하여 속세의 뼈를 바꾸니 옥액연형이라 한다. 주후로 금정을 일으켜 날리면 하거가 내원에 들어

---

195) 『大洞眞經』, DZCT6, 太淸大道君道經第十五, 脾中五眞章: 각주 240) 상청파 존사 경로 참조.

가는데 상단전에서 중단전으로, 중단전에서 하단전으로 돌아간다. 금액으로 환단하여 금사를 단련하면 오기가 조원하고 삼양이 정수리에 모인다. 이것이 연기성신으로 단지 형을 단련하여 세상에 머무르는 것만이 아니다."196)

옥액이 연형되고 주후금정을 일으키면 상단전에서 중단전으로 중단전에서 하단전으로 돌아가는데 대약이 단련되는 과정에서 모래가 금이 되므로 위에서 금과 모래는 대약인 금(金)을 기운을 의미하며, 옥액연형(玉液煉形)과 금액연형(金液煉形) 후에 간, 심, 비, 폐, 신의 오기가 조원하여 정수리에 모이는 것을 설명하고 있다. 옥액연형과 금액연형은 신장 기운과 폐의 기운의 조화를 의미하는 것으로 수진도에서도 신장과 폐의 기운을 중요시 하고 있다.

이어 논내관(論內觀)에 대하여 『종려전도집』은 다음과 같이 설명하고 있다.

"내관, 좌망, 존상의 법이다. 선현후성이 취하는 것도 있고 취하지 않는 것도 있다. 마음이 원숭이 같고 생각이 말과 같아 안정되게 머무르지 못하고 사물로 인해 뜻을 잃어버릴 것을 염려하여 무(無) 속에 상(象)을 세워 귀로는 듣지 않고 눈으로는 보지 않게 하여 마음과 생각이 광란하지 않게 하니, 사물을 존상하고 내관 좌망하는 것이 없으면 안 된다."197)

---

196) 『鍾呂傳道集』,「論朝元」:"大藥將就 玉液還丹 而沐浴胎仙 眞氣既生 以沖玉液上升 而更改塵骨 曰玉液煉形 及夫肘後飛起金晶 河車以入內院 自上而中 自中而下 金液還丹 以煉金砂 而五氣朝元 三陽聚頂 乃煉氣成神 非止於煉形住世而已."

197) 『鍾呂傳道集』,「論內觀」: "內觀坐忘存想之法, 先賢後聖, 有取而有不取者, 慮心猿意馬 無所停留 恐因物喪志 而無中立象 使耳不聞而目不見心不狂而意 不亂 存想事物 而內觀坐忘 不可無矣."

종려파는 상청파의 존사 개념에 대하여 내관(內關), 좌망(坐忘), 존상(存想)이라는 개념을 사용하고 있다. 종려파의 수행자가 내단 수련시 상청파의 존사 개념을 차용하고 있는 것이다. 마음(心)이 원숭(猿)이 같고 생각(意)이 말(馬)과 같이 날뛰니 앞의 현인이나 뒤의 성인도 이 존사를 취하는 것도 있고 취하지 않는 것도 있다고 설명하고 있다. 상청파에서 존사 개념을 종려파에서 내관, 좌망, 존상이라는 개념으로 치환 또는 변용하여 사용하고 있음을 알 수 있다. 좌망이라는 용어은 이미 『장자』에 나오는 개념이다.198)

존상은 수련을 행할 때 수련에 관련된 이미지를 떠올리며 집중하여 신식(神識)을 안정시키는 방법이다. "한 예로 신장의 기가 심장의 액을 만나 교합하는 이미지를 다음과 같이 묘사하고 있다. 구황진인이 붉은 옷을 입은 어린아이를 이끌어 올라가고 구황진모가 검은 옷을 입은 소녀를 이끌어 내려와서 황옥 앞에서 상견례를 하니 황색 옷을 입은 한 노파가 있어 인도하여 부부의 예를 행하게 한다."199) 이와 같은 이미지를 떠올리고 이에 집중

---

198) 『莊子』, 「內篇·大宗師」: "顔回曰, 回益矣, 仲尼曰, 何謂也. 曰, 回忘仁義矣. 曰, 可矣, 猶未也. 它日, 復見, 曰, 回益矣. 曰, 何謂也. 曰, 回忘禮樂矣. 曰, 可矣, 猶未也. 它日, 復見, 曰, 回益矣. 曰, 何謂也. 曰, 回坐忘矣. 仲尼蹴然曰, 何謂 坐忘, 顔回曰, 墮肢體, 黜聰明, 離形去知, 同於大通, 此謂坐忘. 仲尼曰, 同則無好也, 化則無常也. 而果其賢乎. 丘也請從而後也." (어느 날 안회가 공자를 보고 말하길 제가 도를 깨달았습니다하니 공자가 무슨 도를 깨달았는가하니 가만히 앉아서 모든 것을 잊어버렸습니다하니, 좌망이 무엇이냐, 안회가 답하길 육신을 버리고 총명함을 물리치며 형체와 지각에서 벗어나 크게 소통하는 것이 좌망이라 답하였다.)

199) 『鍾呂傳道集』, 「論內觀」: "九皇眞人 引一朱衣小兒上升 九皇眞母 引一皂衣小女下降 相見於黃屋之前 有一黃衣老嫗接引 如人間夫婦之禮."

함으로써 마음과 생각 념(念)을 안정시켜 수련에 몰입하는 효과를 얻게 된다. 마음과 생각이 원숭이와 말처럼 날뛰어 안정을 못하니 마음과 생각이 광란하지 않게 사물을 존상하고 내관 조망하는 없으면 안 된다고 설명하고 있는 것이다. 종려파는 상청파의 존사법을 차용하면서도 "『종려전도집』에서 존상은 조원까지만 하고 조원 이후에는 내관만을 행한다고 말한다. 연신환허의 수련법이 내관인 것이다."200) 종려파 내단학에서는 상청파의 존사 개념을 내관(內觀)이라는 용어로 변용하여 내단 수련 시 존사기법을 사용하고 있으며 존사는 심신의 안정에 도움을 준다고 설명하고 있다. 이어 종려파는 매미가 허물을 벗는 것처럼 신을 옮기어 성인으로 들어간다고 표현하고 있다. 종려파는 도가의 신선보다 유가의 성인을 더 선호하는 모양이다.

"이미 나왔다가 다시 들어가고 들어가서 나오지 않으면 곧 형과 신이 함께 묘해져서 천지와 수명을 같이 하며 영원히 죽지 않는다. 이미 들어갔다가 다시 나오고 나와서 다시 들어가지 않으면 매미가 허물을 벗는 것과 같이 신을 옮기어 성인에 들어가는 것이다. 이것이 곧 범속함을 벗어나서 진인선자가 되어 세상 풍진의 바깥에 있으면서 삼도에 기거하는 사람이다."201)

삼도(三島)는 신선(神仙)의 세계(世界)를 말하는데, 매미가 허물을 벗듯 신선에서 성인으로 반열에 들어간다고 표현하고 있다. 신선을 이루었다 할지라도 범속을 벗어나도 세상 풍진에 중생을

---

200) 이상모, 앞의 논문, 94쪽.
201) 『鍾呂傳道集』, 「論內觀」: "旣出而復入 入而不出 則形神俱妙 與天地齊年而浩劫不死 旣入而復出 出而不入 如蟬脫蛻 遷神入聖 是以超凡脫俗 以爲真人仙子 而在風塵之外 寄居三島之洲者也."

제도하는 현실적인 삶의 성인이 되는 것이 천선(天仙)의 목적이라고 여겨진다. 그리고 천선으로서의 역할을 다하면 결국에는 무위자연(無爲自然)의 경지(境地)로 들어가게 된다고 한다. 이는 종려파가 지양하는 신선은 세속에서 중생과 더불어 살아가는 곧 성인의 반열과 같다는 의미를 함유하고 있다.

2) 영보필법

(1) 금액환단(金液還丹)과 옥액환단(玉液還丹)

『영보필법』에서는 금액이 환단하면 금(金)이 황정에서 금단(金丹)으로 변한다고 다음과 같이 설명하고 있다.

> "3백일에 내단을 이루어 진기가 비로소 생기면 간괘에 비금정으로 한번에 삼관을 쳐서 위로 니환에 이르면 마땅히 금액환단법을 행한다. 정수리 가운데서부터 앞쪽 아래로 금수 한줄기가 내려와서 황정으로 돌아가면 금이 변하여 단이 되는데 이를 금단이라 한다."[202]

종려파에서 내단기법 수행 시 신장의 액이 기운을 따라 상승하면 심장에 있는 기운과 화합하여 목구멍 속에서 침이 입속에 고이는데 이 진액(津液)를 옥액(玉液)이라 한다. 300일을 수련하여 대약(大藥)이 완성되면, 이 진액을 삼켜 옥액이 하단전으로 내려가면 옥액환단(玉液還丹)이라고 하는데 금액(金液)이라는 것은 옥

---

202) 『靈寶畢法』, 「金液還丹」: "而於三百日養就內丹 真氣纔生 艮卦飛金晶 一撞三關 上至泥丸 當行金液還丹之法 自頂中前下金水一注 下還黃庭 變金成丹 名曰金丹."

액이 환단되어 금정이 대약을 이루어지면 미려, 협척, 옥침으로 주후비금정으로 상승하여 두정부 니환을 금액으로 충만하게 채워져 니환이 금액으로 충족되면 금정(金精)이 다시 진액인 침으로 화해 중단전을 통과하여 하단전으로 되돌아오는데 이를 금액환단(金液還丹)이라고 설명하고 있는 것이다. 종려파에서는 침은 옥액환단이나 금액환단으로 변용된다. 이는 앞서 상청파의 존사기법에서 인액 즉 목구멍의 침의 기능과 역할에 대하여 살펴보았듯이 존사기법 수행시 침을 삼키면 인액은 체내신으로 이미지 형상화되어 변용된다는 점에서 종려파에서는 체내신은 사라지고 옥액이나 금액으로 개념이 변용되어 수용되고 있음을 알 수 있다.『영보필법』에서는 이 금액환단의 내단 수행을 팔괘와 결부하여 수련 시간대를 설명하고 있다.

> "채약이 효험을 보면 일 년 중에 달을 택하고, 한 달 중에 날을 택하고, 날 중에 시를 택한다. 삼시를 잘 운용하여 수련하면 1백일이면 약효가 온전하고, 2백일이면 성태가 견고하고, 3백일이면 진기가 생기고 태선이 원만해진다. 삼가 절제하여 공법을 쓰고 때를 따라 보태어 3백일의 날수가 충족해지면 환단연형의 법을 행한다. 무릇 간괘(艮卦☶), 산의 때에 금정이 뇌로 들어가면 손괘(巽卦☴)에 이르러 멈춘다. 이것은 300일 후의 비금정을 말하는 것이다. 리괘(離卦☲)에서 채약하고 태(兌卦☱)을 그만두고, 곤괘(坤卦☷)의 때에 늑양관을 그만둔다. 다만 태괘에서 늑양관을 시작해 건괘(乾卦☰)에 이르러 그친다."203)

---

203) 『靈寶畢法』,「金液還丹」: "採補見驗 年中擇月 月中擇日 日中擇時 三時用事 一百日藥力全 二百日聖胎堅 三百日眞氣生 胎仙圓 謹節用功 加添依時 三百日數足之後 方行還丹鍊形之法 凡用艮卦飛金晶入腦 止於巽卦而已 此言畢金晶三百日後也 離罷採 離卦罷採藥 坤卦罷勒陽關 只此兌卦下手勒陽關 至乾方止."

위 내용을 살펴보면 100일을 수련하면 효과가 있고 200일 수련하면 성태가 굳고, 300일 수련하면 진기가 원만하여 태선을 이룬다고 설명하고 있다. 간괘(艮卦☶)에 금정(金精)이 뇌 니환에 이르고 대약이 완성된 300일 이후 간괘(艮卦☶)에서 손괘(巽卦☴)까지의 때에 주후비금정(肘後飛金晶)과 금액환단(金液還丹)을 완성한다고 이해 할 수 있다. 이 금액환단이 이루어지는 날이나 횟수에 대하는 언급하고 있지 않으나 각자 수행의 정도에 따라 차이가 있을 수 있다. 이 금액환단이 완성된 후에 연형을 위한 옥액환단(玉液還丹) 이루어지는 것으로 이해된다. 연형(煉形)은 옥액연형과 금액연형의 두 가지 방법이 있는데, 옥액환단과 금액환단을 완성하면 옥액과 금액이 태선(胎仙)의 진기(眞氣)와 함께 온 몸의 사지(四肢)로 퍼져 몸(形)을 단련하여 음의 기운을 가지고 오장과 신체를 양의 기운으로 변화시키는 수련을 행하는데 이러한 수행의 단계를 연형성기(煉形成氣)라 하고 또는 연형화기(煉形化氣)라고 하는데 연형은 연형(鍊形) 혹은 연형(煉形)이라는 개념으로 사용된다. 종려파 내단학에서는 연형은 신(神)이 거주하는 오장을 양으로 단련하는 것이므로 이를 오장이 있는 간, 신, 비, 폐, 신의 부위에 중단전의 원신을 단련하는 연기화신 단계를 의미한다고 해석할 수 있다. 이는 상청파의 『황정경』에서 나타나는 오장육부의 단련과 체내신과 관련이 있으며 수진도에는 오장육부의 체내신에 대하여 설명하고 있다.

앞장에서 상청파의 오장육부 체내신과 니환 구궁의 체내신을 살펴보았듯이 존사의 수행자들은 오장의 중심인 심장이나 강궁 및 비와 담을 먼저 존사하고 이후 간에서 폐로 이동하며 폐에서 신장으로 신장에서 두정 니환으로 체내신을 형상화하였다. 이 이동 경로는 종려파 내단에서는 환단연형으로 옥액환단, 금액환단이라 설명하고 있는데. 이의 도식은 수진도에서 상청파 내단기법의 오장육부의 체내신 이동 경로와 종려파의 내단기법 이동 경로를 종합적으로 설명하고 있다. 아래에서 설명하고자 하는 옥액환단, 금액환단이 이와 같다.

음양의 관점에서 해와 달을 기에 비유하고 있는데 신장의 기는 달에 심장의 기는 해에 비유하고 금과 옥을 액에 비유하여 신장의 진액은 금(金)에 비유하고 심장의 진액은 옥(玉)에 비유하고 있다.

> "해와 달은 기에 비유하는데. 신장의 기는 달에 비유하고, 심장의 기는 해에 비유한다. 금과 옥은 액에 비유하는데, 신장의 액은 금에 비유하고 심장의 액은 옥에 비유한다. 이른바 옥액이란 본래 신장의 기가 상승하여 심장에 도달하여 심장의 기와 합한 것이다. 두 기가 서로 교합하여 중루를 지나는데, 입을 다물어 나가지 못하게 하면 진액이 옥지에 가득 찬다. 그 것을 삼키는 것을 옥액환단이라 하고 올라가게 하는 것을 옥액연형이라 한다. 이 액은 본래 신장 속에서 와서 심장에서 생긴다."204)

수진도에서도 중루를 제시하고 있다. 중루(重樓)는 목을 이루는 12마디 뼈를 의미하고 진액(津液)은 침을 의미하며 옥지(玉池)는 입속의 침을 의미한다. 앞에서 설명한 바와 같이 수행을 통해 신

---

204) 『靈寶畢法』,「玉液還丹」: "日月比氣也 腎氣比月 而心氣比日 金玉比液也 腎液比金 而心液比玉 所謂玉液者 本自腎氣 上升而到於心 以合心氣 二氣相交而過重樓 閉口不出而津滿玉池 咽之而曰玉液還丹 升之而曰玉液煉形 是液本自腎中來 而生於心."

(腎)의 기운이 심(心)의 기운과 결합해서 목안 입속에 침이라는 진액이 고이는데 이를 옥액이라 하고 이 옥액을 삼켜 하단전으로 하강하여 단을 이루면 이를 옥액환단이라 한다. 채약 삼백일 수련 후 태선을 이룬 후에 옥액을 태선에 더욱더 첨가시키면 태선이 원만해지며 진기(眞氣)가 옥액과 결합하여 다시 위로 상승하는데 이를 옥액연형이라고 한다. 인용문에서 보는 바와 같이 신(腎)의 액은 금(金)에, 심(心)의 액은 옥(玉)에 비유하듯이 신의 액은 금액(金液)이 되고 심의 액은 옥액(玉液)이 된다. 그런데『종려전도집』과『영보필법』에서는 폐(肺)의 액이 금액이고 신의 액이 옥액이라는 개념를 정의하고 있어 개념상 서로 상충이 생긴다. 이 부분에 대하여『종려전도집』옥액환단. 금액환단 부분을 설명하면 다음과 같다.

"옥액은 신액이다. 위로 올라가 심장에서 세 기가 합하여 중루를 지나면 침이 옥지에 가득 차기에 옥액이라 한다. 이것을 삼켜 중단전에서 하단전으로 들어가는 것을 환단이라 하고 이것을 하단전에서 다시 중단전으로 올려 사지로 들어가는 것을 연형이라고 한다. 사실 이 둘은 하나이다."205)

『영보필법』을 살펴보면 내단 기운의 이동경로를 설명하고 있다. 옥액(玉液)을 신액(腎液)이라고 하는데 신장의 기운의 진액을 말한다. 이 신장의 기운이 상승하여 심장에 도달하는데 세 기가 교합하여 목구멍 중루를 지나 침이 혀와 이빨 사이에 있는 옥지

---

205)『靈寶畢法』,「玉液還丹」: "直解曰 玉液腎液也 上升到心 三氣相合而過重樓 則津滿玉池. 謂之玉液 若咽之 自中田而入下田 則曰還丹 若升之 自中田而 入四肢 則曰煉形 其實一物而."

(玉池)에 가득 차므로 옥액이라 말하고 있다. 이 침을 삼키면 심장 안쪽 강궁 부위의 중단전으로 들어가 다시 하단전으로 들어가며 이를 환단이라고 하고 그 기가 상승하여 중단전으로부터 사지로 들어가는 데 이를 연형이라고 하며 사실 이 둘은 하나라고 설명하고 있다. 이는 상청파의 존사기법에서 체내신의 이동경로와 일치 한다. 상청파의 수행자들이 존사기법을 행할 때 체내신의 이름을 부르며 수련하는데, 이때 인액(咽液) 또는 인진(咽津)이라 하여 침을 삼키는데 이 침은 체내신으로 이미지 형상화하여 니환에서 중단전 부위의 심장이나 강궁과 하단전 부위의 신장 명문으로 들어가 인체 사지로 퍼져 나간다. 이와 같이 종려파의 내단기법은 상청파의 존사기법의 이동 경로와 같다. 다만 상청파 체내신의 형상은 연형(煉形)으로 치환되고 침은 옥액이나 금액으로 치환되어 종려파가 상청파의 그 기운의 이동 경로를 변용하여 수용하고 있을 뿐이다. 상청파의 존사 경로와 종려파의 내단 경로가 동일선상에 있음을 보여주고 있다.

"채약을 삼백일 동안 행하면 수가 채워져 태가 원만해진다. 비금정은 한 괘를 줄이고, 늑양관은 예전과 같이 한다. 채약을 마치면 연법을 더하는데 연법은 사시를 따르며 이는 연형법에 관계된 것이다. 괘를 쓸 때에 연형을 더하는데 진괘에서 시작하여 리괘에서 마친다. 연, 월, 일에는 한정이 없고 효험을 보면 그친다. 몸에 광택이 나고 신기가 수려해진다. 점차 버리고 더러운 것으로 배를 채우는 것을 꺼리게 된다. 모든 정과 애정이 마음의 경계에서 스스로 제거되고, 진기가 장차 족해지면 항상 배가 부른 것 같아 먹는 것이 많지 않고 술은 한정 없이 마실 수 있다. 세속의 뼈는 이미 바뀌고 신식이 변화한다. 걸음은 달리는 말을 쫓으니 그 행보가 나는 것 같다. 눈동자는 옻칠한 것 같고, 몸은 엉긴 지방같이 희고 윤택이 나며, 검은 머리카락이 새로 나고 주름진 뺨이 다시 펴지며, 늙음은 가고 영원히 동안을 유지하며, 고개를 들어 백보 앞을 보면 터럭도 볼 수 있다. 신체 중에 옛 상처자국이나 남은 흉터는 자연히 소멸되고 눈물이 흐르거나 침이나 땀을 흘리는 것을 또한 볼 수 없다. 성단이 맛을 생하고 영액은 향을 내니. 입과 코 사이에 항상 진향과 기이한 맛이 있어 행구면 엉긴 연유가 되어 사람의 질병을 치료할 수 있고 온몸이 하얀 지방빛이 된다. 이상이 모두 옥액으로 환단과 연형을 할 때의 효험인데, 효험이 바르면 마땅히 삼가 절도에 맞게 공을 행하되, 법식에 의하여 때에 따라 다음 일을 행한다."206)

위 인용문은 종려파 내단기법의 수행 시간을 알려주고 있다. 채약을 마치고 옥액환단으로 금단을 이룬 뒤에 금액환단을 행하는데 이때의 채약 기간 300일과 시간대인 손괘(巽卦☴)를 빼면 수련 시간대는 간괘(艮卦☶)에서 진괘(震卦☳)까지 행해진다. 옥액 연형은 진괘(震卦☳)에서 시작해 리괘(離卦☲)에서 마친다 했으니 진괘(震卦☳)의 시간대에서는 주후비금정과 연형(鍊形)이 함께 수련된다. 이러한 연형의 시간대를 위 『영보필법』에서 자세히 기록하고 있다. 그러나 각 8괘의 시간대에 대해서는 설명이 없다. 송나라 시대에 증조(曾慥, ?-1155)가 펴낸 『도추』에서 내단의 수행 시간대는 12지와 후천 8괘를 대비하여 갑자일(甲子日) 자각(子刻,

---

206) 『靈寶畢法』,「玉液還丹」: "此採藥三百日 數足胎圓 而飛金晶減一卦 勒陽關如舊 罷採藥 添入咽法 咽法隨四時而已 此係煉形法 用卦候添入煉形 自震卦為始 離卦為期 不限年月日 見驗方止 身體光澤 神氣秀媚 漸畏腥穢以衝己腹 凡情凡愛心境自除 真氣將足而以常飽 所食不多而飲酒無量 塵骨巳更而變神識 步趨走馬而行如飛 目如點漆 體若凝脂 紺髮再生 皺臉重舒 老去永駐童顏 仰視百步而見秋毫 身體之間舊痕殘靨自然消除 涕淚涎汗亦不見有也 聖丹生味 靈液透香 口鼻之間常有真香奇味 漱成凝酥 可以療人疾病 遍體皆成白膏 上件皆玉液還丹煉形之驗也 驗既正 當謹節用功 依法隨時而行後事."

오후 11시 오전 1시 사이)에서 시작된다207)고 설명하고 있는데 음양의 범주에서 음이 성하고 연형성기 또는 연형화기라고 한다. 양이 바뀌는 때이다. 음의 신수(腎水)에서 양의 기가 생기기 시작한다. 간괘(艮卦☶)의 시각은 오전 2시 축시(丑時)로 진괘(震卦☳)의 시각은 오전 6시 묘시(卯時)임으로 이 시각에 금액환단이 이루어진다. 연형의 시각은 진괘(震卦☳)에서 오전 6시 묘시에 시작하여 리괘(離卦☲)의 시각은 오후12시 오시(午時)이므로 이 시간대에 연형이 이루어진다.

(2) 금액환단(金液還丹)

금액은 신의 기운이 심의 기운에 결합하여 오르지 않고 폐에서 훈증되는 것을 의미 한다. 하단전에 있다가 미려혈로부터 올라가 곧 비금정하여 두정부 뇌(腦) 속으로 들어가서 니환을 충족208)한다고 설명한다. 니환에 충족된 금액은 다시 하강하여 하단전으로 들어가면 이를 곧 금액환단이라고 설명하고 있다.

---

207) 이시다 히데미 저, 이동철 역, 앞의 책, 219-225쪽. :『道樞』,「卷七甲庚篇」을 인용한 後天 8괘와 12時辰를 對比한 內丹 修煉의 시간대는 다음과 같다. 감(坎:☵) 子時 0시, 간(艮:☶) 丑時(오전 2시)와 寅時(오전 4시)사이, 진(震:☳) 卯時(오전 6시), 손(巽:☴) 辰時(오전 8시)와 巳時(오전 10시)사이, 이(離:☲) 午時(12시), 곤(坤:☷) 未時(오후14시)와 申時(오후16시)사이, 태(兌:☱) 酉時(오후 18시), 건(乾:☰) 戌時(오후 20시)와 亥時(오후 22시) 사이. 종려파의『종려전도집』이나『영보필법』에서는 내단 수련의 시간을 8괘로 정해져 있으나 12시진과 대비하는 시간대 설명은 없다.
208) 이동철 역, 앞의 책, 85쪽. : 하단전 신장시스템으로 精을 還流하는 還精補腦 즉 정을 역류시켜 뇌를 보한다는 뇌와 신장의 관계를 근거하고 있다.

"금액이란 신장의 기가 심장의 기에 합하여 상승하지 않고 폐에서 훈증되는 것이다. 폐는 화개인데 아래로 두 기를 감싸고 있다. 그 날로 폐액을 취하면 하단전에 있다가 미려혈로부터 상승하는데, 곧 비금정하여 뇌 속으로 들어가서 니환을 보충한다. 보충이 충족되어 위에서 다시 하강하여 하단전으로 들어가면 곧 금액환단이라 한다. 이미 하단전에 돌아온 것이 다시 상승하여 두 손으로 귀를 막는 이유는 귀가 신장을 동요시키는 문이라 신장의 기가 밖으로 새어나가 뇌로 들어가지 못함을 방지하기 위함이다. 금액환단을 행하는 시간은 감괘에서 간괘 사이이고 금액연형을 행하는 시간은 간괘에서 리괘 사이이다. 그리고 태괘에서 건괘에 이르러 늑양관을 한다. 이와 같이 주후비금정과 금액환단을 한 뒤에 이어서 금액연형을 하고 다음에 늑양관을 행하는 것이 일반적인 순서인데 비해 금액이 환단하기도 전에 금액연형이 일어나는 것을 분신이라고 설명하고 있다. 분신은 감괘의 때에 앞에서 연형하는 것이다. 이 경우는 주후비금정 시에 앞으로 연형이 일어나서 앞뒤로 동시에 기가 올라가는 상황으로 금액연형이 시 온 몸에 두루 차서 앞뒤로 상승을 하니 곧 금액연형이라 한다. 이는 또한 금이 토에서 생긴다는 말이 된다."209)

위 『영보필법』에서는 금액환단의 내단 이동 경로을 제시하고 있는 것이다. 금액이 신장의 기운과 심장의 기운이 결합하여 오르지 않고 폐에서 훈증되는데 폐는 화개(華蓋)인데 아래로 두 기운를 감싸고 있다. 이 때 폐액을 취하면 폐액 즉 금액은 하단전에서 미려혈로부터 올라가 곧 비금정하여 두정부 니환으로 들어가 뇌 속으로 들어가서 금정(金精)이 니환을 충족하게 한다. 니환이 충족되면 금액은 다시 아래로 내려가 하단전으로 들어가면 이

---

209) 『靈寶畢法』,「金液還丹」:"所謂金液者 腎氣合心氣而不上升 薰蒸於肺 肺爲華蓋 下罩二氣 卽日而取肺液 在下田自尾閭穴升之 乃曰飛金晶入腦中 以補泥丸 補足自上復下降而入下田 乃曰金液還丹 旣還下田 復升遍滿四體前後上升 乃曰金液煉形 是亦金生於土之說也."

를 곧 금액환단이라 하는데, 하단전에 돌아온 금액이 다시 올라가 니환으로 들어가는데 이때 두 손으로 귀를 막는다. 그 이유는 귀는 신장의 문이라 연결되어 있어 신장의 기가 밖으로 나가 금액이 뇌에서 충만하지 못할까 염려해서이다. 금액환단을 행하는 시간이 정해져 있는데 감괘(坎☵) 0시에서 간괘(艮☶) 오전 2시와 4시 사이 이고 금액연형을 행하는 시간은 간괘(艮☶) 오전 2시와 4시 사이에서 리괘(離☲) 오전 12시 사이이다. 그리고 태괘(兌☱) 오후 18시에서 건괘(乾☰) 오후 20시와 22시에 이르러 늑양관을 수련한다. 주후비금정과 금액환단을 수행한 후에 금액연형을 하고 늑양관을 수련하는 것이 보통 순서이다. 그러나 금액이 환단하기도 전에 금액연형이 되는 것을 분신이라고 논하고 있다. 분신은 감괘(坎☵)의 때에 앞에서 연형이 일어나는 것으로 이 경우는 주후비금정 시에 연형이 일어나서 앞뒤로 동시에 기운이 상승하는 상태로 이를 곧 금액연형이라 한다. 또한 환단과 연형이 동시에 이루어지는 경우를 금액환단연형(金液還丹煉形)이라 하는데 이에 대하여 금액환단과 금액연형의 또 다른 설명은 아래와 같다.

"감괘에서 시작하되 뒤에서 일어나 한 번에 상승하여 정수리로 들어가면, 두 손으로 양쪽 귀를 엄밀히 막고 내관을 하며 법식대로 은미하게 진액(침)을 삼킨다. 곧 혀를 아관에 대어 고정시키며 아래로 옥지를 닫고 윗잇몸의 진액이 내리기를 기다렸다가, 내리면 삼키고 삼키면 다시 시작한다. 간괘에 이르러 기한을 삼는다. 봄, 겨울에는 두 번 일으켜서 한 번 삼키고 가을, 여름은 다섯 번 일으켜서 한 번 삼킨다. 무릇 삼키는 수는 가을, 여름에는 50번을 넘지 않도록 하고, 봄, 겨울에는 100번을 넘지 않도록 한다. 뒤로부터 시작된 연법을 마치면 몸 앞으로 일으켜 상승시키되, 머리, 얼굴, 사지, 손가락에 가득 차서 기가 왕성해지면 그친다. 다시 일으켜 다시 상승하는데 리괘를 기한으로 삼는다. 뒤에서 일어나는 진액을 삼키는 것을 금액환단이라 한다. 환단 한 뒤에 다시 앞으로 일으키는 것을 금액연형이라 한다. 간괘의 뒤에서부터 연형하여 리괘에 이르면 바로 그친다. 태괘에서 늑양관 하여 건괘에 이르면 바로 그친다. 뒤로 일으켜 정수리에 도달하면 위에서부터 내려오는데 이를 금액환단이라 한다. 금단의 기가 앞에서 일어나 아래에서 올라가면 금액연형이라 한다. 몸에는 기수와 금화가 나타난다. 만약 금액환단이 하원에 도달하기 전에 앞뒤에서 함께 일어나면 곧 화기분신이라 하니 이것이 금액환단연형이다. 이미 앞뒤에서 함께 일어나면 아울러 분신을 마친 것이다."210)

금액환단을 행하는 시간은 앞에서 설명한 바와 같이 감괘(坎☵)인 오전 0시에서 간괘(艮☶)인 오전 2시와 4시 사이이고 금액연형을 행하는 시간은 간괘인 오전 2시와 4시 사이에서 리괘(離☲)인 오전 12 사이이다. 그리고 태괘(兌☱)인 오후 18시에서 건괘(乾☰)인 오후 20시와 22시 사이에 이르러 늑양관을 수련 한다. 이처럼 주후비금정(肘後飛金晶)과 금액환단(金液還丹)을 수련한 후에 금액연형(金液煉形)을 수련 하고 이후 늑양관을 수련하는 것이 순서이다. 그러나 금액이 환단(還丹)하지도 못하였는데 그

---

210) 『靈寶畢法』,「金液還丹」:"自坎卦爲始　後起一升入頂　以雙手微閉雙耳內觀如法微咽於津　乃以舌抵定牙關　下閉玉池　以待上齶之津　下而方咽　咽畢復起　至艮卦爲期　春冬兩起一咽　秋夏五　起一咽　凡一咽數　秋夏不過五十數　春冬不過百數　自後咽罷升身前起　以滿頭面四肢手指　氣盛方止　再起再升　至離卦爲期　凡此後起咽津　乃曰金液還丹　還丹之後而復前起　乃曰金液煉形　自艮卦之後煉形　至離卦方止　兌卦勒陽關　至乾卦方止　以後起到頂　自上而下　號曰金液還丹　金丹之氣　前起自下而上　曰金液煉形　琪樹金花　若以金液還丹未到下元　而前後俱起　乃曰火起焚身　此是金液還丹煉形　既前後俱起兼了焚身."

전에 금액연형이 생기는 것을 분신(焚身)이라는 개념으로 설명하고 있는 것이다. 위 예문을 좀 더 구체적으로 살펴보면 금액환단의 시간은 감괘 시간대인 자시(子時)에 기운이 정수리 니환으로 상승하면 은밀하게 진액 즉 침을 삼킨다고 설명하고 있다. 그리고 혀를 고정시켜 옥지를 닫고 이빨을 윗잇몸에 붙여 진액이 내리면 삼키고 이를 반복하여 행하다가 금액연형의 시간은 간괘인 오전 2시에서 4시 사이에 그친다고 설명하고 있다. 상청파에서 존사 수행자가 체내신을 형상화하기 위해 빛을 존사하는 데 빛이 두정부 정수리 니환으로 들어오면 인액을 삼키는데 종려파의 기운 이동 경로와 인액을 삼키는 행위가 정확히 일치하고 있음을 알 수 있다. 이러한 내단기법 수행은 봄과 겨울에 2번 행하고 1번 인액을 삼키며 가을과 여름에는 5번 행하고 1번 삼킨다. 인액을 삼키는 햇수는 가을과 여름에는 50번이 넘지 않게 하고 봄과 겨울에는 100번이 넘지 않게 하는데 그 이유에 대하여서는 설명이 별도로 기록되어 있지 않지만 당시 종려파 수행자들의 경험의 의해 이 정도 햇수로 금액환단의 준비가 충분하기 때문인 것으로 볼 수 있다. 이러한 준비가 되면 옥액을 미려, 협척, 옥침의 독맥 경로를 통해 주후비금정을 마치면 역으로 임맥 쪽인 몸 앞으로 기운을 일으켜 올리는데 머리와 얼굴, 사지 및 손가락으로 기운이 가득 차서 기운이 왕성해지면 마친다. 이를 반복하여 수련하고 리괘(離☰)인 오전 12시 사이 마친다. 독맥에서 일어난 진액을 삼키는 것을 금액환단이라 하고 금액환단 한 후 뒤에 다시 임맥쪽인 몸 앞서 일어난 진액을 삼키 것을 금액연형이라 한다. 즉 간괘(艮☶)인 오전 2시와 4시 독맥 쪽에서부터 연형하여 리괘(離

☰)인 오전 12시 사이에 이르면 곧 바로 마치고 태괘(兌☰)인 오후 18시에서 늑양관(勒陽關)하여 건괘(乾☰)인 오후 20시와 22시에 이르면 바로 그친다. 즉 신장의 옥액이 니환으로 나오는데 이를 금액이라 하고 이 금액을 독맥으로 일으켜 정수리에 도달하여 니환을 충족시키면 위에서 임맥으로 내려오는데 이를 금액환단이라 한다고 앞서 설명한바와 같다. 금단의 기운이 몸 앞쪽에서 일어나 아래에서 위로 상승하여 올라가면 이를 금액연형이라고 설명하고 있는 것이다. 몸에는 기수(琪樹) 즉 옥(玉) 같은 나무와 금화(金花)가 나타난다고 표현하고 있다. 혹 금액환단(金液還丹)이 하원(下元) 즉 하단전에 도달하기 전에 임독맥 앞뒤에서 동시에 기운이 일어나는 경우에 이를 화기분신(火起焚身)이라 하는데 이것이 금액환단연형이라고 설명하고 있다. 이렇게 이미 임독맥 앞뒤에서 동시에 기운이 일어나면 아울러 분신(焚身)을 모두 마쳐 단(丹)을 완성하는 것으로 볼 수 있다. 분신(焚身)은 즉 내단으로 양기가 충만하면 몸의 사기(死炁)를 모두 불태운다는 의미로 재해석할 수 있다. 상청파의 『대동진경』 경문에서는 진액이 체내신으로 변용되는데 이 체내신이 죽음의 기운인 사기(死炁)로부터 보호 한다고 설명하고 있다는 점과 유사하다.

3) 소결

수진도에는 오장육부의 신들과 두정부의 니환 구궁의 체내신들이 표현되어 있다. 상청파의 주요경전인 『황정경』과 『등진은결』 및 『대동진경』에 이들 체내신은 몸 안에 거주하며 나타난다. 이에 상청파의 주요경전인 『대동진경』, 『황정경』과 『등진은결』을 살펴보고 수진도에서 표현하고 있는 이 같은 인체내부의 기운에 대한 흐름은 당말 오대초에 형성된 종려파 내단학을 정리한 『종려전도집』과 『영보필법』에 나타나는데 이에 대한 내단기법을 살펴보았다. 『종려전도집』에서는 "만약 용호가 불속에서 수레를 끌고 올라가 삼관에 부딪치는 경우 삼관마다 각각 있는 병졸은 그 수를 헤아릴 수 없고 병기와 장비는 사람에게 두려움을 준다"고 하여 삼관과 상,중,하단전의 삼전에 대하여 설명하고 있으며, 『영보필법』에서는 삼관을 설명하고 있는데[211], 비금정(飛金晶)을 시작하면 이 삼관을 통과 하는 것이고 금액환단을 하기 위해서는 반드시 주후비금정(肘後飛金晶)하여 한 번에 미려, 협척, 옥침을 뚫고 올라간다고 설명하고 있다.

이와 같이 종려파의 내단기법의 기운 이동경로는 상청파의 미려, 협척, 옥침에 대한 체내신의 이동경로와 일치하며 이는 상청파의 존사기법 수행이 종려파의 임독맥의 기운의 이동경로를 수행하는 내단기법으로 수용되고 있음을 살펴보았다. 수진도에는 상청파의 존사기법과 종려파의 내단기법이 설명되어 있으며, 상청파의 존사기법에서 체내신을 존사 하는 이동 경로가 종려 내단학에서 기 흐름 이동 경로에 변용되고 반영되고 있다. 이는 상청파와 종려파의 수련을 연구함에 있어서 근본적이고 실제적인 수련의 방법론으로 올림공부와 내림공부 방향을 동시에 제시하고 있다. 또한 『종려전도집』과 『영보필법』을 살펴보았듯이 옥액(玉

---

211) 三關은 척추 아래 미려혈(尾閭血)을 하관(下關), 협척(夾脊)을 중관(中關), 뇌(腦) 아래를 상관(上關)이라 한다.

液)과 금액(金液), 옥액환단, 금액환단이라고 하는데 신장과 심장의 기운의 진액을 말한다. 이 신장의 기운이 상승하여 심장에 도달하는데 기운이 교합하여 목구멍 중루를 지나침이 혀와 이빨사이에 있는 옥지(玉池)에 가득 차므로 옥액이라 말하고 있다. 이 침을 삼키면 심장 안쪽 강궁 부위의 중단전으로 들어가 다시 하단전으로 들어가며 이를 환단이라고 하고 그 기가 상승하여 중단전으로부터 사지로 들어가는 데 이를 연형이라고 하며 단을 이룬다. 이는 상청파의 존사기법에서 체내신의 이동경로와 일치 한다. 상청파의 수행자들이 존사기법을 수련 할 때 인액(咽液) 또는 인진(咽津)이라하여 진액은 체내신으로 이미지 형상화하여 중단전 부위의 심장이나 강궁과 하단전 부위의 신장 명문으로 들어가 인체 사지로 퍼져 나가 안착하여 거주하며 신체의 각 부위를 보호하는 수호신이 된다. 이와 같이 종려파의 내단기법은 상청파의 존사기법의 이동경로와 같다. 다만 종려파는 상청파 체내신의 이미지 형상을 연형(煉形)으로 치환되고 진액인 침은 옥액, 금액으로 치환하여 종려파가 상청파의 그 기운의 이동 경로를 변용하여 수용하고 있을 뿐이다. 상청파의 존사 경로와 종려파의 내단 경로가 동일선상에 있음을 보여주고 있는 것이다. 이는 수진도에 표기된 삼관의 위치가 상청파 존사기법 경로와 종려파 내단 호흡 경로와 동일한 위치이기 때문이다. 이 부분에 대해서는 다음 장에서 살펴 볼 수진도에 대한 구성 체계 분석 부분에서 자세하게 후술 하고자 한다.

Ⅲ. 수진도의 구성 체계 고찰

1. 수진도의 구성 체계

앞서 수진도를 분석하고 이해하기 위하여 상청파의 주요 경전인 『대동진경』, 『황정경』, 『등진은결』의 존사기법 내용과 종려파 내단기법의 『종려전도집』, 『영보필법』에 대하여 그 이론적 배경으로 살펴보았다. 수진도에는 상청파 수행자들이 행한 존사기법의 체내신 이동 경로와 종려파 수행자들이 행한 내단기법의 기운 이동 경로가 상호 관련성을 갖고 수진도에 종합적으로 나타나는데 이 장에서는 이를 구체적으로 분석하며 고찰하고자 한다.

수진도는 내단 수련을 위한 도상(圖像)으로 서양의학의 해부학적인 측면보다는 인체의 오장 기운을 수련하기 위한 심리적, 정신적 측면을 목적으로 오장 기운의 이동 경로에 대하여 기술한 그림이다. 이 수진도의 그림은 총 33개 부분으로 구성체계가 이루어져 있다. 그림의 중앙 상부에 두정부의 뇌(腦)와 관련된 니환궁(泥丸宮)을 그림으로 표현하고 그림 좌우에 이를 설명하는 문구가 적혀 있다. 그림의 가운데 부분은 인체의 오장인 간, 심, 비, 폐, 신을 그려 놓고 각각에 해당하는 청용, 백호, 주작, 현무의 사신도 그림을 표현하였으며 인체 내의 체내신을 설명하는 글귀를 표기하였다. 그림 하단부에는 두 다리를 포개어 결가부좌한 자세로 용천혈(湧泉穴)과 삼리혈(三里穴)을 표현하고 있다. 그 밖에 두정부 중앙 그림을 중심으로 좌우에 삼관(三關)[212], 삼전(三田)[213]에 대하여 설명하고 혀와 심장아래 강궁(絳宮)과 신장 부분을 내신(內腎), 양신(兩腎), 금정(金精)으로 표현하고 배꼽(臍), 삼혼(三魂)과 칠백(七魄) 및 오방(五方)의 남방(南方) 리괘(離卦 ☰) 북방(北方), 감괘(坎卦 ☰) 동방(東方), 진괘(震卦 ☰) 서방(西方), 태괘(兌卦 ☰) 중황정(中黃庭)을 설명하고 있다. 척추(脊椎)부분은 24절기(二四節氣)로 표현하고 있으며 인체의 앞면과 측면을 8괘(八卦)와 30일(三十日) 삭망(朔望)의 달 모양으로 표현하고 임독맥과 기경팔맥을 문구로 새겨 제시하고 있다.

이에 본 논문에서는 수진도의 여러 판본 중 앞의 제1장에서 설명한 그림표에 표시된 광동 삼원궁 판본〈그림 1〉과 북경의 백운관(白雲觀)에 소장된 용호당(龍虎堂)의 수진도 판본〈그림 2〉을 원본으로 참고하여 해석하고 그 구성 체계를 분석하였다. 아래에서 설명하게 될 〈그림 4〉 수진도는 북경의 백운관 판본으로 카트린 데스풰가 2018년도에 『도교와 자기 지식, 완전 수행 차트(수진도) Taoism and self knowledge, the chart for the cultivation of perfection (Xiuzhen tu)』 영문판으로 번역 출판하였는데 본 논문에서는 이 수진도 판본의 도상에 대하여 본 연구자는 1에서부터 33까지 번호를 부기하여 각 부분별로 구성 체계를 분석하였고 원문을 해석하고, 해석상의 편리를 위하여 알기 쉽게 그림 바탕에 번호를 표기하였으며 주석은 『修眞圖』[214]로

---

212) 三關: 미려관(尾閭關), 협척관(夾脊關) 옥침관(玉枕關)을 말한다.
213) 三田: 상단전(上丹田), 중단전(中丹田), 하단전(下丹田)을 말한다.
214) 『修眞圖』: 수진도의 도상을 1-33번 순으로 분석하여 『修眞圖』라 명기하고 번호를 붙여 주석으로 표기 하였다. ; 『修眞圖』구진1, 『修眞圖』니환궁2, 『修眞圖』간3・심4・비5・폐6・신7・담8, 『修眞圖』구궁9, 『修眞圖』삼관과삼전10, 『修眞圖』미려11, 협척12, 옥침13, 『修眞圖』혀14, 『修眞圖』강궁15, 삼혼16, 칠백17, 오방18-22, 『修眞圖』양신23, 금정24, 신문25과 명문26, 배꼽과 탁약27, 『修眞圖』용천혈과 삼리혈28,

명기하여 번호 순서대로 원문을 주석으로 표기하였다.

또한 수진도의 분석을 위한 도상의 해석 순서는 수진도에 나타나는 상청파의 존사기법 부분을 먼저 분석한 후에 종려파의 내단기법을 다루었고 이후 상청파의 체내신 존사 경로와 종려파의 내단 경로를 중심으로 수진도의 도상 속에서 상청파의 존사기법과 종려파의 내단기법 호흡이 어떻게 설명되고 있는지 각 부분 별로 분석하였다.

한편, 수진도에는 내경도(內景圖)의 그림이 포함되어 있는데 청말 19세기 수진도와 같은 시기에 나타나는 내경도는 신체를 자연의 세계로 표현한 한 폭의 그림으로 그 속에는 신체의 자연적 유형과 에너지의 조합뿐만 아니라 초자연적 풍경과 신적 존재를 포함하는 인간 내부의 정신적 영역을 그림으로 표현하고 있는 수진도와 같은 신체도면이다. 내경도에서는 사람의 몸은 산과 강이 있는 자연의 세계이고 신(神)의 우주적 영역이며 신들의 낙원이자 거주지로 인체를 한편의 선경(仙境)으로 도식화 하여 그려냈다. 이러한 이해는 4세기 무렵 『황정경』에 처음 나타나는데 수진도와 함께 내경도는 『황정경』과 임독맥을 묘사하고 종려파의 시문(詩文)을 이미지화 하여 한 폭의 그림으로 시각적으로 묘사한 것으로 수진도와 같이 존사의 수행법과 내단의 호흡법이 포함되어 있다. 이 그림은 인간의 신체와 정신을 설명하기 위해 소우주와 대우주 사이의 인간 내부 신체를 하늘과 땅, 해와 달, 별, 산과 계곡, 강과 바다, 바람, 구름, 비, 이슬, 풍차가 돌아가는 소우

기경팔맥29과 아홉지옥30, 『修眞圖』절기31, 『修眞圖』8괘32와 삭망·만월33로 표기하여 수진도가 33개 부분의 도식으로 구성체계를 갖추고 있음을 분석하고 제시하였다.

주로 표현하고 있다. 이를 카트린 데스푀는 상상력을 동원한 시각화라고 표현한다.215) 본 연구자는 이 내경도에 대하여 상단전·중단전·하단전으로 구분하여 분석하고 해석하였으며 부록에 수록하였다.

---

215) Catherine Despeux, idem, 2018. p.2.

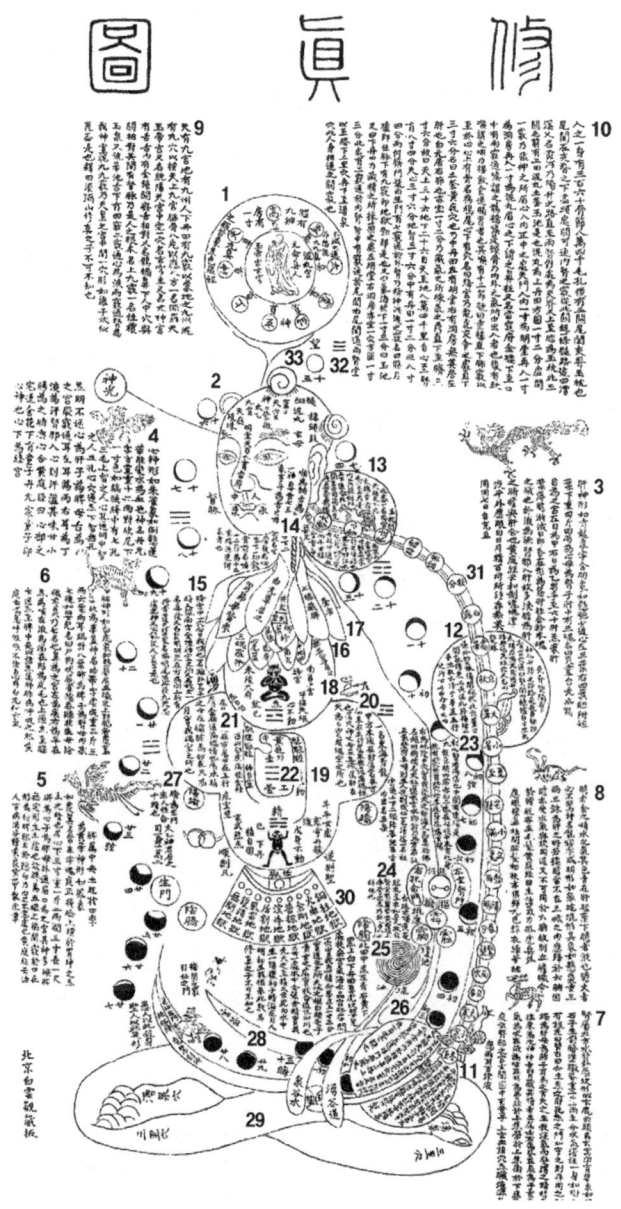

〈그림 4〉 수진도 백운관 판본 해석 순서 번호

2. 상청파의 체내신 존사(存思) 경로

수진도 도상에 대한 해석과 분석 순서는 위 수진도에 표기한 1번부터 33번까지 번호 순서이다. 상단 중앙에서 시작하여 우측 부분에서 좌측 부분과 하단, 상단 번호 순서에 따라 설명하며 그 구성 체계를 분석하고 고찰하였다. 이를 통해 구체적으로 상청파 존사기법 계통과 종려파의 내단기법이 어떤 연관을 갖고 있으며 수진도와 연결되고 있는지 분석하며 재해석하였다. 이 장에서는 수진도에서 상청파 체내신의 존사 이동 경로를 어떻게 표현하고 있는지 살펴보았다. 먼저 구진과 니환궁을 살펴보면 다음과 같다.

1) 구진(九眞)과 니환궁(泥丸宮)

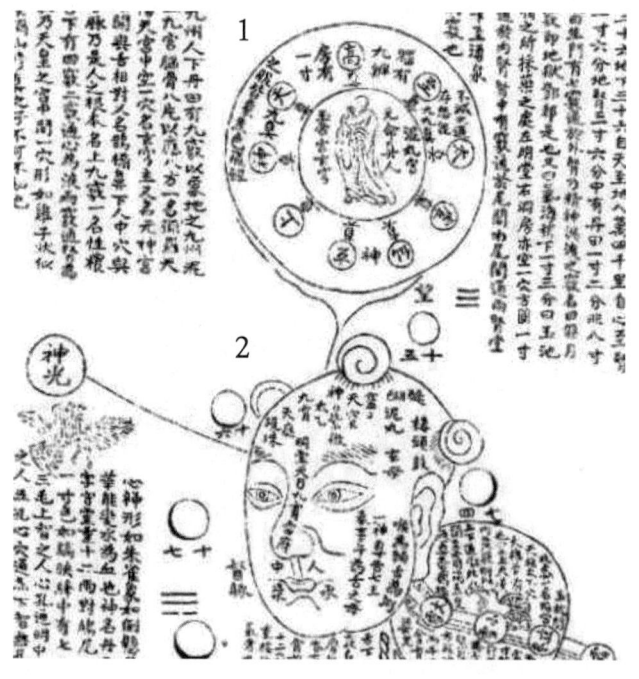

"불멸의 도인 구진을 존상한다. 구진은 고진, 지진, 태진, 허진, 선진, 현진, 상진, 신진, 천진이다. 뇌(腦)는 구변(九辨)이 있고 방(房)이 일촌의 의복을 입고 모두 가볍게 날아오르는 기색의 상이 있다. 니환궁에 원명진인, 옥제궁이 현궁이다."216) "제호(醍醐), 누두고(樓頭鼓), 니환(泥丸), 현모(玄母), 영(靈), 천보(天寶), 신(神), 자미(紫微), 태을(太乙), 구소(九霄), 천정(天庭), 현주(現珠), 신광(神光), 명당(明堂), 천목(天目), 구소뇌부(九霄雷府)는 두정 부분이며, 목구멍은 보성되고 혀는 필성이 된다. 하나의 신은 오로지 칠왕(七王)에게 고하니 북두칠성을 받드는 일은 혀의 어머니가 된다. 독맥(督脈) 인중(人中), 승장(承漿)"217)

이는 수진도에 표기된 문구이다. 수진도의 중앙 상단 머리 부분의 도상은 구진과 니환궁을 기록하고 있다. 니환궁에 거주하는 9신선을 구진(九眞)이라 하여 설명하고 있다. 등진(登眞)의 진(眞)은 선(仙)과 같은 의미임을 본 논문『등진은결』의 존사 부분에서 설명한 바와 같이 수진도에서 제시하는 구진은 아홉 신선을 의미한다. 이 아홉 신선은 니환 즉 두정부 뇌에 거주하는데 이 아홉 신이 거주하므로 니환궁이라고 부르고 있다.『황정경』에서는 뇌신(腦神)의 이름이 정근(精根)이고 자가 니환(泥丸)이다. 라고 설명하고 있다.

"지극한 도(道)는 번거롭지 않으니, 그 요체는 진인(眞人)을 존사 하는데 있다. 니환과 몸의 마디 어느 곳에나 신(神)이 있다. 머리카락

---

216) 『修眞圖』九眞1: "不滅之道, 存想泥九眞, 高眞, 至眞, 太眞, 虛眞, 仙眞, 玄眞, 上眞, 神眞, 天眞, 腦有九辨, 房有一寸之服, 皆象炁色飛輕, 泥丸宮, 元命眞人, 玉帝宮玄穹,"

217) 『修眞圖』泥丸宮2: "醍醐, 樓頭鼓, 泥丸, 玄母, 靈, 天寶, 神, 紫微, 太乙, 九霄, 天庭, 現珠, 神光, 明堂, 天目, 九霄雷府, 喉爲輔舌爲弼, 一神專告七王, 奉事斗爲舌之母, 人中, 承漿, 督脈."

의 신은 창화요 자는 태원이고, 뇌신은 정근이요 자는 니환이며, 눈의 신은 명상이며 자는 영현이고, 비신(鼻神)은 옥롱(玉礱)으로 자는 영견이며, 귀의 신은 공한이요 자는 유전이며, 혀의 신은 통명이며 자는 정륜이요, 이빨의 신은 악봉이고 자는 나천이다. 얼굴의 신은 모두 니환을 종조(宗祖)로 삼고 있으니 니환을 비롯한 구진(九眞)에게는 방(房)이 있다. 이 방은 사방 한 치로서 구진은 모두 이곳에 거처하며, 모두 자줏빛 상의와 바람에 날릴 듯한 가벼운 치마를 입고 있다. 한 신(神)만 존사(存思)해도 수명(壽命)이 무궁하고 뇌 가운데 거주하며 각각 별개가 아니며 차례로 줄을 지어 앉아 밖을 향하고 있으며, 마음으로 존사하면 자연히 신과 같아진다."218)

이는 두정부의 존사를 설명하고 있는 것이다. 뇌(腦)의 신(神)이름이 정근(精根)이며 자(字)가 니환(泥丸)이라고 설명하고 있으며 머리카락, 눈, 코, 귀, 혀, 이빨 부위의 얼굴신들은 모두 니환이 근본임을 설명하고 있다. 이처럼 존사기법의 수행은 단순한 존사가 아니라 지극한 도의 수행을 의미하고 있다. 니환은 뇌부 전체를 의미하는데, 수진도에는 구궁을 표현하고 있으나 구궁에 대한 명칭을 명시하지는 않았다. 구궁에 대하여 "뇌부구궁 중 명당궁은 심장, 동방궁은 황정, 그리고 니환궁은 단전에 각각 대응하며 명당은 심장을 의미하고, 니환궁의 이칭인 단전은 체간(體幹)에 있는 단전의 명칭이기도 하기 때문이다. 동방궁에 거주하는 신명에 착안하면, 동방궁이 황정에 대응한다는 점도 알 수 있다."219)

---

218) 梁邱子 註, 『太上黃庭內景玉經』, DZCT331.: "至道不煩訣存眞, 泥丸百節皆有神. 髮神蒼華字太元, 腦神精根字泥丸, 眼神明上字英玄, 鼻神玉礱字靈堅, 耳神空閑字幽田, 舌神通命字正倫, 齒神愕鋒 字羅千. 一面之神宗泥丸, 泥丸九眞皆有房, 方圓一寸處此中, 同服紫衣飛羅裳. 但思一 部壽無窮. 非各別住居腦中, 列位次坐向外方. 所存在心自相當."

219) 정우진, 앞의 논문, 228쪽.

또한 도홍경은 『등진은결』에서 현주상경소군전(玄洲上卿蘇君傳)을 근거로 니환의 구궁에 대하여 자세히 설명하고 있다. "천전궁, 극진궁, 현단궁, 태황군, 수촌 명단궁, 동방궁, 니환궁, 류주궁, 옥제궁"220)으로 니환 두정부의 구궁(九宮) 명칭을 구체적으로 설명하고 있다.

양구자(梁丘子)가 『황정경』을 주석하며 편찬한 『황정내경옥경주』를 살펴보면 수진도에서 제시하고 있는 구진에 대하여 자세히 설명하고 있다.

"얼굴 신의 우두머리는 니환(泥丸)이다. 뇌의 신(神)은 단전(丹田)이고 백신(百神)의 주인이다. 니환의 9진(九眞)은 다 방(房)이 있다. 상진(上眞)은 위를 향하고, 고진(高眞)은 남을 향하고, 태진(太眞)은 동으로 향하고, 신진(神眞)은 서로 향하고, 현진(玄眞)은 북으로 향하며, 선진(仙眞)은 동북으로 향하고, 천진(天眞)은 동남으로 향하고, 허진(虛眞)은 서남을 향하고, 지진(至眞)은 서북으로 향한다. 무릇 진(眞)은 보이지 않아서 밝고, 들리지 않아서 귀 밝으며, 말하지 않아서 바르고, 행하지 않아서 따르게 된다. 마음이 존재하는 바에 스스로 응한다. 심(心)은 현진(玄眞)에 존재하고, 내외(內外)가 서로 응한다."221)

---

220) 『登眞隱訣』, DZCT421, 「玄洲上卿蘇君傳」: "天庭宮, 極眞宮, 玄丹宮, 太皇宮, 守寸 明堂宮, 洞房宮, 泥丸宮(丹田), 流珠宮, 玉帝宮."

221) 梁丘子 撰, 『黃庭內景玉經註』, DZCT401, : "一面之神宗泥丸 腦神丹田, 百神之主. 泥丸九眞皆有房 大洞經云, 三元隱化則成三宮, 三三如九, 故曰三丹田, 又有三洞房, 合上三元, 爲九宮. 中有九眞神, 三九二十七神氣和. 人當存之, 亦謂九皇九魂, 變九氣以爲九神, 各居一洞房也. 方圓一寸處此中房有一寸, 腦有九瓣. 同服紫衣飛羅裳 九眞之服, 皆象氣色, 飛猶輕故也. 但思一部壽無窮 存思九眞, 不死之道. 非各別住居腦中 丹田之中, 衆神所居. 列位次坐向外方 神統丹田而外其面, 以捍不祥, 八素經云, 眞有九品, 向外列位則當, 上眞上向, 高眞南向, 太眞東向, 神眞西向, 玄眞北向, 仙眞東北向, 天眞東南向, 虛眞西南向, 至眞西北向. 夫眞者, 不視而明, 不聽而聰, 不言而正, 不行而從也. 所存在心自相當 心存玄眞, 內外相應."

수진도의 머리 부분에 표현된 구진에 대하여 위와 같이 『황정내경옥경주』에 설명된 부분을 그림으로 표현한 것이다. 구진의 위치는 두정부에서 각각 8방을 향하여 정해져 있으며 원문을 살펴보았듯이 불멸의 도를 존상한다고 표현하며 먼저 두정부의 9개 방의 니환궁을 존사한다고 제시하고 있다. 9진의 신(神)들은 모두 가벼운 옷을 입고 날아오르는 기상을 하고 있으며 목구멍이 보성이며 혀가 필성이라고 설명하며 북두칠성을 받드는 일을 한다고 표현하고 있다. 이는 전형적인 상청파의 북두칠성 존사기법이 수진도에 반영되어 그림으로 표현하고 설명하고 있음을 알 수 있다. 또한 수진도에는 임독맥의 혈자리인 인중혈과 승장혈을 표기하고 있어 상청파의 존사기법과 종려파의 내단기법의 연결 고리가 있음을 알 수 있다.

니환의 체내신에 관하여 『대동진경』 제8장을 살펴보면 상원대소삼원군도경제8(上元大素三元君道經第八), 니환상일적자장(泥丸上一赤子章)의 체내신 이름은 니환천제군상일적자(泥丸天帝君上一赤子)이며 자는 삼원선(三元先)이다. 이 체내신이 니환을 지키는 수호신이다. 이 체내신의 존사 이동 경로는 니환에서 아래 강궁으로 들어가고 양 방광과 미려혈을 뚫고 위로는 협척과 골수에 들어가 제일 추골을 뚫고 다시 니환궁으로 들어가며 순서에 따라 토식(吐息)을 행한다. 존사 경로를 구체적으로 살펴보면 다음과 같다.

"삼가 니환천제군 상일적자가 하늘에 응함을 청합니다. 자는 삼원선이요, 항상 니환 아홉 창문의 사기의 문을 지키니, 니환의 단단한 옥으로 하여금 황금빛이 빛나도록 비춥니다. 신체는 보광으로 생하고 구공은 영을 받으니 7대 조부모가 오래도록 안녕함을 얻고 오래 묵은 죄를 해탈하니 다 같이 상청에 오릅니다. 진실로 니환천제군 상일적자가 신비로운 하늘에 응하는 진기를 존사하니, 보광지색이 머리위에 그물처럼 덮어 조용히 주문을 말합니다. 상일적자의 호는 상진이요, 구름 날개옷을 입고 자색 빛의 연기로 날아가니, 위로는 제왕의 손님에 대한 풍경의 문으로 초대하고 보광이 나의 몸에 비추어 변하며 신체에 날개가 생겨 구천에 오릅니다. 다음으로 보광이 니환 가운데로 들어감을 존사하니 이내 입으로 신운을 흡입하고 침을 3번 삼키며 삼신을 응결하여 만듭니다. 형상은 자색 빛 의관에 삼청과 같고 아래 강궁에 들어가며 양 방광과 미려혈을 뚫고 위로는 협척과 골수에 들어가 제일 추골을 뚫으며 니환궁으로 들어가고 순서에 따라 토식을 하며 옥경을 송경합니다."222)

위 인용문에서 보듯이 존사기법은 먼저 존사의 대상인 니환천제군상일적자 체내신의 명호를 부르며 초대한다. 니환 구궁의 9개 출입구 창문을 지키는 모습과 니환이 옥으로 황금빛이 빛나도록 존사하고 신체의 온몸이 보광으로 빛나고 구공을 열어 7대 조상이 안녕하고 묵은 죄를 해탈하여 상청에 오르기를 존사한다. 보광이 머리위를 덥고 있음을 존사하며 신운을 흡하고 진액을 3번 삼키며 체내신을 응결하여 만든 다음, 자색 빛 의관을 쓴 체내신의 존사 이동 경로는 니환 → 강궁 → 양 방광 → 미려혈 →

---

222) 『大洞眞經』, DZCT6, 上元大素三元君道經第八, 上淸大洞眞經卷之二, 茅山上淸三十八代宗師蔣宗瑛校勘, 泥丸上一赤子章:"謹請泥丸天帝君上一赤子玄凝天, 字三元先, 常守兆泥丸九孔之戶死炁之門, 使兆泥丸玉堅, 金曜映眞, 體生寶光, 九孔受靈, 令七祖父母長得安寧, 解脫宿罪, 共登上淸.眞思泥丸天帝君上一赤子玄凝天眞炁, 寶光之色, 罩於頂上, 默呪曰:上一赤子號上眞, 飛雲羽衣曜紫烟, 上招門景對帝賓, 寶光奕奕映我身, 身生羽翼升九天. 次思寶光從兆泥丸中入, 兆乃口吸神雲, 咽津三過, 結作三神, 狀如三淸, 紫衣冠, 下入絳宮, 穿兩膀胱尾閭穴, 上入脊髓, 穿第一椎骨, 入泥丸內宮, 順時吐息, 誦玉經."

협척 → 추골 → 니환궁 순서이다. 이 경로를 자세히 살펴보면 독맥의 니환에서 출발하여 강궁, 방광으로 이어지는 임맥을 통해 미려, 협척, 추골, 다시 니환으로 이어지는 독맥의 순서로 이루어지고 있음을 알 수 있다. 독맥에서 임맥으로 이어지며 다시 독맥으로 이어지는 이동 경로임을 볼 수 있다. 또한 체내신의 존사 경로가 양 방광을 유통하므로 12경락 중 족태양방광맥과도 관련이 있다.

수진도에 표기된 인중(人中)은 독맥의 수구(水溝)혈 자리이며, 승장(承漿)은 임맥의 승장혈 자리이다. 구(溝)자는 봇도랑 구자이다. "구는 비맥(脾脈)의 토자리이다. 사방을 관개(灌漑)하는 것이다. 여러 양(陽)에 침투해서 여러 정(精)에 물을 댄다. 장개빈(張介賓)은 비는 토에 속하므로 토는 만물의 근본이다. 그러므로 수곡(水穀)을 운행시키고 진액을 변화시켜 간, 심, 폐, 신 네 장기에 수로(水路)처럼 관개(灌漑) 한다"223)고 설명하고 있다. 수구는 물이 흐르는 도랑처럼 신체 내에 흐르는 수로의 혈자리이다. 수는 신체 내의 진액(津液)224)을 의미하며 인체 내 각 장부 조직에서 분비되는 체액으로 진액이라고 부르는데, 진액은 인체 내 생명의 근본으로 가장 중요한 기본이 되고 진액은 입안의 침이 된다.

앞장 『대동진경』에서 살펴보았듯이 인진(咽津)이라고 하여 존사기법을 수행할 때 목구멍으로 침을 삼키는 행위를 말한다. 상청파 수행자가 존사 수련 시 이 진액을 삼키면 진액은 체내신으로 변용되어 존사 이동 경로 과정을 통과하게 된다. 그리고 채내

---

223) 조남호 · 김교빈 · 황희경 외 2인 역, 앞의 책, 131쪽.
224) 조남호 · 김교빈 · 황희경 외 2인 역, 앞의 책, 146-147쪽.

신은 인체 내 각 부위에 안착하며 수호신으로 거주한다. 종려파에서는 이 진액이 금액이나 옥액으로 변용되어 내단 이동 경로를 통하여 단을 완성한다.

 2) 오장(五臟)의 체내신과 간, 심, 비, 폐, 신

  (1) 간(肝)

 "간신(肝神)의 형태는 청룡(靑龍)과 같고, 자(字) 함명(含明)이며, 현포(懸匏)즉 바가지의 형상과 같이 매달려 있고 심장과 가까우며, 좌

측에 세 개의 잎과 우측에 네 개의 잎이 있으며 그 짧은 잎사귀 아래에 담(膽)이 붙어 있다. 무게는 4근 4냥이며, 심(心)의 어머니라 하고, 신(腎)의 자식이라 하니 간 안에는 삼혼(三魂)이 있으니, 그 이름을 상령(爽靈), 태광(胎光), 유정(幽精)이라 하고 눈을 관장하며, 좌측은 갑(甲)이 되고, 우측은 을(乙)이 된다. 남자가 60세가 되면 간의 기운이 약해지고, 간엽(肝葉)이 엷어지면 담(膽)이 점점 소멸하니, 눈이 곧 흐리게 된다. 형태에 있어서는 근육이 되고, 간맥(肝脈)은 목(木)에 포혼이 감추어져 있다. 액(液)에 있어서는 눈물이 되고, 신(腎)의 삿된 것이 간에 들어가게 되면 눈물이 많아진다. 담은 간의 부(腑)가 되는데, 담과 간을 화합한다. 『황정경』에 이르기를 혼백(魂魄)과 진액(津液)을 제어하면 화평하고 밖으로는 일월의 정기가 안목(眼目)에 응하며, 백병(百病)이 점점 더해지면 무영을 존사하면 알려주게 되는바, 7일이면 기운이 스스로 충만해지니 똑같이 쓸 수 있다."225)

위 그림은 수진도의 간에 대한 도상이다. 수진도는 오장육부를 사신도와 함께 그림으로 표현하고 설명하고 있는데, 그림의 가운데 부분에 인체의 오장인 간, 심, 비, 폐, 신을 그려 놓고 각각에 해당하는 청룡, 백호, 주작, 현무의 사신도 그림을 표현하고 육부는 담만 표기하고 있다. 또한 오장 및 담과 관계가 있는 신들의 이름을 표기하고 있는데 이 신들의 이름을 체내신(體內神)226)이라고 부른다. 이는 내경 의학에서 말하는 오장신227)과 차이가 있다.

---

225) 『修眞圖』肝3:"肝神形如青龍, 象字含明, 象如懸匏, 小(少近心, 左三葉, 右四葉, 膽附短葉下, 重四 斤四兩, 為心母, 為腎子, 肝中有三魂, 名曰爽靈, 台(胎)光、幽精, 目為之宮(官), 左目為甲, 右目為乙。男子至六十, 肝氣衰, 肝葉薄, 膽漸減, 目即昏, 在形 為筋, 肝脈合於木魂之臟也。於液為淚, 腎邪入肝, 故多淚, 膽為肝之腑, 膽與肝合也。黃庭經云和制魂魄津液平, 外應眼目日月精, 百痾所鍾存無英, 用同七日自充盈."

226) 이동철 역, 앞의 책, 147쪽, 151쪽, 158쪽.

227) 조남호·김교빈·황희경 외 2인 역, 앞의 책, 211-216쪽, 290-292

상청파의 체내신은 오장이나 신체의 특정 부위를 관장하며 보호하고 지키는 수호신을 의미하는 개념인 반면 내경 의학에서 말하는 오장신은 오상과 오정, 오장, 오신이 서로 대응관계로 일정한 증상이 정신 및 신체에 나타난다고 하는 개념을 유가적 사고와 연관을 갖고 있다. 『황제내경』 소문편과 『동의보감』 내경편에서는 오장육부와 기항부에 대하여 설명하고 있다. 오장은 간, 심, 비, 폐, 신이며, 육부는 담, 소장, 위장, 대장, 방광, 삼초이다. 간장은 담장, 심장은 소장, 비장은 위장, 폐장은 대장, 신장은 방광과 음양 관계로 오장과 육부로 상응한다. 기항부는 뇌, 수, 골, 혈맥, 담, 여자포이다.228) 수진도에서는 오장과 육부를 상청파 체내신의 존사와 종려파의 내단학 이론과 관련하여 다루고 있고 육부는 담장 만 다루고 있다. 기항부와 관련해서는 뇌와 골수, 혈맥을 언급하고 있으나 혈맥 중에서 임맥과 독맥 및 기경팔맥의 일부분만을 언급하고 있다.

본 장에서는 수진도에서 언급하고 있는 오장육부 및 기항부와 관련하여 존사와 내단 관련 부분만 제한적으로 『황제내경』과 『동의보감』을 인용하고 신체의 의학적 측면은 인용하지 않았다. 수진도의 도상에 표기된 오장육부 중에서 간부터 살펴보면 다음과 같다.

쪽: 내경 의학에서는 오장에 배속시킨 정신(마음, 영혼)을 五藏神 또는 五神이라 부른다. 『難經』「三十四難」에 肝은 魂, 心은 神, 脾는 意·智, 肺는 魄, 腎은 精, 志를 배속하고 여기에 五常 仁·義·禮·智·信과 五情 (喜·怒·思·憂·恐에 悲·驚을 보태어 七情이라고 한다)과 五臟과 五神이 서로 대응관계로 일정한 증상이 정신 및 신체에 나타난다고 한다. 오행 시스템의 유가적 사고이다.

228) 조남호 · 김교빈 · 황희경 외 2인 역, 앞의 책, 218쪽.

수진도는 청룡 그림과 함께 간의 신에 대하여 설명하고 있다. 간신(肝神)의 이름은 용연이고 자는 함명이다. 간에는 삼혼이 있는데 상령, 태광, 유정이며 눈을 관장한다. 또한 간신의 이름과 역할에 대하여 『황정내경경』에는 다음과 같이 제시하며 설명하고 있다.

"간의 신은 용연이요 자는 함명이라 하는데 간은 근육을 주관하고 그 색은 청색이며, 오행으로는 동방청룡이다. 간이 나오는 구멍은 눈이며, 하늘의 줄기가 되어 양으로는 갑이 되고 음으로는 을이 된다. 『황제내경』「소문편 상고천진론 제1편」에서는 '장부가 68세 때면 양기가 위에서 쇠갈해지고 얼굴이 초췌해지며 모발이 반백이 되고, 78세 때면 간기가 쇠해지고 근육이 능히 움직이지 못한다'라 했다. 일명 동해청룡이라 한다. 갑(甲)의 방향이며 목액(木液)이다. 괘로는 진(震)괘에 속하며 방위로는 동쪽에 속한다. 오행으로는 목(木)에 속하며, 도(道)에서는 혼이 되고 성이 된다. 화신(火神)의 어머니이며, 오장으로는 간에 속한다. 하늘에는 해에 속한다. 진실로 내 혼의 집인 곳이다."229)

위 『황정내경경』의 인용문을 보면 상청파의 존사기법으로 체내 신인 간의 신을 존사 한다. 간은 인체 내에서 눈과 근육이 관련되어 있으며 『황제내경』「소문편」을 인용하고 있고 수진도 원문에 간의 무게가 4근 4냥이라고 하여 상청파는 인체에 대한 의학적, 해부학적 지식과 경험을 갖고 있음을 알 수 있다. 또한 삼혼

---

229) 『黃庭內景經』, DZCT401.: "肝神龍煙字含明, 翳鬱導煙主濁清, 肝主筋, 其色青, 五行為東方青龍, 肝出 竅於目, 天幹為陽甲與陰乙."『黃帝內經·素問·上古天真論第一』, "丈夫…六八, 陽氣衰竭於上, 面焦, 髮鬢頒白, 七八, 肝氣衰, 筋不能動, 一名東海青龍, 甲方木液, 在卦屬震, 在方屬東, 在五行屬木, 在道為魂, 性也, 屬火神之母, 在五臟屬肝, 在天為日, 實我魂室之所也."

(三魂)의 이름인 상령(爽靈), 태광(胎光), 유정(幽精)을 설명하고 간의 부(腑)로 담(膽)을 설명하고 있다. 또한 혼백(魂魄)의 진액(津液)을 제어하고 밖으로는 일월의 정기가 눈에 응하며, 많은 병이 점점 심해지면 간의 신인 무영(無英)을 존사하면 7일이면 기운이 충만해 진다고 설명하고 있다. 이는 상청파의 존사기법이 인체의 치료목적에도 사용되고 있음을 보여 주고 있다.

위 수진도에서 제시하고 있는 간(肝)과 관련하여 『대동진경』 제4장 상황선생자진군도경(上皇先生紫晨君道經第四) 좌무영공자장(左無英公子章)에 나타나는 신의 이름은 무영공자 현충숙이며 자는 합부자이다. 좌측 겨드랑이와 간을 지키는 수호신이다. 이 체내신의 이동 경로에 대한 존사기법을 살펴보면 다음과 같다.

"삼가 무영공자 현충숙을 청합니다. 자는 합부자요, 항상 좌측 겨드랑이 아래를 지키고 간의 뒤 창문 죽음의 문을 지키니 좌측 겨드랑이 아래에 항상 옥빛이 있습니다. 밝은 신들이 양 눈동자 가운데로 들어가도록 인도합니다. 진실로 좌측 무영공자 현충숙의 진기를 존사하니 삼기의 혼합이 궁상을 이루고 진기를 방광으로 인도하여 초대하니 삼단(三丹)이 동방에 모여 유통(流通)하며 나는 신선(神仙)에 이르며 단(丹)으로 변용(變容)되고 운관이 날아올라 금용으로 들어갑니다. 다음으로 옥빛이 니환으로부터 가운데로 들어감을 존사하니 이내 입으로 신운을 흡입하고 침을 3번 삼키고 삼신을 응결하여 만드니, 한 신은 수려한 선비상과 같고 푸른 비단옷을 입고 옥의 띠를 차고 두신은 서서 기다리고 우측 젖가슴으로 들어가며, 강궁을 뚫고 좌측 방광으로 들어가 곧 우측 방광으로 들어가며 위로 강궁을 뚫고 좌측 젖가슴 안으로 들어가니 간의 뒷 창문으로 지납니다. 순서에 따라 숨을 토식을 하며, 옥경을 송경합니다."[230]

---

230) 『大洞眞經』, DZCT6, 上皇先生紫晨君道經第四, 上清大洞眞經卷之二, 茅山上清三十八代宗師蔣宗瑛校勘, 左無英公子章: "謹請左無英公子玄充叔, 字

위 내용과 같이 좌측 겨드랑이와 간을 지키는 수호신인 이 체내신의 이름은 무영공자(無英公子)이다. 이 체내신 존사기법은 먼저 좌측 겨드랑이부터 존사하며 옥빛을 존사하고 양 눈동자로 들어가 그 기운을 아래 방광으로 인도함을 존사 한다. 또한 단(丹)이라는 용어를 사용하며 삼단이 동방에 모여 유통(流通)하며 수행자 자신이 신선에 이르며 단으로 변용됨을 설명하고 있다. 즉 존사 수행자가 체내신으로 일체화되어 기운으로 변용되어 유통되고 있음을 설명하고 있다. 이 단(丹)의 기운이 니환에서 우측 젖가슴으로 들어가며 강궁을 뚫고 좌측 방광으로 들어가 곧바로 우측 방광으로 들어가며 위로 다시 강궁을 뚫고 좌측 젖가슴 안으로 들어가 간의 창문을 지나 좌측 겨드랑이에서 안착하여 옥빛을 띤다. 수진도에서는 『황정경』을 인용하며 "간의 체내신 형태는 청룡(靑龍)과 같고, 자(字)는 함명(含明)이라고 설명하고 있다. 바가지의 형상과 같이 매달려 있고 심장과 가까우며 좌측에 세 개의 잎과 우측에 네 개의 잎이 있는데 아래에 담(膽)이 붙어 있다고 설명하며 간은 심(心)의 어머니라 하고, 신(腎)의 자식이라고 설명한다. 간 안에는 삼혼(三魂)이 있으니, 그 이름을 상령(爽靈), 태광(胎光), 유정(幽精)이라 하고 눈을 관장한다. 오행상으로 좌가 갑목이고 우가 을 목이다"[231] 라고 표현하고 있다.

合符子, 常守兆左腋之下, 肝之後戶死炁之門, 使左腋之下常有玉光, 引神明上入兩眼睛之中,真思左無英公子玄充叔真炁, 玉光之色, 單於頂上, 默呪曰 : 無英神真生紫黃, 三炁混合成宮商, 招引真炁鎮膀胱, 通流三丹會洞房, 為我致仙變丹容, 飛昇雲館入金墉, 次思玉光從兆泥丸中入, 兆乃口吸神雲, 咽津三過, 結作三神, 一神狀如秀士, 青錦袍, 玉束帶, 二神侍立, 下入右乳, 穿絳官, 入左膀胱, 却入右膀胱, 上穿絳官, 入左乳內, 過肝之後戶, 順時吐息, 誦玉經."

231) 『修眞圖』肝3: "肝神形如青龍, 象字含明, 象如懸匏, 小(少近心, 左三葉,

이 장에서 중요한 점은 삼단(三丹)이라는 용어를 사용하며 신선(神仙)이 단(丹)으로 변용(變容)되고 있음을 설명하고 있다. 삼단이란 상단전, 중단, 하단전을 말하며 존사 수행자와 체내신이 일체가 되어 체내신이 단으로 변용되어 상, 중, 하 삼단전으로 유통되고 있다고 언급하고 있다. 이는 본 논문의 핵심 쟁점이다. 이는 상청파의 존사기법 이동 경로가 종려파의 내단 호흡 기운의 이동 경로로 변용 유통되고 있다는 단초를 제공하여 주고 있으며 상청파의 체내신 이동 경로가 종려파의 내단기법 과정에서 적극적으로 수용되고 변용되고 있음을 보여주고 있다. 또한 삼기(三炁)가 혼합하여 궁상(宮商)을 이룬다고 표현하고 있는데 궁(宮)은 오음(五音)가운데 첫 번째 음계이며. 상(商)은 두 번째 음계이다. 상청파의 수행자들은 율려라는 음악적, 청각적 관점에서 사존기법을 수행하는 측면도 있음을 알 수 있다. 존사는 먼저 좌측 겨드랑이부터 시작하여 가슴 중앙이며 존사 시 체내신의 이동 경로는 니환 → 우측 젖가슴 → 강궁 → 좌측 방광 → 우측 방광 → 강궁 → 좌측 젖가슴 → 간 → 좌측 겨드랑 경로 순서이다. 이는 임독맥과 족태양방광, 족궐음간경맥과 관련이 있음을 알 수 있다.

또한『대동진경』제16장 태극대도원경군도경제16(太極大道元景君道經第十六), 간중사진장(肝中四眞章)의 체내신 이름은 청명군이다. 간과 상응관계에 있는 위(胃)를 지키는 수호신이다. 간장은 오행상 동쪽 청색을 의미함으로 청색 빛을 존사하며 체내신을 형상화 한다. 이 체내신의 존사 이동 경로에 대하여『대동진경』제

右四葉, 膽附短葉下, 重四 斤四兩, 爲心母, 爲腎子, 肝中有三魂, 名曰爽靈、台(胎)光、幽精, 目爲之宮(官), 左目爲甲, 右目爲乙."

16장 경문의 내용을 살펴보면 다음과 같다.

"삼가 간중사진 청명군을 청합니다. 자는 명륜동자요, 항상 위의 출입구와 기름막 아래 죽음의 문을 지키니 삼소기운으로 하여금 빛나게 하고 오순신의 수호자가 옥액에 들어가고 나오며 위궁의 못에 물을 댑니다. 진실로 간중사진 청명군의 진기를 존사하니 푸른 구름의 색이 머리위에 그물처럼 덮어 조용히 주문을 말합니다. 사진이 항상 생하니 푸른빛이 정을 빛나게 하고 깊은 어둠의 옥경정원에 빼어나고 밝은 기운이 배회하며 고상원과 제휴하며 오령을 우러러 요청하오니 나의 빛나는 영아를 보호함과 더불어 칠엽근을 뽑아 해결합니다. 다음으로 청기가 니환으로부터 가운데로 들어감을 존사하니 이내 입으로 신운을 흡입하고 침을 4번 삼키고 네신을 응결하여 만듭니다. 푸른 의관을 하고 아래로 위 밥통의 출입구 기름진 막 아래로 펼치니 신과 더불어 사명장인이 서서 모시니 좌삼 우이로 차례로 토식하며 옥경을 송경합니다."232)

위 내용과 같이 위(胃)를 지키는 수호신이다. 이 체내신 이동 경로는 니환으로부터 위(胃)에 안착하며 푸른빛을 발한다. 니환 → 위(胃) 경로 순서이다. 독맥과 족양명위경과 관련이 있다.

삼소기운에 대하여는 『황정경』 상유장을 살펴보면 "자줏빛 연기가 삼소 구름으로 오르내린다. 자줏빛 연기는 눈의 정기(精氣)이다. 삼단전에 드러나서 존재한다. 상, 중, 하가 감추어져 있어

---

232) 『大洞眞經』, DZCT6, 太極大道元景君道經第十六, 上淸大洞眞經卷之三, 茅山上淸三十八代宗師蔣宗瑛勘,肝中四真章: "謹請肝中四真靑明君, 字明輪童子, 常守兆胃脘之戶, 膏膜之下死炁之門, 使三素之炁生華, 五淳之神侍衛, 出入玉液, 灌澤胃宮, 真思肝中四真靑明君真炁, 靑雲之色, 罩於頂上, 乃默呪曰：四真常生, 靑光華精, 徘徊秀朗炁, 沉冥玉景庭, 提携高上元, 俯仰要五靈, 拔解七葉根, 與我保華嬰, 次思靑炁從兆泥丸中入, 兆乃口吸神雲, 咽津四過, 結作四神, 靑衣冠, 下布胃脘之戶膏膜之下, 神與司命丈人為侍立, 左三右二, 順時吐息,誦玉經."

백기(白氣)가 몸 전체를 흐르고 통한다. 또 이르기를 태양 빛이 자주, 청색, 녹색이 있다. 삼색은 세 가지 맑은 구름으로 삼소운이 된다. 선경에 이르기를 운림부인이 주문하며 가라사대 일, 월, 동 삼운이 양 눈의 진실한 군정이 이라고 하였다. 오방의 영화에 물 데고 영근(靈根)을 심는다. 소운(素雲)의 기는 입에 존재해서 옥액(玉液)이 되고 목구멍에 존재해서 관개수로(灌漑水路)가 된다. 오화(五華)는 오장(五藏)의 영화(英華)이다. 영근(靈根)은 명하여 근을 심고 그것을 낳는다. 칠 액이 흘러 양미간을 내닫는다."[233] 라고 자세히 기록하고 있다. 상청파의 수련자들은 존사기법의 내림공부를 수행할 때 체내신의 기운에 대하여 자주 빛을 자주 말하며 그 밖에 오색에 대하여 자주 언급한다. 본 연구자도 수행시 두정부 양미간에 자주 빛을 경험하게 되는데 초기에는 원의 형태의 중앙에 검은 한 점이며 검은 한점 주위에 흰빛이 감돈다. 이 검은 일점(一點)이 점점 밝아져 푸른빛을 발하고 이후에 자주 빛으로 변화되며 이 자주 빛이 붉은 빛이 도는 주황빛으로 변화를 보이다가 황색 빛으로 되며 나중에는 흰 빛으로 두정이 밝아지며 온 몸으로 퍼져가는 현상을 종종 경험하게 된다. 이러한 경험은 상청파의 존사기법인 내림공부의 형식으로 볼 수 있다.

---

233) 『黃庭經』, DZCT331, 第二上有章: "紫煙上下三素雲, 紫煙目精之氣也, 存見三丹田, 中上下俱有白氣流 通 一身, 又云目光有紫青綠, 三色爲三素雲. 仙經云雲林夫人呪曰, 日月童三雲, 兩目眞君精故也. 灌漑五華, 植靈根, 素雲之氣, 在口爲玉液, 存咽之以灌. 五華者五藏之英華, 靈根命根植生之也, 七液洞流, 衡盧間."

(2) 심(心)

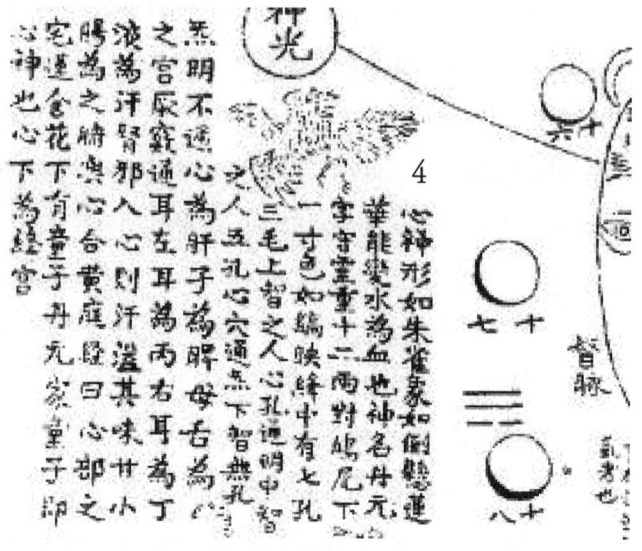

"심장(心)의 신(神)은 그 형태가 주작과 같고, 그 형상은 연꽃을 거꾸로 매달아놓은 모양이다. 물(水)을 피로 변하게 할 수 있는 것이다. 신(神) 이름은 원단이라 하고, 자(字)는 수령이다. 무게는 12냥이며 구미혈(鳩尾穴) 아래 1촌과 마주하고, 색깔은 흰색과 같으나 진홍색으로 비친다. 그 중간에는 7개의 구멍과 3개의 털이 있으며, 최상의 지혜로운 사람은 심장의 구멍혈이 통하여 밝고, 중간으로 지혜로운 사람은 심장혈의 5구멍으로 선천의 기가 통하며, 최하로 지혜로운 사람은 구멍혈이 막혀있어 선천의 기와 밝게 통하지 못한다. 심(心)은 간(肝)의 자식이 되며 비(脾)의 어머니가 되고 혀(舌)는 그 궁전이 되는 것으로 그 구멍이 귀에 통하면, 왼쪽 귀는 병(丙)이 되고 오른쪽 귀는 정(丁)이 된다. 액(液)은 땀이 되니 신(腎)의 삿된 것이 심으로 들어오면 즉 땀이 넘쳐흐르고 그 맛이 달다. 소장(小腸)은 심의 부(腑)가 되는데, 심과 같이 합하는 것이다.『황정경』에서 이르기를 심부(心部) 궁(宮)의 연(蓮)이 꽃을 머금고 있는데 아래에는 동자(童子)의 원단가(丹元家)가 있다. 동자는 즉심의 신(神)이고, 심 아래를 일러 강궁(絳宮)이라고 한다."234)

수진도에 표기된 오장육부 중에서 심장에 관한 부분이다. 심장의 체내신 이름은 원단(元丹)이며 자는 수령(守靈)이다. 수진도는 심장의 신에 대하여 설명하고 있는데 이는 상청파 『황정경』의 체내신 이름을 인용하고 있다. 심장의 무게는 12냥이며 구미혈(鳩尾穴)235) 아래 1촌과 마주하고, 색깔은 흰색과 같으나 진홍색으로 비치는데 심장의 중간에는 7개의 구멍과 3개의 털이 있으며, 최상의 지혜로운 사람은 심장의 구멍혈이 통하여 밝고, 중간으로 지혜로운 사람은 심장혈의 5구멍으로 선천의 기가 통하며, 최하로 지혜로운 사람은 구멍혈이 막혀있어 선천의 기와 밝게 통하지 못한다고 설명하고 있는데 옛사람들은 심장 구멍이 있어야 지혜로운 사람이라 생각했다. 현대에는 심장에 구멍이 있으면 수술해야 한다.

심장에 구멍이 있다는 설에 대하여는 『열자』 「중니편」에서 말하고 있다. "용숙(龍叔)이 의사 문지(文摯)에게 자기 정신이 심상치 않다고 호소하자, 문지는 용숙을 빛을 향하여 세우고, 신체 내부를 투시한 뒤 '내가 당신의 심장을 보았는데 심장이 비었으니 거의 성인이십니다. 당신의 심장은 여섯 구멍이 뚫리고 하나가 막혀는데 지금 성인의 지혜를 가지고 계시면서 그 것을 병이라 생각하는 것은 혹시 그 한 구멍 때문이 아닌가요, 나의 얕은 의

---

234) 『修眞圖』心4: "心神形如朱雀, 象如倒懸蓮蕊, 能變水為血也, 神名丹元, 字守靈, 重十二兩, 對鳩尾下一寸, 色如縞映絳, 中有七孔三毛, 上智之人, 心孔通明, 中智之人, 五孔心穴通炁, 下智無孔, 炁明不通, 心為肝子, 為脾母, 舌為之宮闕, 竅通耳, 左耳為丙, 右耳為丁, 液為汗, 腎邪入心則汗溢, 其味甘, 小腸為之腑, 與心合, 黃庭經曰, 心部之宮蓮含花, 下有童子, 丹元家, 童子即心神也, 心下為絳宮."

235) 鳩尾穴은 임맥(任脈)의 중정혈(中庭穴) 바로 아래 비둘기 꼬리 같은 뼈 부분을 말한다.

술로는 가능하지 않습니다. 라고 하였다.236) "지혜가 뛰어난 사람은 심장에 일곱 구멍이 있고 중간 정도 되는 사람은 다섯 구멍, 그 아래 사람은 세 구멍, 똑똑한 사람은 두 구멍, 평범한 사람은 한 구멍이 있고, 어리석은 사람은 구멍이 없다"237)고 하였다. 또한 심장의 모양에 대하여 『황정경』을 인용하며 불교의 상징인 연꽃에 비유하는 것을 보면 상청파의 수행자들은 불교에 대하여 어느 정도 관심과 이해를 가지고 있는 것으로 보인다.

심장과 관련된 『대동진경』 제19장 중앙황노군도경제19(中央黃老君道經第十九), 심중일진장(心中一眞章)의 체내신 이름은 심중일진천정액군(心中一眞天精液君)이며. 자는 비생상영(飛生上英)으로 존사 시 수많은 보배로운 신광(神光)이 온 몸으로 퍼져나간다고 생각한다. 가슴 중앙을 지키는 수호신이다. 오행상 붉은 빛을 존사 한다. 이 체내신의 존사 이동 경로는 니환에서 강궁으로 향하여 가슴 중앙에 안착하며 거주한다. 제19장 경문은 다음과 같다.

"삼가 심중일진 천정액군을 초청합니다. 자는 비생상영이요, 항상 가슴 가운데와 사극 입구 죽음의 문을 지키니 오장으로 하여금 화려한 빛이 생하게 하고 사관이 진기를 받아 자주 빛 액이 가슴중앙에 충만하게 흐릅니다. 백신이 강궁에서 결성되고 호랑이 치마 날개옷으로 옥천에 날아 올라갑니다. 진실로 심중일진 천정액군의 진

---

236) 『列子』,「仲尼篇」: "文摯乃命龍叔背明而立, 文摯自後向明而望之, 既而曰, 嘻 吾見子之心矣, 方寸之地虛矣, 幾聖人也. 子心六孔流通, 一孔不達, 今以聖智爲疾者, 或由此乎, 非吾淺術所能已也." 龍叔은 假想의 人物로 推定된다. 文摯(BC 345- 286년)는 春秋戰國時代에 宋나라의 名醫였다. 扁鵲과 同時代의 人物로 현대적으로 말하면 전문 심리치료 의사로 볼 수 있다.
237) 가노우 요시미츠 저, 조남호·김교빈·황희경 외 2인 역, 앞의 책, 174쪽.

기를 존사하니 강궁의 색이 머리위에 그물처럼 덮어 조용히 주문을 말합니다. 일진은 진압하는 마음으로 백신을 총괄하며 거느리고 백신이 항상 생하니 위로는 옥빛을 초대하고 육액이 보배로 깊게 있으니 붉은 풍경이 영을 열고 나의 칠근을 뽑아 삼도를 초탈하여 남선에 오르게 합니다. 다음으로 붉은 구름이 니환으로부터 가운데로 들어가니 이내 입이 신운을 흡입하고 침을 3번 삼키니 일신을 응결하여 만듭니다. 붉은 의관을 하고 제왕과 같은 형상을 하니 아래로 가슴가운데 사극의 입구를 펼치며 백가지 보배로운 신광이 하나의 수레바퀴로 화하게 되며 신은 빛 안에 존재합니다. 차례로 토식을 하며 옥경을 송경합니다."238)

심장의 신인 심중일진천정액군은 항상 가슴 가운데와 사방의 입구을, 사기(死炁) 즉 죽음의 문을 지키는 수호신이다. 위로는 옥빛을 초대하고 붉은 구름 색 기운이 니환으로 들어가 붉은 의관을 하고 제왕과 같은 형상을 하는 모습을 존사한다. 심장과 강궁이 붉은 색이라 붉은 빛을 존사한다. 이후 존사기법은 강궁의 색이 머리위에 그물처럼 덮어 있고 마음으로 백신을 총괄하며 거느리고 위로는 옥빛을 존사하며 삼도를 초탈한다고 생각한다. 다음으로 붉은 구름이 니환 가운데로 들어가는 것을 존사하며 이내 입이 신운을 흡입하고 침을 3번 삼키며 체내신을 응결하여 창조한다. 이렇게 형상화된 체내신은 니환에서 아래 강궁으로 들어가

---

238) 『大洞眞經』, DZCT6, 中央黃老君道經第十九, 上清大洞眞經卷之四, 茅山上清三十八代宗師蔣宗瑛校勘, 心中一眞章:"謹請心中一眞天精液君, 字飛生上英, 常守兆胸中, 四極之口死炁之門, 使兆五藏生華光, 四關受真炁, 紫液流滿於胸中, 百神結成於絳宮, 羽衣虎裙, 上昇玉天, 真思心中, 一眞天精液君真炁, 絳官之色, 罩於頂上, 默說曰:一真鎮心, 總領百神, 百神常生, 會我絳軒, 上招玉光, 六液沉珍, 赤景啟靈, 拔我七根, 超逸三塗, 上昇南仙. 次思絳雲從兆泥 丸中入, 兆乃口吸神雲, 咽津三過, 結作一神, 狀如帝王, 朱衣冠, 下布胸間四極之口, 化為一輪百寶神光, 神在光內, 順時吐息.誦玉經."

가슴 중앙에 안착하여 거주한다. 존사가 끝날 무렵, 차례로 토식을 하며『대동진경』을 송경하며 가슴 가운데 동서남북 사방의 입구를 지키며 백가지 보배로운 신광이 하나의 수레바퀴로 화하게 빛난다고 존사한다. 그리하여 체내신은 붉은 의관을 하고 제왕과 같은 형상으로 가슴가운데 사극의 입구를 펼치며 백가지 보배로운 신광이 하나의 수레바퀴로 화하게 되며 체내신은 수호신으로 빛 안에 존재한다. 이 경문에서 존사 이동은 니환 → 강궁 → 중앙 가슴 경로순서이다. 이는 임독맥과 관련이 있다.

상청파에서는『대동진경』제9장에서 심장 아래에 위치하는 강궁의 체내신 이름에 단(丹)이라는 용어를 사용하고 있다. 이는 앞서 설명한 간을 지키는 체내신과 존사 수행자가 무영공자와 합치하여 신선에서 단으로 변용되는 내용과 같은 맥락이다. 이는 종려파의 내단기법 이전에 상청파에서 이미 단에 대한 개념을 인식하고 체내신의 이동 경로와 함께 동시에 유통하고 있음을 알 수 있다.『대동진경』에서 단(丹)이라는 개념을 등장하는 것은 제4장 경문과, 제9장 경문으로 두 가지 경우뿐인데 다음 장에서 자세히 후술하겠다.

(3) 비(脾)

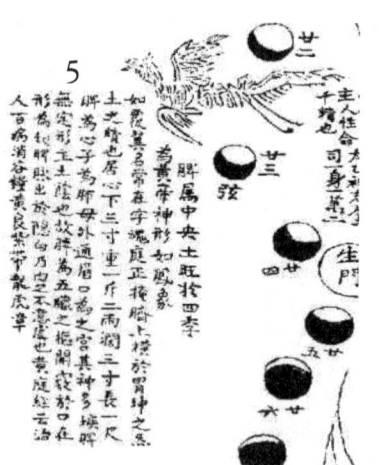

"비(脾)는 중앙의 무(戊) 기토(己土)에 속한다. 사계절 내내 왕성하니 황제(黃帝)가 된다. 그 신(神)의 형태는 봉(鳳)과 같으며, 형상은 엎어진 그릇 모양이다. 이름은 상재(常在)이며 자는 혼정(魂庭)이다. 배꼽 위에 바로 가리어져 있으며, 위에서 가로로 엎어져 있으니, 곤(坤)의 기운이요, 토(土)의 정(精)이다. 심(心)의 아래 3촌에 거하고 있으며, 그 무게는 1근 2냥이고, 넓이가 3촌, 길이는 1척이다. 비를 일러 심의 자식이라 하고 폐의 모친이라 하니 바깥으로는 눈썹과 통한다. 비는 정해진 형태가 없으며, 토(土)를 주관하고 음(陰)한 것이다. 고로 비장을 일컬어 오장의 중추(中樞)라하며, 거기로 통하는 구멍은 입에 열려있고, 형상으로는 뺨이 된다. 비의 맥은 은백혈로부터 나와서 육체의 근본이 되는 곳이 된다. 『황정경』에서 이르기를 곡식이 소진되고 온갖 병을 치료하는 사람이 용호 깃발과 자색 띠를 찬 어진 황제이다."239)

수진도에 표기된 오장육부 중에서 비장에 관한 부분이다. 비장의 체내신 이름은 상재(常在)이며 자는 혼정(魂庭)이다. 위 수진도에서는 인체의 중심적인 곳으로 비장에 대하여 중앙 황제(黃帝)라고 표현하고 있다. 『황정경』에서 체내신으로 비장 신의 이름은 상재이고 자는 혼정이라 설명하며 무게가 1근 2냥이고 넓이가 3촌이며 길이가 1척으로 표현하고 있다. 비장은 바깥으로는 눈썹과 통하고 토(土)를 주관하고 비장을 오장의 중심축으로 생각하고 있다. 『대동진경』에서 비장에 관한 체내신의 존사 이동 경로는 다음과 같다.

『대동진경』 제15장 태청대도군도경제15(太淸大道君道經第十五),

---

239) 『修眞圖』脾5: "脾屬中央戊己土, 旺於四季, 為黃帝, 神形如鳳, 象如覆翼, 名常在, 字魂庭, 正掩臍上, 橫於胃坤之炁, 土之精也. 居心下三寸, 重一斤二兩, 濶三寸, 長一尺, 脾為心子, 為肺母, 外通眉, 口為之宮(官), 其神多嫉, 脾無定形, 主土, 陰也. 故脾為五臟之樞, 開竅於口, 在形為頰, 脾脈出於隱白, 乃肉之本意處也. 黃庭經云 "治人百病消穀糧, 黃良紫帶龍虎章."

비중오진장(脾中五眞章)의 체내신 이름은 오진양광군이며 자는 태창자이다. 목구멍을 지키는 수호신이다. 이 체내신의 존사 이동 경로는 니환에서 강궁으로 내려가 양 방광으로 들어가 미려혈을 뚫고 다시 니환으로 올라가 얼굴 뺨을 지나 목구멍 혈로 들어가 안착하며 거주한다.

"삼가 비(脾)의 오진양광군을 청합니다. 자는 태창자요, 항상 저의 목구멍 속 극근지호(極根之戶)의 죽음의 문을 지키며 옥광(玉光)과 금진(金眞)이 목구멍의 뿌리 안을 꿰뚫어 비추고 태제신(太帝晨)의 기가 삼관(三宮) 안을 오가기를 바랍니다. 진실로 폐중오진(脾中五 眞) 양광군(養光君)의 진기의 아름다운 꾀꼬리 색이 머리 위를 감싸는 것을 존사합니다. 조용히 주문을 말합니다. 오진(五眞)이 영(靈)을 흩어 내고 기가 구현 자손에 퍼지니 금빛이 빛나고 옥기(玉氣)는 액를 토(吐)하며 만신이 함께 노래하고 내 몸을 비추어 온화하게 합니다. 둥근 빛이 명적(名籍)에 가득하고 태일(太一)이 구천을 다스리느니, 다음으로 옥광 금진의 기가 니환으로부터 내 몸으로 들어가는 것을 존사합니다. 입으로 신운을 빨아들이고 침을 5번 삼키고 오신의 모양이 마치 토성과 같게 만듭니다. 이들이 아래로 내려가 강궁으로 들어가 왼편에 2신(神), 오른편에 3신(神)으로 나뉘어 양 방광으로 들어가 미려혈(尾閭穴)을 관통합니다. 그리고 다시 돌아 올라가서 니환으로 들어가 양 뺨을 관통한 뒤 아래로 양극근(兩極根 : 목구멍 안에 있는 혈)의 문호(門戶)로 펴져 왼편에 두 신 오른편에 세 신이 머물며 때에 맞추어 숨을 내쉬고 옥경을 송경합니다. 『대동진경』왈 온갖 신들이 함께 모여 몸을 단단히 하고 문을 지킵니다. 죽음의 문을 닫고 막아 죽음이 범하지 못하게 합니다. 기를 9대 자손에 봉하여 팔난을 뛰어넘게 합니다. 7대 부모의 태결(胎結)을 깨어 흩트려 남궁(南宮) 안에 태어나 제도되어 태(胎)를 삼적(三積)안에 돌리게 합니다. 곁에 이르기를 마땅히 붉은 글의 누런 비단을 차고 양광군(養光君)의 내휘 명자(內諱名字)를 존사하고 불러 나의 목구멍의 뿌리의 문을 안정시키고 죽음의 문을 굳게 막고 금진

(金眞)이 안을 비추며 영화로움을 보호하고 세월을 머무르게 하며 삼관(三宮)을 다스리고 신과 기를 안정시키고 옥화(玉華 : 즉 눈썹의 앞, 미간의 천정)는 구부태선(九府胎仙)을 결락(結絡)합니다. 고치(叩齒)를 5회 하고 침을 5번 삼킵니다."240)

위 제15장 비장의 존사기법에서 설명하고 있는 체내신의 이동 경로를 자세히 살펴보면 먼저 목구멍, 정수리를 존사하며 빛이 니환으로부터 온몸으로 퍼져 가는데 이때 침을 5번 삼키면 토성의 모양으로 5명의 신을 형상화하여 창조한다. 이 체내신들은 심장 부분 강궁으로 내려가 2명의 신은 외편에 3명의 신은 오른편으로 나누어 양 방광으로 들어가 미려혈을 관통하고 다시 니환으로 돌아와 양 뺨을 관통하고 목구멍 안의 혈에 왼편에 2명의 신이 오른편에 3명의 신이 거주한다. 즉 니환 → 강궁 → 방광 → 미려혈 → 니환 → 양 뺨 → 목구멍이 존사 경로 순서이다. 이는 임독맥과 족태양방광, 족소양담경, 족양명위경과 관련이 있다.

이러한 존사기법의 체내신 이동 경로는 내단기법과 관계가 있으며 종려파 내단학에 영향을 미치며 이는 수진도에 반영되고 있

---

240) 『大洞眞經』, DZCT6, 太淸大道君道經第十五, 太淸大洞眞經卷之三, 茅山上淸三十八代宗師蔣宗瑛校勘, 脾中五眞章: "謹請脾中五眞 養光君字太昌子 常守兆 喉中極根之戶 死氣之門 使兆玉光金眞洞照 喉根之內 太帝晨氣 來往三宮之中 眞思脾中五眞 養光君 眞氣 嬌鶯之色 罩於頂上黙微呪曰..... 次思玉光金眞之炁 從兆泥丸中入兆 乃口吸神雲咽津五過 結作五神狀如土星 下入絳宮 分 左二右三 入兩膀胱 穿尾閭穴 來眷 上入泥丸 穿兩臉下 布兩極根之戶 左二右三而住 順時 吐息 誦玉經 大洞玉經曰. 百神合會 固身守關 地戶閉塞 死亡不干 檢炁九玄 超越八難 七世父母 胎結披散 生度南宮中 反胎三積內 玄母叔火王 爲兆得仙位 玉淸大道君呪曰......畢, 乃口微祝曰, 天上內音, 明考梨, 拔劫阿, 地上外音, 濟無生, 得來願, 大洞脾中五眞 養光君消魔, 玉符, 訣曰, 當朱書, 黃繒佩之, 存呼養光君內諱名字鎭我喉根之戶, 固塞死門, 使金眞內映, 保華停年, 領攝三宮, 安神定氣, 玉華結絡, 九府胎仙, 乃叩齒五通咽液五過."

다. 상청파의 수련자들이 존사기법을 수행할 때 신들을 초대하며 목구멍으로 침을 삼킬 때 그 신들을 형상화하여 창조한다. 『대동진경』에는 이를 결작(結作)이라고 표현하는 특징을 보여 주고 있다. 또한 삼관에 대하여 소주도교협회는 삼단전이나 삼궁을 의미한다고 해석하고 있다. 즉 삼궁은 뇌궁(胸宮; 니환에서 목까지를 상단전)과 강궁(絳宮; 목 끝부터 위(胃)가 끝나는 부분 중단전), 현궁(玄宮; 위의 끝부터 배꼽까지를 하단전)을 말한다.241)

(4) 폐(肺)

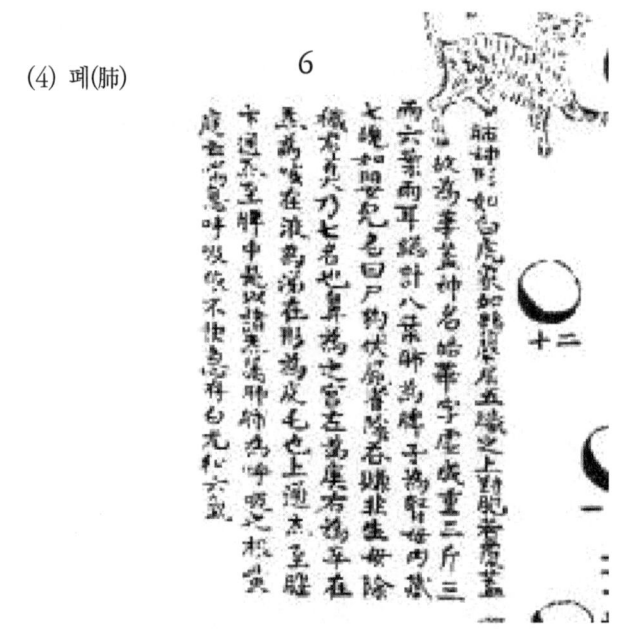

---

241) 中國蘇州道敎協會 編, 『道敎大辭典』, 華夏出版社, 1994, p.76. : "三宮은 원래 다양한 의미를 지니고 있다. 三丹田을 의미하기도 한다. 즉, 胸宮(니환에서 목까지의 上丹田), 絳宮(목 끝부터 胃가 끝나는 中丹田), 玄宮(위의 끝부터 배꼽 끝까지의 下丹田)을 말하며, 신선의 경지를 말하기도 한다. 『洞眞上淸靑要紫書金根衆經』卷下에 따르면 東華仙府六門 안에 方諸靑宮, 玉寶靑宮 玉華靑宮의 三宮이 있다고 한다. 또한 神이 거하는 乾宮(神居乾宮), 氣가 거하는 中宮(氣居中宮), 精이 거하는 坤宮(精居坤宮)을 가리키기도 한다." 또한 도가에서는 天官, 地官, 水官을 말하기도 한다.

"폐는 그 神의 형태가 백호(白虎)와 같아 그 형상은 매달린 경쇠(磬) 악기와 같으며, 오장 중에서 윗부분에 위치해 있고 덮여있으면서도 같이 엎어진 것 같이 때문에 화개(華蓋)라 한다. 신의 이름은 호화(皓華)이며, 자는 허성(虛成)이니, 무게는 3근 3냥이요, 여섯 잎에 귀가 둘이며, 총 8개의 잎이 있다. 폐는 비(脾)의 자식이며, 신(腎)의 어머니이다. 내부에 칠백(七魄)이 감추어져 있는데 갓난아이 영아(嬰兒)와 같으며, 이 칠백은 일러 시구(尸拘), 복시(伏屍), 작음(雀陰), 탄적(吞賊), 비독(飛毒), 제예(除穢), 취폐(臭肺)라 하여 일곱 가지 이름을 가지고 있으며, 코가 이곳의 관(官)이 되고 좌측은 경(庚)이 되고, 우측은 신(辛)이 된다. 기(炁)에 있어서 기침(咳)이 되고, 액(液)이 있으면 눈물이 되며, 형태에 있어서 피부의 털이 된다. 위로 통한 기는 뇌(腦)에 이르고, 아래로 통한 기는 비(脾) 가운데에 이르니, 모든 기운은 폐에 속하는 것임으로 폐는 호흡의 근본이 된다. 『황정경』에 이르기를 "숨이 차 가쁘게 쉬면 호흡이 편안하지 못하니 급히 백원(白元)을 존사(存思)하면 여섯 기운이 조화롭다"라고 했다.242)

수진도에서 폐신의 이름이 호화(皓華)이며, 자는 허성(虛成)이요, 무게가 3근 3냥이라고 해부학적으로 설명하고 있다. 또한 폐에 감추어져 살고 있다는 일곱 가지 백(魄)인 칠백(七魄)의 이름을 나열하고 있다.243) 폐의 기운에 대하여 위로는 뇌(腦)와 통하고, 아래로 비장(脾)과 통하는데 모든 기운은 폐에 속하는 것으로

---

242) 『修眞圖』肺6: "肺神形如白虎, 象如懸磬, 居五臟之上, 對胞若覆蓋, 故為華蓋神名皓華, 字虛成, 重 三斤三兩, 六葉兩耳, 總計八葉, 肺為脾子, 為腎母,內藏七魄, 如嬰兒, 名曰屍狗、伏屍,雀陰、吞賺(賊)、非(飛)生母(毒)、除穢、羣臭(肺)、乃七名也. 鼻為之官, 左為庚, 右為辛, 在炁為咳. 在液為涕, 在形為皮毛. 上通炁至腦, 下通炁至脾中, 是以諸炁屬肺, 肺為呼吸之根, 黃庭云 喘息呼吸依不快, 急存白元和六氣."
243) 폐에 살고 있는 七魄의 이름이다: 시구(尸拘), 복시(伏屍), 작음(雀陰), 탄적(吞賊), 비독(飛毒), 제예(除穢), 취폐(臭肺)

폐가 호흡의 근본이 된다고 설명하고 있다. 또한 『황정경』을 인용하며 숨이 차올라 가쁘게 쉬면 호흡이 편안하지 못하는데 이럴 경우에는 긴급하게 폐의 신인 백원(白元)을 존사(存思)하면 여섯 기운이 조화롭다고 하여 존사기법을 설명하고 있다.

위 수진도는 상청파의 경전인 『황정경』을 인용하며 숨이 차 호흡이 곤란하면 백원(白元)을 존사하라고 설명하고 있는 이 백원은 같은 상청파의 경전인 『대동진경』 제5장에 등장하는 백원동양군(右白元洞陽君) 울령표(鬱靈標)의 체내신 이름이다. 그 내용은 아래와 같다.

『대동진경』 제5장 태미천제군도경제5(太微天帝君道經第五), 우백원존신장(右白元尊神章)의 체내신 이름은 백원동양군(右白元洞陽君) 울령표(鬱靈標)이며 자(字)는 현이절(玄夷絶)이다. 우측 겨드랑이를 지키고 폐의 뒤 출입구 죽음의 문을 지키는 수호신이다. 이 체내신의 존사 이동 경로는 먼저 금색을 존사 한 다음 금빛이 니환으로 들어가 좌측 젖가슴으로 내려오고 강궁으로 들어가 우측 방광과 좌측 방광을 지나 다시 강궁을 뚫고 우측 젖가슴 들어간 다음 간의 뒷 창문을 지나 우측 겨드랑이에 안착하는 경로 순서이다. 원문을 보면 다음과 같다.

"삼가 우측 백원동양군 울령표를 청합니다. 자는 현이절이요, 항상 우측 겨드랑이 아래를 지키고 폐의 뒤 출입구 사기의 문을 지키니, 우측 겨드랑이 아래에 항상 금빛이 있습니다. 신명을 인도하여 육기의 궁으로 들어가니, 7대 조부모가 태제일로 되돌아 몸이 옥방에 오릅니다. 진실로 우측 백원동양군 울령표의 진기를 존사하니 금광이 환한 기운 가운데 정이 있습니다. 진실로 한결같은 신이 장생토록 초대하오니, 유근을 발출하여 태영을 기초로 삼고 진어의 기운을 마차가 이끄니 상청에 오릅니다. 다음으로 금광이 니환 가운데로 들어감을 존사하니, 이내 입으로 신운을 흡입하고 침을 3번 삼키면 삼신을 결작하니 한 신은 수려한 선비상과 같고 붉은 비단옷을 입고 옥의 띠를 차고 두신은 서서 기다리며 아래 좌측 젖가슴으로 들어가, 강궁을 뚫고 우측 방광으로 들어가 곧 바로 좌측 방광으로 들어가며 위로 강궁을 뚫고 우측 젖가슴 안으로 들어가니 간의 뒷 창문으로 지납니다. 순서에 따라 숨을 토식을 합니다. 옥경을 독송합니다."244)

우측 겨드랑이와 폐를 지키는 체내신은 금빛을 내며 우측 겨드랑이에 거주한다. 이 체내신의 존사 이동 경로는 먼저 금빛이 니환 중앙으로 들어가는 것을 존사하고 침을 3번 삼키면 붉은 비단옷을 입은 신(神)이 응결되어 만들어지고 좌측 젖가슴으로 들어가 강궁을 뚫고 우측 방광으로 들어가며 바로 좌측 방광으로 들어가 위로 강궁을 뚫고 우측 젖가슴 안으로 들어가 간으로 들어간다. 폐는 오행상 금에 속한다. 그러므로 우측 겨드랑이와 폐를 지키는 체내신은 금빛을 낸다. 존사 이동은 니환 → 좌측 젖가슴 → 강궁 → 우측 방광 → 좌측 방광 → 강궁 → 우측 젖가슴 → 간 → 우측 겨드랑이 경로 순서이다. 이는 기경팔맥중 임맥과 12경맥중 족태양방광, 족궐음간경과 관련이 있다.

---

244) 『大洞眞經』, DZCT6, 太微天帝君道經第五, 上淸大洞眞經卷之二, 茅山上淸三十八代宗師蔣宗瑛校勘, 右白元尊神章: "謹請右白元洞陽君鬱靈標, 字玄夷絕, 常守兆右腋之下, 肺之後戶死炁之門, 使右腋之下常有金光, 引神明入六炁之宮, 七祖父母, 反胎帝一, 身登玉房, 真思右白元洞陽君鬱靈標真炁, 金光之色, 罩於頂上, 默呪曰：洞陽鬱靈寶魂生, 金光煥煥炁中精, 招真固神令長生, 拔出幽根基胎嬰, 驂晨御氣昇上清。次思金光從兆泥丸中入, 兆乃口吸神雲, 咽津三過, 結作三神, 一神狀如秀士, 紅錦抱, 玉束帶, 二神侍立, 下入左乳, 穿絳宮, 入右膀胱, 却入左膀胱, 上穿絳宮, 入右乳內, 過肺之後戶, 順時吐息, 誦玉經。"

또한 폐와 관련된 『대동진경』 제14장 옥진태상대도군도경제14(玉晨太上大道君道經第十四), 폐중육진장(肺中六眞章)의 체내신 이름은 상원소옥군이며, 자는 양남중동이다. 이 체내신은 12마디 목뼈 줄기를 지키는 수호신이다. 이 체내신의 이동 경로는 살펴보면 다음과 같다.

"삼가 폐중육진 상원소옥군을 청합니다. 자는 양남중동이요, 항상 12마디 목 줄기 죽음의 문을 지키니 상제의 화려한 옥빛이 신문의 아래를 비춥니다. 옥 같은 새벽의 정기가 단원(심장신의 이름)의 궁으로 흘러 들어가고 7대 조부모 태결의 막힘을 해결하여 푸니 태상의 고향에 태어남을 받습니다. 진실로 폐중육진상원소옥군의 진기를 존사하니 흰 구름의 색이 머리위에 그물처럼 덮어 조용히 주문을 말합니다. 육진이 변하여 흰 빛이 비치고 상제의 경치에 돌아오니 위로는 단향으로 들어가고 진실로 하류로 흘러 나의 소화된 음식의 진기는 관개수로처럼 나의 날개옷을 입은 신선 초대하니 수화를 넘어 새벽에 신선이 되어 올라 날아갑니다. 다음으로 하얀 기운이 니환으로부터 가운데로 들어가고 이내 입으로 신운을 흡입하고 침을 6번 삼키고 여섯 신을 응결하여 만듭니다. 형상은 금성과 같고 의관이 맑고 푸른 옥돌색이며 아래로 강궁과 양 방광으로 들어가며 미려혈, 협척을 뚫고 위로는 니환구궁과 양쪽 귀 위로 나누어 들어가고 아래로는 12마디 목줄기 밖으로 들어가니 신의 얼굴을 서로 향하여 서 있습니다. 차례로 토식하며 옥경을 송경합니다."245)

---

245) 『大洞眞經』, DZCT6, 玉晨太上大道君道經第十四, 上清大洞眞經卷之三, 茅山上清三十八代宗師蔣宗瑛校勘, 肺中六眞章:"謹請肺中六眞上元素玉君, 字梁南中童, 常守兆頸外十二間梁死炁之門, 使上帝玉華光映神門之下, 玉晨正炁流入丹元之宮, 令七祖父母解散胎結之滯, 受生太上之鄕.眞思肺中六眞上元素玉君眞炁, 白雲之色, 罩於頂上, 默微呪曰:六眞奕奕, 白光映映, 回帝之景上入丹鄕, 招眞下流, 灌我玉霜, 羽裙紛紛, 衣我仙裳, 越過水火, 飛登晨京. 次思白炁從兆泥九中入, 兆乃口吸神雲, 咽津六過, 結作六神, 狀如金星, 淡碧衣冠, 下入絳官, 入兩膀胱, 穿尾閭穴, 夾脊, 上入泥九, 分兩耳上, 下入十二間梁之外, 神面相向立, 順時吐息, 誦玉經."

이 체내신은 폐와 심장 강궁의 체내신인 단원(丹元)과 관계가 있다. 옥 같은 새벽의 정기가 단원의 궁으로 흘러 들어가고 7대 조부모 태결246)의 막힘을 해결하여 푼다. 사람의 몸에는 포태(胞胎)에 기인하는 24개의 커다란 맺힘이 있고 게다가 피의 막힘, 타액 속의 자잘한 맺힘 1백20개의 기혈과 아홉 관문 사이에 퍼져 있다고 설명하고 있다. 그래서 이 불(火)에 의해 이들을 다 소멸시키고 불꽃에 의해 이들 맺음을 푸는 것이다.247) 오행상 폐는 금에 속하니 흰 빛을 존사한다. 이 존사신의 이동경로는 관개수로처럼 기운이 니환으로부터 가운데로 들어가고 형상은 금성과 같고 아래로 강궁과 양 방광으로 들어가며 미려혈, 협척을 뚫고 위로는 니환 구궁과 양쪽 귀 위로 나누어 들어가고 아래로는 12마디 목 줄기로 향한다. 즉, 니환 → 강궁 → 양 방광 → 미려 → 협척 → 니환 구궁 → 양쪽 귀 → 12마디 목줄기가 존사 경로 순서이다. 이와 같이 폐에 대한 수진도의 표현은 상청파의 체내신 존사 이동 경로를 보여주고 있으며 이는 기경팔맥 중 임독맥과 12경락 중 족태양방광 및 족소음신경과 관련이 있음 알 수 있다.

---

246) 『大寶積經』, 佛說入胎藏會:"부처님이 난타에게 胎속에서의 苦痛과 태어날 때의 苦痛을 說하며 胎結은 生과 死에 대한 根源的인 原因으로 孕胎時 胎의 結縛이라 表現한다."
247) 이동철 역, 앞의 책, 171쪽. : 24개의 맺힘은 니환, 오장, 방광 세 곳에 8 매듭씩 있어서 이들을 태우고 푸는 것은 不死로 가는 길을 여는 것이 된다.(상청파의 경전인 五老雌一解胞胎死結上仙法에서 인용)

(5) 신(腎)

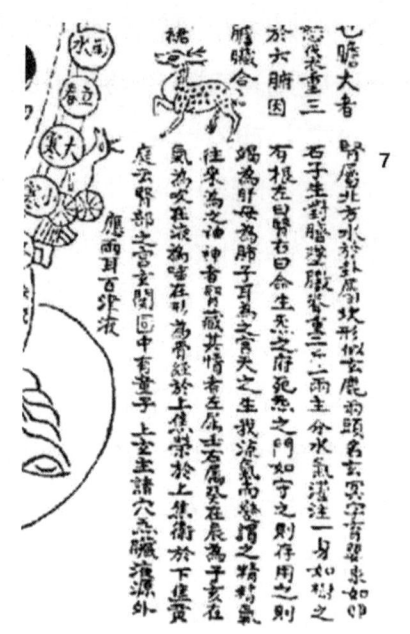

"신(腎)은 북방에 속하며, 팔괘로는 감(坎)이다. 형태는 현록(玄鹿)을 닮았으며 두 개의 머리가 있다. 이름은 현명(玄冥) 자는 육영(育嬰) 이며, 그 형상은 돌알을 닮았다. 허리와 척추에 붙어있으며, 무게는 3근 1냥이다. 수기(水氣)를 나누는 것을 주재(主宰)하며, 일신(一身) 의 물의 흐름을 주재하니, 나무의 뿌리와 같다. 좌측을 신(腎)이라 하고, 우측을 명문(命門)이라 한다. 기운이 생기는 관청이요, 죽은 기의 여인숙이다. 만일 지키면 존재하는 것이나 쓰면 말라가는 것 이다. 간(肝)의 모친(母親)이요 폐(肺)의 자식이며 귀(耳)를 관장한다. 하늘이 나를 낳게 하고, 기의 흐름을 변하게 하는 것, 이를 일러 정 (精)이라 한다. 정(精)과 기(氣)가 오가게 하는 것이 신(神)이다. 신이 라고 하는 것은 그 정(情)과 지혜가 신장(腎臟)에 감추어져 있는 것 이다. 좌측은 임(壬)에 속하고, 우측은 계(癸)에 속한다. 지지(地支)로 는 자(子)와 해(亥)가 되며, 기운으로는 취(吹)가 되며, 액에 있어서 는 타액(唾液)이 되고, 형태에 있어서는 뼈가 된다. 날줄(經)로는 상 초(上焦)가 되고, 영(榮)으로는 중초(中焦)가 되며 씨줄로는 하초(下

焦)가 된다. 『황정경』에서 이르기를 신(腎)부위의 궁(宮)에는 현관(玄關)이 원만하고, 가운데에는 동자(童子)가 있으니 아득한 하늘이다. 육부(六腑)와 구액(九液)의 원천을 주재하며, 밖으로는 두 귀와 온갖 진액에 응한다."248)

위 수진도에서 신장을 관장하는 주신(主神)인 체내신의 이름은 현명(玄冥)이며 자는 육영(育嬰)이다. 허리와 척추에 붙어 있으며 신장의 무게는 3근 1냥이고 물 기운을 주관하며 좌측을 신(腎)이라 하고, 우측을 명문(命門)이라고 설명하고 있다. 또한 신장을 설명하며 특이하게 상초(上焦), 중초(中焦), 하초(下焦)를 설명하고 있다. 『황정경』을 인용하며 신장 부위의 궁(宮)을 현관(玄關)이라고 표현하고 있다.

신장과 관련해서 신장을 지키는 수호신은 『대동진경』의 제7장, 제10장, 제13장에서 설명하고 있다. 이들 체내신의 존사 이동 경로를 함께 살펴보면 먼저 『대동진경』 제7장 진양원로현일군도경제7(眞陽元老玄一君道經第七), 명문도군장(命門桃君章)의 체내신 이름은 명문도군해도강(命門桃君孩道康)이며 자(字)는 합정연(合精延)이다. 명문 내궁을 지키는 수호신이다. 이 체내신의 이동 경로는 니환에서 응결하여 아래 강궁으로 들어가고 명문에 이르러 기운을 충만하게 한다.

---

248) 『修眞圖』腎7: "腎屬北方水, 於卦屬坎, 形似玄鹿丶兩頭, 名玄冥, 字育嬰, 象如卵石子, 生對附腰脊, 重三斤一兩, 主分水氣, 灌注一身, 如樹之有根, 左曰腎, 右曰命門. 生炁之府, 死炁之廬, 如守之則存, 用之則竭. 為肝母, 為肺子, 耳為之官. 天之生我, 流氣而變, 謂之精. 精氣往來, 為之神. 神者, 腎藏其情智. 左屬壬, 右屬癸. 在辰為子亥, 在氣為吹, 在液為唾, 在形為骨. 經於上焦, 榮於中焦, 衛(緯)於下焦.『黃庭經』云腎部之宮玄闕圓, 中 有童子冥上玄, 主諸六腑九液源, 外應兩耳百液津."

"삼가 명문도군 해도강를 청합니다. 자는 합정연이요, 항상 제중지관을 지키고 명문내궁에 사기의 문을 지키니, 제중에 배회하고 황금빛 구름 가득 넘치고 삼생이 뿌리를 내리고, 포결을 해결하고 누설하니, 7대조부모로 하여금 쌓인 재앙이 막힘이 없게 하고 죄도 없게 하고 세세토록 해탈의 법을 보호하여 위로는 천제궁에 태어납니다. 진실로 명문도군 해도강의 진기인 황금빛 구름을 존사하니 머리위에 그물처럼 덮어 조용히 주문을 말하니 단영은 정신 도군이라 부르고 생궁에 혼합되어 있고 명문을 수호하니 신선을 통하고 기를 이루며 보배로운 구름풍경이 가지런하고 7대 조상이 동시에 기뻐합니다. 다음으로 황금색 기운이 니환 가운데로 들어가는 것을 존사하고 입으로 신운을 마시고 침을 3번 삼켜 삼신을 응결하여 만드니 일신은 황금 갑옷을 입은 장군과 같은 형상이고 두신이 섬기니 아래 강궁으로 들어가 명문내궁에 충만합니다. 순서에 따라 토식을 하며 옥경을 송경합니다."249)

위 원문을 살펴보면 체내신의 이동은 니환에서 강궁으로 이후 명문으로 이어지는 경로임을 볼 수 있다. 명문의 위치는 수진도에서 우측이 명문이고 좌측이 신장이다. 존사 이동은 니환 → 강궁 → 명문 내궁 경로 순서이다.

다음으로 『대동진경』 제10장 소영양안원군도경제10(素靈陽安元君道經第十), 명문하일황정원왕장(命門下一黃庭元王章)의 체내신 이름은 명문하일황정원왕(命門下一黃庭元王) 자는 원양창(元陽昌)이

---

249) 『大洞眞經』, DZCT6, 上淸大洞眞經卷之二, 茅山上淸三十八代宗師蔣宗瑛校勘, 命門桃君章: "謹請命門桃君孩道康, 字合精延, 常守兆臍中之關, 命門內宮死炁之門, 使兆臍中徘徊, 黃雲 盈溢, 三命生根, 胞結解泄, 令七世父母, 累殃無閡, 宿罪無滯, 世世獲度脫, 上生天帝宮. 真思命門桃君孩道康真炁黃雲之色, 罩於頂上, 默呪曰:丹靈正神, 號曰桃君, 混合生宮, 守護命門, 通仙致炁, 齊景寶雲, 七祖同歡, 受福高晨. 次思黃炁從兆泥丸中入, 兆乃口吸神雲, 咽津三過, 結作三神, 一神狀如金甲將軍, 二神侍立, 下入絳官, 充於命門內宮, 順時吐息. 誦玉經."

다. 양 방광 사이의 명문을 지키는 수호신이다. 달빛으로 응결되어 만들어진 신이다. 존사기법에서 이 신의 이동 경로는 달빛이 니환으로 들어가는 것을 존사하고 강궁으로 들어가 관개수로(灌溉水路)처럼 기운을 펼치고 대장으로 들어가고 양 방광을 지나 양다리 사이 정강이 골수를 뚫고 용천혈로 내려가 양 다리 뿌리까지 들어간다. 존사 경로에 대한 원문은 다음과 같다.

"삼가 명문하일 황정원왕 시명정을 청합니다. 자는 원양창이요. 항상 양 방광의 사이 차축 창문에 죽음의 문을 지키고 수많은 피의 응결로 하여금 신의 기운이 흩어지지 않으며 지옥의 문을 나와 팔난을 초탈합니다. 진실로 명문아래 진원왕 시명정의 진기를 존사하니 월광지색이 머리위에 그물처럼 덮어 조용히 주문을 말합니다. 하진원왕 시명정을 부릅니다. 삼황이 생명의 부적을 잡고 금계는 신선 정원의 법도이니 위로는 중기의 풍경을 부르고 나의 형상을 관개수로 처럼 기운을 펼치며 익차는 비단 구름처럼 빛나고 나는 상청에 오릅니다. 다음으로 달빛이 니환으로부터 중앙에 들어가는 것을 존사하니 이내 입으로 신운을 흡입하고 침을 3번 삼키니 삼신을 응결하여 만듭니다. 하나의 신은 황금 빛 곤룡포를 입고 면류관을 쓴 달의 제왕과 같은 형상이요, 두신 역시 황금빛 옷을 입고 시중한다. 강궁 아래로 들어가 황정원왕은 아래 대장으로 들어가고 빈 공간에 매달려 나타나며 두신은 양 방광으로 들어가 양 다리 정강이 골수안을 뚫고 아래로 용천혈에 이르러 양 다리 뿌리에 나타난다. 두신은 각각 반달을 업고 허공중에 원왕과 합하여 전도되니 위로는 양축의 창문인 허리 사이를 충만하게 하고 원만한 달빛이 되어 화합하며 달은 무궁한 형상으로 신체의 형상으로 비춘다. 차례로 토식을 하며, 옥경을 송경합니다."250)

---

250) 『大洞眞經』, DZCT6, 素靈陽安元君道經第十, 上清大洞眞經卷之三, 茅山上清三十八代宗師蔣宗瑛校勘,命門下一黃庭元王章: "謹請命門下一黃庭元王始明精, 字元陽昌, 常守兆兩胯之間, 車軸之戶死炁之門, 使兆百血凝結, 神炁不散, 拔出地戶, 超度八難, 真思命門下一黃庭元王始明精真炁, 月光之

위 니환에서 용천혈에 이르는 체내신의 존사기법 이동 경로는 수진도와 같은 기운의 이동 경로이다. 수진도에서는 니환(泥丸)을 상단전, 강궁(絳宮) 아래를 토부(土釜)라 하는데 이곳을 중단전이라고 하고, 기해(氣海)를 하단전이 위치하는 곳이라고 설명하고 있다. 또한 상단전이 위치하는 니환에는 신(神)이 숨겨져 있고, 중단이 위치하는 강궁 근처 토부라는 황정(黃庭)혈에는 공간으로 기(氣)가 감추어져 머무르고 있다. 수진도에서 양 신장을 설명하며 용천혈을 설명하는 부분과 같다. "옥지(玉池)라는 곳이 있는데 하단전으로 정(精) 감추어진 곳으로 기해의 좌측으로 명당(明堂), 우측에 동방(洞房)이 있으며 이곳에 두 구멍이 있는데 신장 내부로 통하고 신장 가운데에 구멍이 있는데 꼬리 뼈 부분인 미려로 통하고 미려로 통하는 양쪽 신장 부분은 무릎 아래에 종아리 부분의 삼리혈에 이르고 이곳에서 다시 발바닥 중앙부분인 용천혈(湧泉穴)에 이른다"251)고 설명하고 있다. 존사 이동은 니환 → 강궁 → 대장 → 양 방광 → 양 다리 정강이 골수 → 용천혈 → 양 다리 뿌리가 경로 순서이다. 양 방광에 안착하여 거주하며 양 방광 사이를 지키는 수호신이다. 이는 니환은 독맥혈이며 양 방광은 족태양방광혈, 용천혈은 족소음신경혈맥으로 상청파 『대동진

　　色, 罩於頂上, 默微呪曰：下一眞元王, 號曰始明精, 三皇把符命, 金契度仙庭, 上招景中炁, 炁布灌我形, 羽車曜雲羅, 令我昇上清. 次思月光從兆泥丸中入, 兆乃口吸神雲, 咽津三過, 結作三神, 一神狀如月帝, 黃袞冕, 二神亦黃衣, 侍立, 下入絳官, 下眞元王下入大腸, 出懸於空中, 二神入兩膀胱, 穿兩腿髓內, 下至湧泉穴, 出兩腳根, 二神各負半月, 倒上合於虛中元王, 上充腰間車軸之戶, 合爲圓月, 月形無窮, 映了身形, 順時吐息, 誦玉經."

251) 『修眞圖』三關・三田10: "......중략 曰玉池, 又曰下丹田, 內藏精之所, 採藥之處, 左明堂, 右洞房, 亦空一穴, 方圓1寸3分, 此處有二竅, 通於內腎, 腎中有竅, 通於尾閭, 由尾閭通兩腎堂, 以至膝下三里穴, 再下至湧泉穴, 此人身相通之關竅也."

경』이 기경팔맥과 12경락 관련과 관련이 있음을 알 수 있다.

『대동진경』 제13장 황상사노도중군도경제13(皇上四老道中君道經第十三), 칠진현양군장(七眞玄陽君章)은 양 신장의 체내신의 이동 경로를 설명하고 있다. 양신의 이름은 칠진현양군이며 자는 명왕생이다. 척추의 궁골을 지키는 수호신으로 오행상 북방의 색인 검은색 구름 기운인 현운(玄雲)을 존사 한다. 존사는 니환에서 강궁으로 들어가 양 방광으로 나누어 들어가며 미려혈을 뚫고 위로 양 신장의 기운을 충만하게 하고 등 쪽 궁골로 향하는 이동 경로를 설명하고 있다.

"삼가 양 신장 칠진현양군을 청합니다. 자는 명왕생이요, 항상 척추의 궁골를 지키고 구지 문호의 죽음의 문를 지키니 지호로 하여금 생기를 복하니 궁골은 신액을 받고 육진이 조화롭게 충만하여 신비로운 생명의 근원이 됩니다. 진실로 신장 가운데 칠진현양군의 진기를 존사하니 신비로운 구름 색이 머리위에 그물처럼 덮어 조용히 주문을 말합니다. 칠진생제군 이시여, 팔기가 항상 안녕 되게 운행 되니 위로는 태양 가운데 동자를 초대하니 원만한 구슬이 나의 형상으로 비춥니다. 유부와 섞인 바람이 돌아오고 대동경의 묘법이 돌아오니 지호의 어려움과 구천을 초탈합니다. 다음으로 현운의 기운이 니환 가운데로부터 들어감을 존사하니 이내 입으로 신운을 흡입하고 침을 7번 삼키며 일곱신을 응결하여 만드니 머리를 풀고 맨발로 강궁으로 들어가 양 방광으로 나누어 들어가며 미려혈을 뚫고 위로 양 신장의 기운을 충만하게 하고 등 쪽 궁골로 나오니 차례로 토식을 하며 옥경을 송경합니다."252)

---

252) 『大洞眞經』, DZCT6, 皇上四老道中君道經第十三, 上清大洞眞經卷之三, 茅山上清三十八代宗師蔣宗瑛校勘,七眞玄陽君章:"謹請兩腎七眞玄陽君, 字冥光生, 常守兆背之窮骨, 九地之戶死炁之門, 使地戶伏生炁, 窮骨受神液, 六津調滿, 生根探密. 真思腎中七眞玄陽君真炁, 玄雲之色, 罩於頂上, 默微呪曰 : 七眞生帝景, 八炁運常寧, 上招日中童, 圓珠映我形, 徊風混幽府, 歸

위 궁골(窮骨)253)은 『황제내경』에서 미려혈을 말하며 상청파의 수련자들은 신체와 관련한 의학지식을 충분히 이해하고 해부학적 지식을 많이 습득하고 있었음을 알 수 있다. 존사 이동 경로는 니환 → 강궁 → 양 방광 → 미려 → 양 신장 →궁골 경로 순서이다.

3) 육부(六腑)의 체내신과 담(膽)

妙大洞經, 拔出地戶難, 超凌逸九天, 次思玄雲之炁從兆泥丸中入, 兆乃口吸神雲, 咽津七過, 結composed七神, 披髮跣足, 入絳官, 分入兩膀胱, 穿尾閭穴, 上充兩腎, 出背窮骨, 順時吐息,誦玉經."

253) 『黃帝內經』,「靈樞‧癲狂篇」: "窮骨者 骶骨." 窮骨은 尾骶, 骶端, 橛骨, 尾閭라고도 하는데, 척주 뼈의 가장 아래 부위에 있으며, 위로는 엉덩이 뼈의 아래 부분과 떨어져 있고, 肛門의 뒤에 위치해 있다. 이는 바로 督脈의 經穴인 長强穴의 부위이다;『針灸大成』의 注에서 "長强穴은 척추 저골의 끝부분이다"라고 하였다.

"담(膽)이라 함은 금(金)의 정기요 수(水)의 기운이니, 그 색은 청색이며, 간의 짧은 지엽 아래에 붙어있다. 담이라 함은 용감한 것이다. 담이 큰 자는 반드시 두려워하지 않는다. 그 신의 이름은 용요(龍耀)이며, 자는 위명(威明)이라 한다. 형태는 거북이나 뱀이 섞인 모양새이며, 마치 자루에 매달린 모양이다. 무게는 3냥 3주이다. 간의 腑에 해당한다. 헤아려본다면, 담은 마땅히 오장에는 있지 않고, 육부에 응하여 돌아간다. 담 또한 수기를 받는 것으로 인하여 감(坎)과 같은 길을 가고, 또 다른 육부와 같을 수 없다. 그런 까닭에 별도로 담장(膽臟)이라고 하며 방광에 합한다. 또한 모발을 주재한다. 『황정경』에서 이르기를 모든 기력(氣力)과 호병(虎兵)을 다스리고 주재하고, 밖으로는 눈동자와 코뿌리 사이에 응한다. 뇌와 머리칼을 서로 돕는데, 또한 깨끗함을 갖추고 있으며, 아홉 색깔의 비단옷에 푸른색으로 빛나는 치마를 입고 있다."254)

담에 대한 수진도의 내용을 살펴보자. 담에 대하여 체내신(體內神)의 이름은 용요(龍耀) 빛나는 용, 자는 위명(威明) 밝은 위엄이라고 설명하고 있다. 담의 형태는 거북이나 뱀이 엉켜있는 모양을 하고 있고 무게는 3냥 3주이며 간(肝)의 부(腑)에 해당되고 있음을 설명하고 있다. 또한 『황정경』을 인용하며 밖으로는 눈동자와 코 뿌리 사이에 응하며 뇌와 머리칼을 서로 돕고 역시 신선함을 갖추고 있는데 아홉 색깔의 비단옷과 푸른빛으로 빛나는 치마를 입고 있는 체내신(體內神)을 상징하고 있다.

수진도에서 담은 금의 정기로 수의 기운을 간직하고 있다. 색깔은 오행상 청색이며, 간의 아래에 붙어있다. 담은 육부에 속하

---

254) 『修眞圖』膽8: "膽者, 金之精, 水之氣, 其色青, 附肝短葉下. 膽者, 敢也. 膽大者, 必不驚. 神名龍耀, 字威明形如龜蛇混形, 其象如懸袋.重三兩三銖, 為肝之腑若據, 膽當不在五臟之數, 應歸於六腑, 因膽亦受水氣, 與坎同道, 又不可同於六腑, 故別立膽臟, 合於膀胱, 亦主毛髮. 『黃庭經』;"曰 主諸氣力攝虎兵, 外應眼瞳鼻柱間, 腦髮相扶亦俱鮮, 九色錦衣綠華裙."

며 방광에 합한다. 또한 모발을 주재하며, 뇌와 머리칼을 서로 돕는다고 설명하고 있다.

『대동진경』에서는 제12장 담중팔진장(膽中八眞章)은 오장육부 중 담에 관한 체내신의 존사이동 경로를 설명하고 있다. 체내신 이름은 담중팔진합경군(膽中八眞合景君)이며, 자는 북대현정(北臺玄精)이다. 척추 등뼈마디를 지키는 수호신이다. 담은 오행상 토 기운으로 황금색이다. 존사기법에서 체내신을 존사 할 때 황금빛을 존사 한다. 이 체내신의 존사 이동 경로는 황색 기운이 니환 가운데로 들어가는 것을 존사하고 미려를 뚫고 위로 등 뼈 마디마다 기운을 충만하게 한다. 이 체내신은 미려, 척추, 옥침으로 유통되고 있음을 볼 수 있다. 『대동진경』 원문에 설명된 체내신의 존사 이동 경로는 아래와 같다.

"삼가 담중팔진합경군을 청합니다. 자는 북대현정이요, 항상 등 쪽 뼈마디 죽음의 문을 지키고 등줄기 뼈마디로부터 생기를 받으나 삿된 음기을 막지 못하니 아래 구멍을 항상 막고 있습니다. 참된 빛이 모든 신체의 형태에 비추니 상청의 신선 자리를 증험합니다. 진실로 담중팔진 합영군의 진기를 존사하니 황금색 구름이 머리위에 그물처럼 덮어 조용히 주문을 말합니다. 팔진법신, 신이 구천에 생하니 북대군이라 부르고 항상 삼합 간에 있으며 진실한 동굴에 밝은 기운을 초대하니 아래로 흘러 나의 몸을 감싸고 몸에는 자색빛의 광채가 빛납니다. 제신과 더불어 친함을 맺으니 오노를 잡아 이끌어 태선을 엮습니다. 다음으로 황색기운이 니환으로부터 가운데로 들어가는 것을 존사하니 이내 입으로 신비로운 구름을 흡입하고 침을 8번 삼키며. 황색 곤룡포를 입고 면류관을 쓴 팔신을 응결하여 만듭니다. 미려를 뚫고 아래로 뼈마디 창문 마다 위로 등뼈를 충만하게 하니 그 신이 다시 나타나고 양쪽으로 나열하니 차례로 토식을 하며 옥경을 송경합니다."255)

이 담의 수호신인 체내신의 인체 내 이동 경로는 황금색 기운이 니환 가운데로 들어가는 것을 존사하니 아래로 뼈마디부터 위로 등 뼈 마디마다 기운을 충만하게 한다고 하고 있다. 이는 체내신이 미려, 척추, 옥침으로 유통되고 있음을 볼 수 있다. 존사이동은 니환 → 미려 → 척추 경로 순서이다. 척추를 지키는 수호신의 존사 이동은 기경팔맥중 독맥의 경로와 관계가 있음을 알 수 있다.

3. 상청파의 존사 경로와 종려파의 내단 경로

255) 『大洞眞經』, DZCT6, 高上太素君道經第十二, 上清大洞眞經卷之三, 茅山上清三十八代宗師蔣宗瑛校勘, 膽中八眞章: "謹請膽中八眞合景君, 字北臺玄精, 常守兆背窮骨之下節死炁之門, 使兆背窮骨受生炁, 陰邪炁不干, 下節孔常閉, 眞光映於兆形, 證上清之仙位. 眞思膽中八眞合景君眞炁, 黃雲之色, 罩於頂上, 默微呪曰: 八眞法神, 神生九天, 號曰北臺君, 常在三合間, 招眞洞明炁, 下流布我身, 身生紫暉, 與帝結親, 携挈五老, 太仙纏綿. 次思黃炁從兆泥丸中入, 兆乃口吸神雲, 咽津八過, 結作八神, 黃裛晃, 穿尾閭, 上充背窮骨下節之戶, 復出其神, 羅列兩邊, 順時吐息. 誦玉經."

"하늘에는 구궁이 있고, 땅에는 구주가 있다. 사람의 하단전에는 구규가 있으니, 이는 땅의 구주로써 형상이다. 니환궁에는 아홉 개의 구멍이 있으니, 이는 천상의 구궁으로 살핀 것이다. 구궁 뇌 부분의 뼈는 여덟 조각으로 이루어져 있으니, 이는 팔방(八方)에 응한 것이다. 일명 옥황상제의 거처는 미라천(彌羅天)의 옥제궁이라 하며, 또 달리 순양천궁(純陽天宮)이라고 하기도 한다. 중공(中空)이라고 하는 혈이 하나 있으니, 이를 일러 현령(玄靈: 궁穹)이 주재하는 곳이라 하며, 또 달리 원신궁(元神宮)이라고 한다. 그 아래에는 혀가 있는데, 혀 안쪽에는 금쇄관(金鎖關)이 있어서 혀와 서로 대하니, 이를 달리 일러 작교(鵲橋)라고 한다. 코 아래에는 인중혈이 있으니, 금쇄관과 서로 대하는 곳으로 그 사이에 독맥(督脈)이 있다. 이것이 사람의 근본이요, 이를 일러 구규라고 하며, 일명 성근옥천(性根玉泉) 또는 화지(華池)라고 한다. 혀 아래에는 네 개의 구멍이 있으니, 두 구멍은 심(心)과 통하는 곳으로, 액(液)이 된다. 나머지 양 구멍은 신(腎)과 통하여 기(氣)가 된다. 신(神)의 집인 니환궁의 아홉 개의 구멍은 곧 천황(天皇)의 궁이다. 그 중간에 하나의 혈이 있는데, 형태는 마치 병아리 같고, 특징이 마치 쑥대와 같은데, 이를 일러 곤륜(崑崙)이라고 한다. 이를 해석하길 수미산(須彌山)이라고 한다. 수진(修眞)의 씨알을 몰라서는 아니 된다."256)

이어서 이 절에서는 위 원문을 살펴보며 수진도에 나타나는 인체내 상청파 체내신 존사기법과 종려파 내단기법의 기운 이동 경로를 살펴보고자 한다.

위 원문에서는 하늘에는 구궁(九宮)이 있고 땅에는 구주(九州)

---

256) 『修眞圖』九宮9: "天有九宮, 地有九州, 人之下丹田有九竅, 以象地之九州, 泥丸有九穴, 以按天上九宮腦骨八片, 以應八方, 一名彌羅天玉帝宮, 又名純陽天宮, 中空一穴, 名玄靈 (穹) 主, 又名元神宮, 下有舌, 舌內有金鎖關, 與舌相對, 又名鵲橋.鼻下人中穴, 與關相對, 其間有督脈, 乃是人之本, 名上九竅, 一名性根玉泉, 又號華池. 舌下有四竅, 二竅通心, 爲液, 兩竅通腎, 爲氣,神室泥丸九竅, 乃天皇之宮,中間一穴, 形如雞子, 狀似崑崙是也.釋曰須彌山, 修真之子, 不可不知也."

가 있다고 설명한다. 하단전에 구규(九竅)가 있음을 설명하고 니환궁의 머리 부분을 설명하고 있다. 도교의 옥황상제가 거처하는 미라천(彌羅天)을 옥제궁(玉帝宮), 순양천궁(純陽天宮), 원신궁(元神宮)이라 설명하며 불교의 곤륜산, 수미산을 비교하며 이야기하고 있다. 코 아래에 인중혈(人中穴)이 있으며, 금쇄관(金鎖關)과 서로 마주하고 있는 곳으로 그 사이에 독맥(督脈)이 있음을 설명하고 있다. 이곳을 일명 성근옥천(性根玉泉) 또는 화지(華池)라고 하는데 혀 아래에는 네 개의 구멍이 있고 두 구멍은 심장과 통하는 곳으로 액(液)이 된다. 라고 표현하고 있다. 나머지 양 구멍은 신장과 통하여 기(氣)가 되는데 신(神)의 집인 두정부의 니환궁의 구진의 구규(九竅)를 천황(天皇)의 궁이다라고 설명하고 있다. 위와 같이 수진도에서는 구궁을 설명하며 니환과 독맥과 연결시키고 있으며 독맥에서 코아래 인중혈과 금쇄관, 작교라 불리는 혀 아래 옥천(玉泉), 화지(華池)의 임맥과 연결하여 혀 아래 네 구멍이 있는데 두 구멍은 심장과 통하여 액이 되고 다른 두 구멍은 신장과 통하여 기(氣)가 된다고 설명하며 종려파에서 말하는 인액(咽液) 침이 심장과 폐의 기운과 만나 금액이 되고 신장의 기운과 만나 옥액이 된다는 내단기법을 구체적으로 연결하며 설명하고 있다. 또한 상청파의 체내신 존사 이동 경로 역시 인진(咽津)이라 하여 침을 삼킬 때 체내신이 형상화 되는데 내단기법과 존사기법의 인체 내 기운 이동 경로가 상호 연관성을 가지고 있음을 보여 주고 있다.257)

---

257) 『修眞圖』에서는 혀 아래 옥천(玉泉), 화지(華池)의 독맥에서 임맥과 연결하여 혀 아래 네 구멍이 있는데 두 구멍은 심장과 통하여 액이 되고 다른 두 구멍은 신장과 통하여 기가 된다고 설명하며 종려파 『종

이에 관하여는 아래 삼관(三關)과 삼전(三田) 부분에서 좀 더 자세히 설명하고자 한다. 상청파와 종려파의 존사와 내단의 이동 경로의 핵심인 삼관에 대하여 수진도는 판본 그림 상단 왼쪽 첫 부분에 자세히 설명하고 있다. 수진도 원문은 아래와 같다.

1) 삼관(三關)

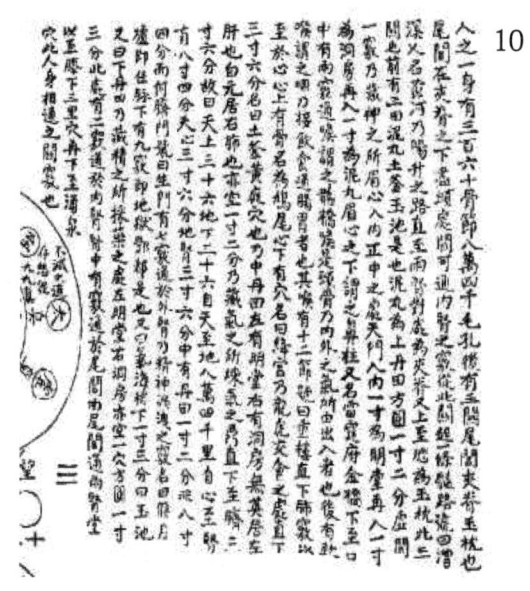

"사람의 몸에는 360개의 뼈마디가 있고, 84,000천개의 모공이 있다. 몸의 뒷부분에는 삼관(三關)이 있는데 미려(尾閭), 협척(夾脊), 옥침(玉枕)이다. 미려는 척추의 맨 아랫부분에 있고, 안으로는 신(腎)의 구멍으로 통한다. 이 관을 따라서 골수(骨髓)로 나아가는 길이 있다. 이것을 조계(漕溪)라고 하고, 또는 황하(黃河)라 한다. 이것이

려전도집』과 『영보필법』에서 논하지 않는 금액과 옥액의 이동 경로를 구체적으로 설명하고 있다.

바로 양기가 올라가는 길이다. 여기서 곧장 양 어깨로 와서 뼈를 대하는 곳이 있는데 이를 협척이라 한다. 또 위로 올라가서 뇌(腦)에 이르면, 이것을 일러 옥침이라고 한다. 이것이 삼관(三關)이다. 몸의 앞부분에는 삼전(三田)이 있으니, 니환(泥丸)과 토부(土釜), 옥지(玉池)가 바로 그러하다. 니환은 상단전이라 이르는데, 대략 1촌2분 크기이며, 허한 곳에 열려있는 한 구멍이니, 이곳이 바로 神이 숨겨져 있는 곳이다. 미심(眉心: 양미간)에는 사람 인체 내부의 정중(正中)을 맡는 곳이 있는데, 이곳이 바로 천문이라 하며, 천문에서 일촌 안쪽으로 들어간 곳을 명당이라고 하고, 여기서 1촌을 더 들어간 곳을 일러 동방(洞房)이라 하고, 재차 다시 일촌을 더 들어간 곳을 일러 니환궁이라 한다. 미심의 아래를 비주(鼻柱: 콧마루)라고 하는데, 달리 뇌정부(雷霆府)라고도 한다. 금교(金橋) 아래로부터 입에 이르는 곳 가운데에 목구멍을 통하는 두 개의 구멍이 있는데, 이를 일러 작교(鵲橋)라 한다. 후(喉: 목구멍)은 곧 경골(頸骨)이라, 이곳에서부터 내외의 기가 안팎으로 출입되는 것이다. 후(喉)에서 뒤로 조금 더 내려간 곳을 일러 인(咽)이라 하니, 이곳이 바로 음식을 접하는 곳이고, 장과 위로 통하는 길목이다. 후(喉)에는 열두 관절이 있는데, 이를 일러 중루(重樓)라고 한다. 아래로는 곧장 폐의 구멍에 이르고, 그로써 심(心)에 이르게 되는데, 그 심 위에는 뼈 하나가 있으니, 이를 일러 구미(鳩尾)라 한다. 심의 아래에는 혈이 하나 있는데, 이를 일러 강궁(絳宮)이라 하나니, 이곳은 바로 용호(龍虎: 心火 腎水를 이름)가 만나서 얽히는 자리다. 거기서 곧장 아래로 3촌 6분에 이른 곳을 일러 토부라고 하니, 이곳이 바로 황정혈이며 이것이 중단전이다. 좌측에 명당이 있고 우측에 동방이 있다. 좌측에 무영(無英)의 신이 거하고 간(肝)이며 백원(白元)의 신이 거하는 곳이 우측 폐(肺)이다. 역시 1촌2분의 빈 공간으로 기(氣)감추어 머무는 곳으로 연기(煉氣)의 솥이다. 곧 바로 아래에 이르러 배꼽이 3촌6분이며, 고로 천상 36천이며, 지하 36이다. 하늘로부터 땅에 이르기 까지 8만4천리요, 심장에서 신장에 이르는 거리가 8촌4분이며 천심이 3촌6분이며, 지신이 3촌6분이고, 가운데 단전이 1촌2분에 있으니 어찌 8촌4분이 아니겠는가, 배꼽문을 생문이라 부르니, 7규가 있고, 밖으로 신장과 통하니 이내 정신이 누설되는 구명으로 언월로라 이름하고 즉 임맥이다. 아래로 아홉 구멍이 있으니 즉 지옥이 이곳이며 기해(氣海)라 부른다. 1촌3분 끝이 옥지이며, 하단전이라 한다. 정이 감추어진 곳으로 채약(採藥)하는 장소이다. 좌측으로 명당, 우측에 동방이 있으며 역시 하나의 혈인 빈 공간으로 방원이 1촌3분으로 이곳에 두 구멍이 있는데 신장 내부로 통하고 신장 가운데에 구멍이 있는데 미려로 통한다. 미려로 통하는 양쪽 신당을 연유로 무릎 아래에 3리혈에 이르고 다시 용천혈(湧泉穴)에 이르니 이 같이 사람 몸은 관규와 상통한다."258)

위 수진도 원문에 표기된 사람의 몸에 360개의 뼈마디가 있고 8만4천개의 모공(毛孔)이 있다는 설은 중국 수(隋)나라 말기에서 당(唐)나라 초기에 간행된 불교의 경전인『부모은중경(父母恩重經)』에 처음 나타난다. "부처님이 제자 아난에게 설명하며 어머니가 아이를 잉태하면 열달 동안 말로 표현할 수 없는 고통으로 고생을 하는데 이 때 첫달 태아는 풀잎위의 이슬방울 같아 새벽녘에

---

258) 『修眞圖』三關 · 三田10: "人之一身, 有三百六十骨節, 八萬四千毛孔, 後有三關: 尾閭, 夾脊, 玉枕也, 尾閭在脊椎之下盡頭處, 關可通內腎之竅, 從此關起一條髓路, 號曰漕溪, 又名黃河, 乃陽升之路, 直至兩肩夾骨對處為夾脊, 又上至腦, 為玉枕, 此三關也. 前有三田, 泥丸, 土釜, 玉池是也. 泥丸為上丹田, 方圓一寸二分, 虛開一竅, 乃藏神之所, 眉心入內正中之處天門, 入內一寸為明堂, 再入一寸為洞房, 再入一寸為泥丸.眉心之下謂之鼻柱, 又名雷霆府, 金橋下至口中有兩竅通喉, 謂之鵲橋, 喉是頸骨, 乃內外之氣所由出入者也. 後有軟喉謂之咽, 乃接飲食, 通腸胃者也. 其喉有十二節, 號曰重樓, 直下肺竅, 以至於心, 心上有骨, 名為鳩尾, 心下有穴名曰絳宮, 乃龍虎交會之處.直下三寸六分, 名曰土釜, 黃庭穴也. 方中丹田, 左有明堂, 右有洞房, 無英居左, 肝也, 白元居右肺也, 亦空一寸二分, 乃藏氣之所, 煉氣之鼎, 直下至臍三寸六分, 故曰天上三十六, 地下三十六, 自天至地八萬四千里, 自心至腎有8寸4分, 天心3寸6分, 地腎3寸6分, 中有丹田1寸2分, 非8寸4分而何, 臍門號曰生門, 有七竅, 通於外腎, 乃精神洩漏之竅, 名曰偃月爐, 卽任脈, 下有九竅, 卽地獄酆都是也, 又曰氣海, 稍下1寸3分, 曰玉池, 又曰下丹田, 內藏精之所, 採藥之處, 左明堂, 右洞房, 亦空一穴, 方圓1寸3分, 此處有二竅, 通於內腎, 腎中有竅, 通於尾閭, 由尾閭通兩腎堂, 以至膝下三里穴, 再下至湧泉穴, 此人身相通之關竅也."

생기었다 낮 동안에 흩어져서 저녁에는 없어지는 이슬방울 같고, 둘째달의 태아는 엉긴 우유 같고, 셋째달의 태아는 엉긴 피와 같고, 넷째달의 태아는 차츰 모습을 갖추고, 다섯째 달 태아는 오포들이 생기고 머리, 두 팔, 두 다리가 생기며, 여섯째 달 태아는 여섯 정기 즉 눈의 정기 귀의 정기 코의 정기 입의 정기 혀의 정기 몸의 정기 뜻의 정기가 생기고, 일곱째 달 태아는 3백60 뼈마디와 8만4천 털구멍이 차례차례 생기고, 여덟째 달 태아는 뜻과 지혜가 생겨나고 아홉 개의 큰 구멍이 하나하나 자라며, 아홉째 달 태아는 무언가를 먹지만은 복숭아, 배, 마늘, 오곡 음식 등은 먹지 않고 열째 달의 태아는 세상으로 나오는데 효성스레 순조롭게 태어나는 아이들은 두 주먹을 합장하여 높이 들고 태어나서 어머니의 몸상하게 하는 일이 없습니다. 순조롭게 태어나지 아니하는 아이들은 두 손으로 태를 찢고 염통과 간을 움켜잡고 두 발로는 어머니의 엉치뼈에 버티는 듯 천개의 칼로 배를 휘젓고 일만 개의 송곳으로 가슴을 쑤시는 듯 고통 주며 나오는 이런 고통 겪으면서 어머니는 이 몸을 낳는 등 열 가지 은혜를 베푸셨다. 일곱째달 태아는 360 뼈마디와 8만4천 털구멍이 차례차례 생긴다."259)는 설로 부모은중경은 부모가 자식을 나아 기르는 그

---

259) 『父母恩重經』: "佛告 阿難 汝今諦廳諦廳 吾今爲汝 分別解說 阿孃懷子 十月之中 極是辛苦 恰如草頭上珠 保朝不保暮 早晨聚將來 午時消散去 阿孃一箇月懷胎 阿孃兩箇月懷胎 恰如撲落凝蘇 阿孃三箇月懷胎 恰如凝血 阿孃四箇月懷胎 稍作人形 阿孃五箇月懷胎 在孃腹中 生五胞 何者名爲五胞 頭爲一胞 兩肘爲三胞 孃膝爲五胞 阿孃六箇月懷胎 孩兒在孃 腹中 六精開 何者名爲六精 眼爲一精 耳爲二精 卑爲三精 口是四精 舌是五精 意爲六精 阿孃七箇月懷胎 孩兒在孃腹中 生三百六十骨節 八萬四千毛孔 阿孃八箇月懷胎 生其意智 長其九竅阿孃九箇月懷胎 孩兒在孃腹中 喫食 不湌 桃梨 蒜菓 五穀飮味 阿孃生臟向下 熟臟向上 有一座山 此山有三般名字 一號須彌山 二號業山 三號血山 此山 一度崩來 化爲一 組凝血 流入孩兒

은혜가 바다보다 넓고 지극히 깊다는 사실에 대하여 부모의 은혜에 대한 보은(報恩)을 권장한 경이다. 수진도에 불교 경전의 기록을 세긴 것은 이들 수행자들이 유불도 삼교합일의 회통을 표방하고 있는 것으로 볼 수 있다.

한편 허준의 『동의보감』에는 태아가 형성 될 때 365골절과 8만4천 모공에 대하여 설명하고 있는데 태내에서의 경락 발생도 먼저 오장육부가 먼저 생성되어 삼초가 팔맥을 낳고, 팔맥이 12경을 낳으며, 12경이 12락을 낳고, 손가락이 365골절을 낳고, 골절이 365대혈을 낳고, 대혈이 8만4천의 모규를 낳으면, 이목구비와 신형을 안팎으로 감싸고 있다고 설명한다.260) 그러나 현대 인체 해부학에서 인체에서 몸을 이루는 뼈의 수는 개인 차이가 있을 수 있지만, 갓난아이가 270개, 어른이 총 206개이다.261) 어른으로 성장하면서 70개 정도의 뼈마디가 하나의 뼈로 통합 굳어져 간다고 한다. 일반적으로 성인은 206개(머리, 몸통 80개+팔, 다리 126개), 갓 태어났을 때는 270개이다. 뼈의 수에는 남녀 차이가 없다.262)

또한 위 수진도에 나타난 삼관의 미려, 협척, 옥침에 대하여

口中 阿孃十箇月懷胎 方乃降生 若是孝順之男 擎拳合掌而生 不損阿孃 若是五逆之子 擘破阿孃胞胎 手攀阿孃心肝 腳踏阿孃과骨 教孃如千刀交腹 恰似萬刃贊心 如斯痛苦 生得此身 猶有十 恩."

260) 『東醫寶鑑』: "其次三焦生八脈 八脈生十二經 十二經生十二絡 十二絡生一百八十絲絡 絲絡生一百八十塵絡 塵絡生三萬四千孫絡 孫絡生三百六十五大穴 大穴生八萬四千毛竅則 耳目口鼻百骸之身皆備矣."; 강경화 외 3인 역, 『形象醫學의 觀点에서 본 經絡理論의 臨床活用』, 동의대학교, 대한경락경혈확회지, Vol.21, 2004, 150쪽.

261) 다케우치 슈지 저, 오시연 역, 『인체구조교과서』, 보누스, 2019.

262) Jon C. Thompson 저, 안기찬 역, 『Netter's 근육뼈대계 간결해부학 2판』, 2011.

『황정경』과 『대동진경』에는 신체 각 부위에 오장 체내신이 자리하고 그 기의 흐름을 집중하여 명상하는 존사기법이 상세히 표기되어 있다. 그에 상응하는 인체의 5장6부와 명칭이 보인다. 이를 삼관 및 임독맥과 접목시켜 이해하는 것은 상청파 『대동옥경(大洞玉經)』에서도 찾아 볼 수 있다. 이는 꼬리뼈 부분의 미려에서 척추의 협척으로 올라가 후두부의 옥침에서 두정부로 들어가는 독맥(督脈)의 혈자리로 인식하게 된 것이다. 이러한 인식 경향은 명의 가정(嘉靖, 1522-66) 연간에 성립된 『대동진경』의 새로운 주석 버전인 『태상옥청대동옥경(太上玉淸大洞玉經)』에도 보이는데 여기서는 한발 더 나아가 대부분의 신체 부위의 체내신을 임독맥을 통해 순환시키도록 하며, 옥침의 태일신 존사기법이 확대되었다.263)

수진도는 미려, 협척, 옥침 삼관에 관하여 척추부분에 원으로 표시하여 자세히 설명하고 있는데 그 내용은 아래와 같다.

(1) 미려관(尾閭關)

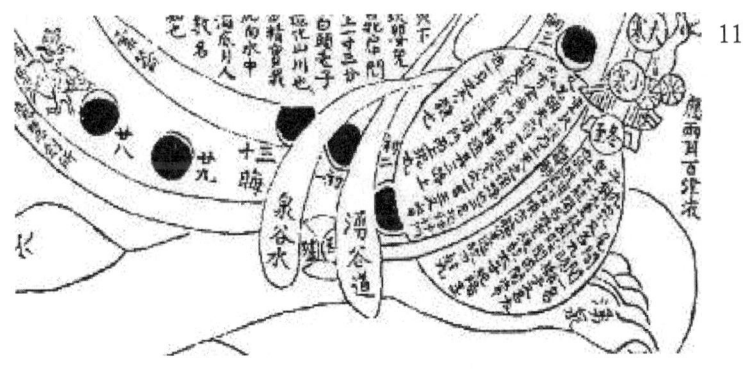

---

263) 김지현, 앞의 논문, 214쪽. : 『太上玉淸大洞玉經』은 『대동진경』의 주석서로 萬曆十一年(1583)에 양유(楊攸)에 의해 출판되었고 현행본으로는 『道藏輯要』에 『元始大洞玉經』이라는 제목 아래 수록되어 있다.

"미려관은 일명 구규(九竅)라고도 하고, 또 구두사자(九頭獅子: 아홉 머리의 사자)라고도 하며, 또는 '태자가 구중철고(九重鐵鼓: 아홉 겹의 쇠북)를 쏘는 것과 같다.'라고 했는데, 음관은 굳게 닫혀있는 것이라서 항상 열려있을 수가 없는 것이라, 그래서 '아홉 겹의 쇠북'이라 이름하는 것이다. 태자라고 하는 것은 순양의 기운이니, 능히 제호관정 할 수 있고 두루두루 능통할 수 있는 것이라, 그래서 구중철고를 쏘는 것과 같다고 하였다. 이것이 상천으로 향하는 경로이다. 일명 지축신호(地軸神壺)라 하며, 또 달리 조천령(朝天嶺)이라고 하기도 한다. 일명 용호혈(龍虎穴)이라고도 하며 삼차골(三叉骨)이라고도 한다. 腎 안에는 금솥이 있으니, 안팎이 서로 통하고, 공히 위로 3개의 길이 위로 통하는데 협척이 그러하고, 곧장 정수리의 문을 투과하여 니환궁에 이르고, 온몸의 골수를 통한다."264)

위 삼관중에서 먼저 미려관을 기록하고 있는 위 수진도의 원문을 분석해 보면, 미려관을 구규라고 하는데 음관이라 항상 닫혔고 이 통로가 하늘과 향하는 경로임을 제시하고 있다. 일명 용호혈(龍虎穴)이라고 하며, 삼차골이라고 하는데, 신장안에 금솥이 있고 안과 밖이 상통하고 모두 3통로가 있는데 위로는 협척과 통하고 위로 두정부 니환으로 직통하며, 골수와 통한다고 설명하고 있다.

---

264) 『修眞圖』尾閭關11: "尾閭關, 一名九竅, 又名九頭獅子, 又曰如太子射九重鐵鼓, 陰關固閉, 常年不能開, 名九重鐵鼓. 太子, 純陽炁也, 能醍醐灌頂, 方能穿通, 故曰射九重鐵鼓, 乃上天之徑路也. 一名地軸神壺, 又名朝天嶺, 一名龍虎穴. 一名三叉骨, 腎內有金鼎, 內外相通, 共三路 上通夾脊, 直透頂門而上泥丸, 通一身之骨髓也."

(2) 협척쌍관(夾脊雙關)

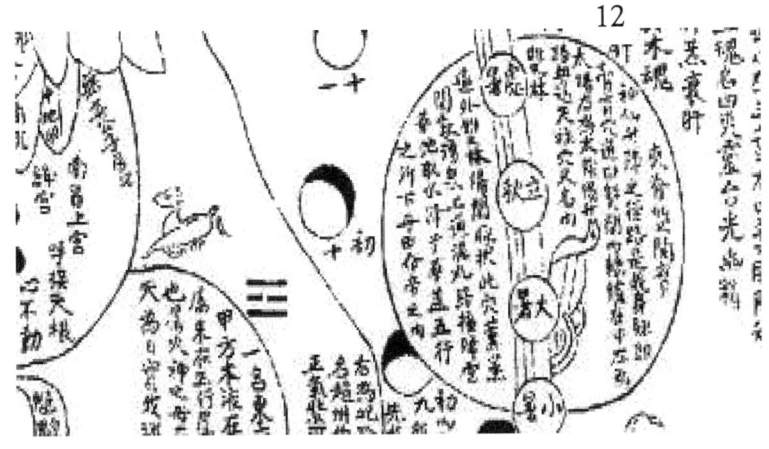

"협척쌍관은 진실로 신선이 승강하는 경로이니, 내 몸의 맥인 즉, 고황의 혈도이다. 이를 일러 쌍관이라 하니, 녹로(轆轤) 안에 있다. 좌로는 태양이 되고, 우로는 태음이 된다. 양이 올라서 음을 내쉬는 길이며, 천주혈과 통하니, 또 이름 하여 내쌍림이라 하고, 외쌍림과 통하면 양관의 맥이 엎어진다. 이 혈이 훈증하는 관규이니, 아래로는 용천과 통하고 위로는 니환궁과 통하고, 강궁과 접하여 이어져 있다. 화지(華池)는 水를 취하여 화개에서 내려오는 곳이라, 오행이 있는 곳이요, 하단전 꼭지의 내부 명에 속한다."[265]

위 수진도 원문은 협척쌍관에 관하여 기록하고 있다. 협척은 신선이 오르고 내리는 경로라고 제시하고 있다. 고황[266]의 혈도

---

[265] 『修眞圖』夾脊雙關12: "夾脊雙關, 實神仙升降之徑路, 是我身脈, 即膏肓穴道, 曰雙關, 內轆轤在中, 左為太陽, 右為太陰陽升陰呼路, 通天柱穴, 又名內雙林, 通外雙林, 陽關脈伏此穴薰蒸關竅, 下湧泉, 上通泥丸, 絡接絳宮, 華池, 取水降於華蓋, 五行之所, 下丹田命蒂之內."

[266] 『千金要方』: "膏肓穴夾脊雙關透頂門, 修行路徑此為根, 參考針灸穴位, 在第四胸椎下, 督脈"

라고 기록하며 양쪽 관이 있는데 녹로관안에 위치해 있으며 좌로는 태양이고 우로는 태음이라고 설명하며 내 쌍림, 외쌍림이라고 표현하고 있다. 이 혈이 훈증의 관규라고 설명하고 있어 폐액이 훈증되면 이 경로를 따라 옥액환단, 금액환단이 이루어짐을 알 수 있다. 아래로는 발바닥 용천혈과 통하고 위로는 니환궁과 통하니 강궁과 접하여 있어 하단전의 꼭지의 내부에 명(命)에 속한다.

(3) 옥침관(玉枕關)

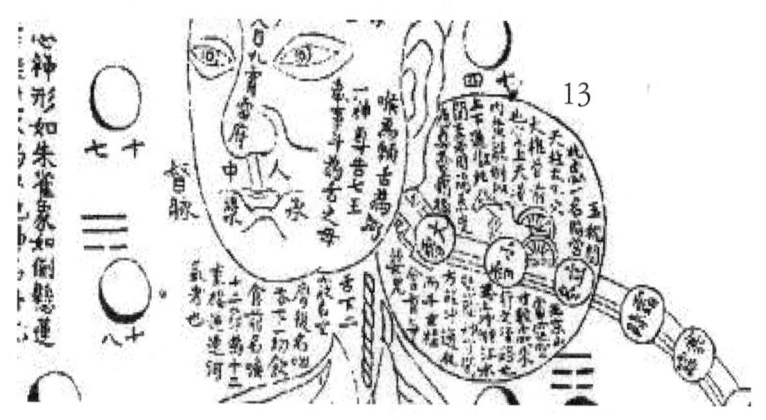

"옥침관, 이곳은 일명 양의 궁전이요 옥경산이라 하고, 천주혈 또는 태을혈이라고도 한다. 대추골 앞 1촌 가량과 비교해 오는 곳이다. 진실로 상천의 역행하는 경로이다. 안으로는 황룡이 거꾸로 말려 올라가고, 상강의 물과 충돌하며, 상하가 통한다. 이 관긴(關緊)은 양신을 지키며, 심(心)에 이르러서는 양기를 쓰고, 능히 충통(沖通)

旁開3寸."膏肓穴은 협척쌍관의 정수문으로 수행의 뿌리가 되는 경로이다. 침뜸의 혈자리인데 흉추 제4번 아래에 위치해 있고 독맥 방개 3寸에 위치하고 있다. 3寸이면 어깨 날개 뼈에서 6센티 정도이다.

하는 곳이며, 진기가 화생하는 곳이고, 작교에 이르러서 견우와 직녀가 만나는 곳이고, 도태(道胎)를 기르는 곳이다."267) 정수리 위의 보라색 운기를 들이마시고 세 번 들이 삼켜 혀 아래에 신을 만드는데 수려한 선비상에 보라색 관을 쓰고 보라색 의복을 입었다. 그가 심장으로 내려가 아래로 미려를 뚫고 위로 협척으로 들어가 니환의 뒷문 즉 뇌의 후골로 올라오도록 한다."268)

위 상청파 존사기법을 좀더 자세히 살펴보면 정수리 두정(頭頂)에서 보라색 구름기운을 들이마시는 것을 집중하여 존사하고 침이 나오면 세 번 삼키는데 혀(舌)아래에서 체내신(體內神)이 결정되어 맺어지는데 이 존사로 창조된 체내신은 수려한 선비상으로 보라색 관과 의복을 입었으며 이 체내신이 심장으로 내려가 미려(尾閭)를 뚫고(穿) 등뼈 협척(夾脊)으로 들어가 니환(泥丸) 후문에 이르러 뇌(腦)의 후골(後骨)로 올라온다고 설명하고 있다. 이는 상청파 체내신 존사기법의 이동 경로가 명대 이후 존사기법이 종려파의 내단기법으로 12경락인 임독맥과 연결하여 해석하고 있는 경향을 보여 주고 있는 것임을 알 수 있다.

앞서 설명한 바와 같이 이는 상청파의 존사기법 체내신 이동 경로와 종려파의 내단기법 호흡의 이동 경로가 합치하는 것으로 수진도에서는 이를 종합적으로 수용하여 표현하였다. 그러나 선행연구자들은 서론에서 언급한 바와 같이 중국 도교나 도가의 각

---

267) 『修眞圖』玉枕關13: "玉枕關, 此處一名陽宮玉京山、天柱、太乙穴, 大椎骨前寸較處來也, 實上天逆行之徑路也.內黃龍倒以捲上, 沖湘江水, 上下通徹.此關緊, 陽神守, 至必用陽炁, 方能沖通, 化生眞炁, 至鵲橋而牛女相會, 育胎(事)嬰兒."
268) 『太上玉淸大洞玉經』, DZCT7.: "吸頂上紫雲 三吸吞下 結一神 秀士相 紫冠紫衣 入心宮 下穿尾閭 入夾脊 上至泥丸後戶 腦後骨."

문파의 이론만 고찰하며 육자결 호흡이나 태식호흡에서 내단 호흡의 단초(端初)을 잡고 임독맥 주천이론의 이동 경로를 논할 뿐, 상청파 존사의 체내신 이동 경로가 종려파 내단 호흡 기운의 이동경로와 합치하고 있는 관점을 논하지 않고 있다.

옥침과 관련하여 『대동진경』 제2장 상황옥로군도경제이(上皇玉虛君道經第二), 태일존신장(太一尊神章)의 체내신의 이름은 태일존신 무유이며 자는 귀회창인데 옥침 아래를 지키고 니환을 보호하고 지키는 수호신이다. 이 체내신의 존사 이동 경로는 자주 빛이 니환으로 들어가서 아래 강궁으로 내려가 미려혈을 뚫고 옥침으로 향한다.

"삼가 태일존신 무유(務猷)의 접수를 청합니다. 자(字)는 귀회창(歸會昌)이요, 항상 옥침의 아래를 지키고 니환 뒤의 죽음의 기를 보호하니 진기(眞炁)가 생하여 니환에 들어가고 7대 조부모가 다시 태어나 현현함을 받고 옥황에 등록되어 만세토록 안녕함을 청합니다. 진실로 태일존사신 무유의 진기를 받아, 자주 빛 구름이 머리위에 그물처럼 덮어 조용히 주문을 아뢰니, 태일신이 생명을 보호하고 한결같이 신이 생명을 안정시키며, 나를 위하여 초대합니다. 황제의 진실한 기는 자색창문의 정원아래에 펼쳐 있고 옥경을 환하게 밝혀 우러러 따르니 9대 자손이 환하게 밝고 7대 조상이 기뻐하여 모두 상청(上淸)에 오릅니다. 다음으로 자색 기운이 모두 니환 가운데로 들어감을 존사하니, 이내 입으로 신운을 흡입하고, 목구멍의 진액을 3번 삼키며, 삼신(三神)을 응결하여 만듭니다. 자색 의관을 입고, 목성과 같은 형상으로 아래로 강궁으로 들어가고 미려혈을 뚫고 위로 니환 구궁의 뒷문인 옥침아래를 향합니다. 삼신이 나란히 서 있고 신목은 안으로 자색문을 바라보고 차례로 토식하며 옥경을 송경합니다."[269]

---

[269] 『大洞眞經』, DZCT6, 上皇玉虛君道經第二, 上淸大洞眞經卷之二, 茅山上

『대동진경』에는 존사신의 이름이 이미 정해져 있다. 앞에서 살펴본 바와 같이 체내신을 초대하기 전에 신들을 위한 정실을 마련하고 정화작업을 한 뒤 위와 같이 정해진 신들을 초대하며 존사 수행을 시작한다. 위 태일신의 경우, 태일신의 이름은 무유(務猷)이며 자는 귀회창(歸會昌)이라는 신인데 이 신의 이름을 부르며, 옥침(玉枕) 아래를 지키고 니환(泥丸)를 죽음의 기운으로부터 보호하는 수호신을 존사한다. 존사기법 과정은 먼저 7대 조상과 9대 자손이 기뻐하며 상청에 오르기를 빈다. 그런 다음에 자색 기운이 니환 가운데로 들어가는 것을 집중하여 생각하고 이때 입으로 신운(神雲) 흡입하고 입에서 침이 돌면 이 침을 3번 삼키면 이 침은 응결되어 신으로 형상화하여 만든다. 이를 『대동진경』 원문에서 결작(結作)이라는 용어를 사용하고 있다. 일신(一神)을 초대하여 결작할 경우 침을 1번 삼키며, 삼신(三神)을 초대할 경우 3번 침을 삼키고, 오신(五神)을 결작 할 경우 5번, 칠신(七神)을 결작 7번, 구신(九神)을 결작 할 경우 9번 침을 삼킨다. 이러한 신들을 체내신으로 만드는 신의 숫자에 따라 그 수만큼 인진(咽津)이라는 개념을 사용하여 침을 목구멍으로 삼키며 대상 신을 이미지화 형상화하여 창조 한다. 신을 형상화 할 때도 신체의 부위에 따라 오행에 맞추어 빛으로 형상화하며 니환에서 아래로 강

清三十八代宗師蔣宗瑛校勘,太一尊神章: "謹請太一尊神務猷收, 字歸會昌, 常守兆玉枕之下, 泥丸後護死炁之門, 使生真炁, 入于泥丸, 七祖父母, 受玄更生, 上籍玉皇, 重華萬寧.真思太一尊神務猷收真炁, 紫雲之色, 罩於頂上, 默呪曰: 太一保命, 固神定生, 為我上招, 帝真之炁, 下布紫戶之庭, 玉經仰徹, 九玄朗明, 七祖同歡, 俱昇上清. 次思紫炁從兆泥丸中入, 兆乃口吸神雲, 咽津三過, 結作三神, 狀如木星, 紫衣冠, 下入絳宮, 穿尾閭穴, 上衝泥九後戶玉枕之下, 三神並立, 神目內觀紫戶, 順時吐息. 誦玉經."

궁으로 들어갔다가 미려혈을 뚫고 위로 니환 구궁의 뒷문인 옥침 아래를 향한다. 이 삼신은 신의 눈으로 바라보고 차례로 숨을 내쉬는 토식(吐息)을 하며 『대동진경』을 옥으로 비유하며 옥경(玉經) 송경한다. 이 때 체내신의 존사 이동 경로는 니환 → 강궁 → 미려혈 → 협척 → 옥침 → 눈동자 순서 이다. 이는 종려파에서 상단전 니환과 중단전 강궁 및 하단전 미려혈의 수련으로 단(丹)을 이루고 미려, 협척, 옥침으로 올리는 종려파의 내단 호흡의 기운 이동 경로와 일치하며 수진도에서는 이를 도상으로 제시하며 설명하고 있다.

육조시대에서 송대에 이르기까지 『황정경』과 『대동진경』의 체내신 존사는 니환궁에서 시작하여 각 부위에 안착하는 것으로 끝났는데, 16세기 명대에 이르면 해석의 방향이 이와 같이 임독맥(任督脈)을 따라 신체의 앞뒤를 순환하도록 해석한다. 후두부의 옥침과 함께 임독맥과 관련하여 중시된 부위가 코와 입술 사이의 인중(人中)이다. 『대동진경』 제36장에는 삼소노군(三素老君)을 인중에 존사하라는 지침이 있다. 이에 대해서 『상청대동옥경』은 "인중의 신 이름은 녹실인데, 이는 노자의 현빈, 의경의 임독, 도가의 인중에 해당하는 것으로 세상 사람들은 그것이 어떤 기회인지을 실마리조차 알지 못한다."270)고 주석을 달았다. 나아가『태상옥청대동옥경』은 이 존사법을 인중에서부터 "아래로 심궁에 하강하여 펴져 미려와 협척을 통과하여 니환으로 상승했다가 얼굴로 흘러내려가 인중으로 들어간다."271)고 하여 인중 아래 임맥을

---

270) 『上淸大洞玉經』, DZCT6.: "人中神名綠室, 蓋老子之玄牝, 醫經之任督, 道家之人中, 世莫知其機會之端."
271) 『太上玉淸大洞玉經』, DZCT7.: "下布心宮, 透尾閭·夾脊, 上昇泥丸, 注面

따라 심장을 통과했다가 맥을 타고 다시 인중으로 돌아오는 기의 대순환으로 확장시켰다.272) 태일존신 무유의 진기를 존사할 때는 보라색의 기가 밝게 타올라 니환 속으로 들어가 옥침 아래를 명상한다.273) 그러나 삼관(三關)에 대하여 당말 내단 호흡기법에서는 『황정경』과 『대동진경』의 존사기법 체내신 경로를 그대로 수용하며 체내신을 제거하고 임독맥을 통한 내단호흡 기법으로 변용하고 있음을 알 수 있다. 이는 『황정경』과 『대동진경』의 주석가들이 내단 호흡기법의 『종려전도집』을 차용하여 명대이후 해석하고 있음에 주목할 필요가 있다.

　『종려전도집』 「논내관」에서는 "만약 용호가 불속에서 수레를 끌고 올라가 삼관에 부딪치는 경우 삼관마다 각각 있는 병졸은 그 수를 헤아릴 수 없고 병기와 장비는 사람에게 두려움을 준다"274)고 하여 삼관에 대하여 언급하며, 『영보필법』에서는 "등 뒤의 미려혈을 하관(下關)이라 하고 협척을 중관(中關)이라 하며, 뇌(腦) 아래를 상관(上關)이라 하는데 비금정(飛金晶)을 시작하면 이 삼관을 통과 하는 것이고……(중략) 금액환단을 하기 위해서는 반드시 주후비금정(肘後飛金晶)하여 한 번에 삼관을 치는데 그 기가 일어나자마자 급히 두 손으로 귀를 막아야 한다. 귀는 신장을 동요시키는 문이니 신장의 기가 밖으로 새어나가 뇌 속으로

　　門, 入人中."
272) 김지현, 앞의 논문, 215쪽.
273) 김지현, 앞의 논문, 220쪽.: 思太一尊神 務猶收眞氣 紫色焰焰 從兆泥丸中入 下布兆玉枕之下 泥丸之後戶." (雲笈七籤 卷四十逸存大洞眞經三十九眞法達)
274) 『鍾呂傳道集』, 「論內觀」: "若龍虎曳車於火中, 上衡三關, 三關各有兵吏, 不計機何, 器仗戈甲, 恐懼於人."

들어가지 못함을 염려하는 것이다"275)라고 설명하고 있다. 이는 수진도에 표기된 삼관의 위치와 종려파 내단기법의 호흡 수행법이 합치하고 있음을 의미 한다.

이와 같이 수진도에 표기된 미려, 협척, 옥침에 대하여 『황정경』·『대동진경』에는 오장육부의 신체 각 부위에 체내신이 자리하고 그 기의 흐름을 집중 명상하는 상청파 존사기법 수행 방법이 내포 되어 있고 『종려전도집』,『영보필법』에도 주후비금정의 금액환단, 옥액환단의 내단기법이 설명되고 있어 수진도는 상청파 존사기법 내림공부와 동시에 종려파 임독맥의 경로를 유통하는 내단기법의 올림공부을 수용하고 있음을 알 수 있다.

삼관에 대하여 허준의 『동의보감』「내편, 신형」에서 자세히 제시하고 있는데 수진도에 표기된 미려, 협척, 옥침에 대한 임독맥에 대하여 설명하고 있는 내용은 다음과 같다.

> "선경에서는 삼관(三關)이 있다. 뇌의 뒤에 있는 것을 옥침관이라 하고, 협척를 끼고 있는 것을 녹로관이라 하고, 수(水)와 화(火)가 만나는 곳을 미려관이라고 하는데, 모두 정과 기가 오가는 길이다. 만약 삼관이 북두칠성의 기틀(機)처럼 잘 돌게 되면 정기가 위아래로 도는 것이 마치 은하수가 흐르고 도는 것과 같다"고 하였다. 취허편에서는 단(丹)을 구하여 단을 만든 지 잠깐이 지나지 않아, 하나의 기가 미묘하게 삼관(三關)을 통한다. 삼관을 오가는 기는 끝이 없고 한 줄기 흰 맥(脈)이 니환(泥丸)으로 몰려든다. 니환 위에는 자줏빛의 솥(紫金鼎)이 있는데, 그 솥(鼎) 속에는 한 덩어리의 자금단(紫金團)이 있다. 이것이 침,옥장(玉漿)으로 변하여 입으로 흘러 들어

---

275) 『靈寶畢法』:"背後尾閭穴曰下關, 夾脊曰中關, 腦下曰上關, 始飛金晶, 以通三關……(중략)爲行金液還丹須是肘後飛金晶, 一撞三關, 其氣緣起, 急須雙手閉耳, 耳是腎波之門, 恐泄腎氣於外而不入腦中也."

가 향기롭고 달콤하며 상쾌함이 혀끝에 퍼진다"276)

라고 하였다. 위 『동의보감』에 기록된 예문의 특이점은, 허준은 수화(水火)가 만나는 지점을 미려관라 하였고 『대동진경』 경문에 등장하는 혀의 침이 어떻게 생성되는지 자세히 설명하고 있음에 주목할 필요가 있다. 니환 위에 자주빛 솥이 있는데 그 속에 있는 보라색 금빛 덩어리가 침으로 변하여 혀끝(舌端)에 퍼진다고 하여 침의 생성과정을 좀 더 자세히 설명하고 있는 것이다. 이는 위에서 설명한 『대동진경』의 주석서인 『태상옥청대동옥경』에서 말하는 존사기법에서 체내신이 니환에서 보라색 의관과 옷을 입은 선비상으로 형상화 되어 침을 삼키는 순간 혀끝에서 신선이 창조되는데 이 체내신은 미려, 협척, 옥침을 거쳐 니환으로 들어간다고 하고 있다. 또한 『대동진경』 39장 경문은 모두 존사기법을 통하여 침으로 응결되어 만들어 지는 창조신들이며 마지막에 자신(自神)들이 거주하는 신체의 특정부위에 안착하여 수호신의 역할을 하게 됨을 알 수 있다.

위 수진도에서 미려는 척추의 맨 아랫부분에 있고, 안으로는 신(腎)의 구멍으로 통하는데, 이 관을 따라서 골수로 나아가는 길이 있다, 이것을 '조계(漕溪)'라고 하고, 또는 '황하(黃河)'라 한다. 이것이 바로 양기가 올라가는 길이다. 여기서 곧장 양 어깨로 와서 뼈를 대하는 곳이 있는데 이를 협척이라 한다. 또한 협척을

---

276) 『東醫寶鑑』, 「內景篇・身形」: "仙經曰, 背後有三關, 腦後曰玉枕關, 夾脊曰轆轤關, 水火之際曰, 尾閭關, 皆精氣升降往來之道路也. 若得斗柄之機幹運, 則上下循環如天河之流轉也.,翠虛篇曰, 採之煉之未片餉, 一氣眇眇通三關, 三關來往氣無窮, 一道白脈朝泥丸, 泥丸之上紫金鼎, 鼎中一 塊紫金團, 化爲玉漿流入口, 香甜淸爽遍舌端."

뚫고 올라가면 니환궁의 뇌(腦)에 도달하는데, 이를 옥침이라고 설명하고 있다. 수진도에서는 위와 같은 삼관의 위치를 구체적으로 설명하고 있는데 이는 종려파 내단 호흡 수련을 기록하고 있는 『종려전도집』과 『영보필법』의 삼관의 위치와 명칭이 일치하며, 『동의보감』도 구체적으로 설명하고 있다. 삼관에 대하여 아래 〈표5〉에 보는 봐와 같이 상청파의 『황정내경옥경』277)에서는 천관은 구(口), 지관은 족(足), 인관이 수(手)이며, 종려파의 『종려전도집』과 수진도에서는 미려, 협척, 옥침이며 『동의보감』에서는 미려관, 녹로관, 옥침관이라 표현하고 있다. 상청파에서는 천관, 지관, 인관으로 표현하고 있다. 삼관에 대한 『황정경』의 해석에서 "후대 내단 수행의 삼관은 척추를 따라 있는, 미려, 협척, 옥침이다. 이 때의 삼관은 아래에서 올라가는 기운이 지나야 하는 어려운 관문이다라는 의미이다. 삼관은 배꼽 단전과 심장 그리고 머리일 것이다"278)라고 표현하고 있다.

〈표 5〉 수진도에 표기된 삼관(三關) 비교

황정경	종려전도집	동의보감
천관(구), 지관(족), 인관(수)	미려, 협척, 옥침	미려관, 녹로관, 옥침관

따라서 이와 같이 수진도에는 미려, 협척, 옥침에 대한 기의 흐름에 대하여 자세히 설명하고 있는데 이는 상청파의 존사기법이 수록된 『황정경』,『대동진경』과 그 주석서인 『태상옥청대동옥

---

277) 『太上黃廷內經玉經』, DZCT331.: "口爲天關精神機, 足爲地關生命扉, 手爲人關把盛衰."
278) 정우진, 황정경 역주, 『몸의 신전』, 소나무, 2019, 77쪽.

경』의 내용을 반영하고 있는 것으로 신체 각 부위에 체내신이 자리하고 그 기의 흐름을 집중하는 존사수행 방법이 명대이후에는 미려, 협척, 니환의 임독맥으로 연결하여 해석하는 경향을 보이고 있음을 반영한 것이며, 종려파의 내단기법이 수록된 『종려전도집』,『영보필법』에도 삼관에 관하여 주후비금정의 금액환, 옥액환단의 내단기법이 내포되어 있어 수진도는 위 상청파 내림공부의 존사기법과 동시에 종려파 올림공부의 내단기법을 수용하고 있음을 알 수 있다. 더구나 위에서 『태상옥청대동옥경』을 살펴보았듯이 『황정경』이나 『대동진경』을 주석한 명대의 주석들이 종려파의 내단기법을 인용하여 임독맥과 연결하여 해석 하려는 경향을 보이고 있다.

2) 삼전의 위치에 대한 시대별 해석

이어서 수진도에 설명된 삼전에 대하여 시대별 해석 경향을 살펴보면 다음과 같다. 상단전, 중단전, 하단전, 삼전의 위치에 대하여는 육조, 수, 당 시기의 『황정경』의 해석 경향이 시대에 따라 다르다. 『황정경』에서는 오행의 원리에 따라 오장(五臟)을 중요시 하였다. 이는 한대(漢代)『태평경』의 오장에 관한 존사와 같은 맥락으로 보인다. 육조, 수나라, 당나라 시기에 심장은 나라의 군주와 같이 오장 중에서 심장(心臟)을 중심으로 보았다.

이러한 오장 중에서 심장 중심의 사고방식은 당나라 시기부터 『황정경』의 해석 경향에 변화를 보이기 시작한다. 그 대표적인 인물이 8세기 전반에 활동한 양구자(梁丘子, 본명은 백리충 白履

忠 ?-729)이다. 그의 주석과 이에 약간의 수정을 가한 무성자(務成子)의 주석이 있다. 양구자의 저술로는 『노자』와 『황정내경경』의 주석 이외에도 『삼현정변론(三玄精辯論)』이 있고 『황정외경경』도 주석한 것으로 알려져 있다. 그는 『황정내경경』을 주석하면서 오방색에 의하면 비장은 중앙을 상징하는 황색이니, 한대(漢代)의 심장 중심 사고에서 비장을 오장의 중심으로 보아야 한다고 주장하였다.

양구자는 삼단전(三丹田)에 대해 미간에서 3촌 들어간 지점을 상단전, 심장을 중단전, 배꼽 아래 3촌 지점을 하단전으로 구체적으로 언급하고 있다.279) 이는 양구자가 육조시대 상청파의 경전에 기록된 삼단전에 대한 이론을 인식하고 있었고 이를 수용하여 인용한 것이다.280) 상청파는 존사기법 수행시 단에 대한 이론을 가지고 있었음을 알 수 있다. 그러나 이 시기에 『황정경』의 해석에 대한 임독맥에 대한 인식은 아직 나타나지 않는다.

양구자가 『황정경』을 주석하며 삼전을 어떻게 설명하고 있는지 살펴보자. 그는 『황정내경옥경주』에서 "니환(泥丸)은 상단전(上丹田)이다. 대동경에 이르기를 삼광(三光)이 은밀히 화해서 삼궁(三宮)을 이룬다. 첫째는 태청(太淸)의 가운데 삼군(三君)을 말하고, 둘째는 삼단전(三丹田)의 신(神)을 말하며, 셋째는 부적(符籍)의 신(神)을 말한다. 그래서 삼기령(三奇靈)이라 말한다."281) 라고 하며

---

279) 梁丘子 撰, 『黃庭內經玉經註』, DZCT401, 第22章: "心卽中丹田也, 眉間却入三寸爲丹田宮,...臍下三寸."
280) 『洞眞太上素靈洞元大有妙經』:" 兩眉間, 上丹田, 心絳宮, 中丹田, 臍下三寸, 下丹田也, 合三丹田也."
281) 梁丘子 撰, 『黃庭內經玉經註』, DZCT401, 第21章: "泥丸上丹田也. 大洞經云, 三光隱化, 則成三宮, 一曰太淸之中三君也. 二曰三丹田神, 三曰符

상단전의 위치를 니환이라고 주석을 하고 있다. 그는 "뇌신(腦神)은 이름이 정근(精根)이라 하고 자(字)는 니환(泥丸)이다. 라고 하여 뇌신의 별칭이 니환이라고 설명한다. 또한 단전(丹田)의 궁(宮)이며, 황정(黃庭)의 집이며, 동방(洞房)의 주인이며, 음양(陰陽)의 근원인 니환(泥丸)은 뇌(腦)의 상(象)이다"282) 라고 니환이 뇌부분임을 설명하고 있다.

중단전에 대하여는 그는 "정실(精室)은 삼단전(三丹田)을 이른다. 상하(上下)가 서로 연결되어서 끊기지 않아 심(心)에서 그것을 제어한다. 심(心)은 중단전(中丹田)이다"283) 이라고 설명하며 심장을 중단전의 위치로 설명하고 있으며, 하단전의 위치로는 "몸은 옥도(玉都)가 된다. 단전(丹田), 명문(命門)을 폐하여 정(精)을 보호한다. 원양자(元陽子)가 말하기를 명문(命門)은 하단전(下丹田)의 정기(精氣)가 출입하는 곳이다. 몸은 옥도(玉都)가 된다. 신이 모여서 도읍(都邑)을 이룬다."284)라고 설명하며 명문(命門)을 하단전의 위치로 설명하고 있다. 그는 또한 비장을 단전으로 보았다. "이것은 비궁(脾宮)의 일을 밝힌 것이다. 비궁(脾宮)은 단전(丹田)이 되며, 황정(黃庭)이며 중앙(中央)이고, 무기(戊己)며, 토행(土行)이다. 간(肝), 폐(肺)를 우러러 살핌은 개(蓋)의 집과 같다. 그

籍之神, 故曰三奇靈也."
282) 梁丘子 撰, 『黃庭內經玉經註』, DZCT401, 第7章: "腦神精根字泥丸丹田之宮, 黃庭之舍, 洞房之主, 陰陽之根, 泥丸腦之象也."
283) 梁丘子 撰, 『黃庭內經玉經註』, DZCT401, 第22章: "精室謂三丹田, 上下相連, 而不絕制之在於心, 心卽中丹田也. 緩急之所由, 眞妄之根本."
284) 梁丘子 撰, 『黃庭內經玉經註』, DZCT401, 第35章: "身爲玉都, 閉丹田命門保精也. 元陽子曰, 命門者, 下丹田精氣, 出入神之處也. 身爲玉都, 神聚其所由都邑也."

래서 비(脾)의 위치이다."285)라고 설명하며 비장의 위치를 중요시 하였다.

양구자는 상단전을 니환, 중단전을 심장, 하단전을 명문이라고 제시하고 있다. 그는 심장 중심의 사고에서 비장 중심 사고로 인식의 변화를 주고 있지만 심장을 중단전에 배치하고 그가 중요시 했던 비장이 단전이라고 설명하고 있지만 상, 중, 하 단전 중에서 어느 단전에 속하는지 언급 하지는 않고 있다.

당말오대 종려파의 『종려전도집』에서 삼단(三丹)에 대하여 아래와 같이 설명하고 있다.

"단전에는 세 가지가 있는데, 상단전은 신(神)의 집이고, 중단전은 기(氣)의 창고이며, 하단전은 정(精)거처이다. 정 가운데서 기가 생기고, 기는 중단전(中丹田)에 있다. 기(氣) 가운데서 신(神)이 생기고 신(神)은 상단전(上丹田)에 있다. 진수(眞水)와 진기(眞氣)를 합하여, 정(精)을 이루는데 정(精)은 하단전(下丹田)에 있다. 도를 받드는 사람은 삼단전(三丹田)을 다 갖추고 있다. 그러나, 기(氣)가 신장(腎臟)에서 생겨도 중원(中元)을 조회하지 못하고 신(神)이 심장(心臟)에 있어도 상원(上阮)을 뛰어넘지 못하니 이른바 정화(精華)가 돌아와 합하지 못하면 비록 삼단전(三丹田)이 있다 할지라, 무용지물이다."286)

종려파 내단학은 삼전(三田)의 위치에 대하여 정확하게 설명을 하고 있지 않지만 위 원문에서 보듯이 상단전은 신(神)의 집이요,

---

285) 『梁丘子 撰, 『黃庭內經玉經註』, DZCT401, 第35章: "此明脾宮之事, 脾宮爲丹田, 黃庭中央, 戊己土行也. 仰觀肝肺, 如蓋之舍者也. 是故脾之所也."
286) 『鍾呂傳道集』, 「論還丹」: "丹田有三. 上田神舍, 中田氣府, 下田精區, 精中生氣, 氣在中丹, 氣中生神, 神在上丹, 眞水眞氣, 合而成精, 精在下丹, 奉道之士, 莫不有三丹, 然而氣生於腎, 未朝於中元神藏於心, 未超於上院, 所謂精華不能返合, 雖三丹, 終成無用."

중단전은 기(氣) 창고이고, 하단전은 정(精)의 거처라고 설명하며 정, 기, 신을 삼전에 대비하고 있다. 기(氣) 가운데 신(神)이 생기고 진수와 진기를 합하여 정을 이루는데 정은 하단전에 있다. 기가 신장에 생겨도 중원을 조회하지 못하고 신(神)이 심장(心臟)에 있어도 상원을 뛰어넘지 못한다고 표현하여 언 듯 보기에 상단전의 위치가 심장의 위치로 생각 할 수 있는데,『종려전도집』에서는 상단전, 중단전, 하단전의 신체 내 위치와 관련하여 정·기·신으로 대비하고 있을 뿐 정확하게 그 위치를 설명하고 있지는 않지만, 종려파의 『종려전도집』은 이 시기에 내단기법의 임독맥 이론을 정립하고 있다. "심장인 강궁과 신장의 작용은 일월의 운행에 비유되며 명문에서 니환까지 신체 상하 유통하는 기의 순환을 주관하는 기관이 강조되었다. 단전에서 일어나는 자기(紫氣)의 합류에 의해 새로운 생명의 탄생을 암시 한다. 이는 중앙 황정의 기와 니환 구궁의 황연(黃鉛)과 자홍(紫汞)의 생성결합으로 해석한다. 즉 납과 수은으로 상징되는 신장의 수(水)와 심장의 화(火)의 결합과정으로 풀이하고 있다. 또한 증조의 『도추』에는 폐를 통해 들어온 기가 경맥을 따라 순환하며 오십도를 주기로 신체를 주기한다는 설명하고 도교적 신체의 인식이 혈맥을 따른 기의 순환체로 정교화되고 있음을 볼 수 있는데 이러한 경향은 이미 종려계 내단설에 나타난다. 이는 금단 합성에 대한 『주역참동계』의 내단적 해석과 종려계 내단 이론의 영향을 받으면서 내단적 해석이 등장하면서 『황정경』의 존사 수행 기법이 호흡과 경맥에 지식 이론으로 해석하려는 경향이 나타난다."[287] 이 시기에 상청파 수

---

287) 김지현, 앞의 논문, 201-204쪽.

행자들은 『황정경』의 존사기법 해석에 대하여 종려파의 내단기법 영향을 받으며 경맥을 결합하여 해석하려 경향을 보여주고 있는 것이다.

명대 『황정경』의 이해는 "경맥론에 기반한 해석이 두드러지기 시작한다. 만력27년 1599년 이일원(李一元)이 출판한 『황정내경주』가 그 대표적이며 그는 『황정경』을 철저하게 내단 과정을 그린 것으로 해석하였다. 즉 내단 과정이란 심신(心腎)의 수(水)와 화(火) 이기의 결합을 통해 성태(聖胎)를 맺고 이를 길러 양신(陽神)을 출현시켜 천선(天仙)으로 승선(昇仙)하는 것을 말하며 그 단계는 정·기·신의 승화 과정, 즉 연정화기, 연기화신, 연신환허로 요약한다. 그는 삼단전의 이론 역시 머리, 가슴, 배의 종전 견해에 대하여 이일원은 니환이 있는 두정부는 별도로 취급하고 심장을 상단전, 비장을 중단전, 신장을 하단전으로 본다. 내단 이론은 호흡을 화후, 즉 단의 완성에 필요한 불세기 조절로 보기 때문이다. 이일원 역시 호흡을 특히 주목하며 신선의 위계에 따라 호흡법이 다르다고 설명한다. 즉 호흡에는 비식(鼻息), 심식(心息), 태식(胎息)이 있고 인선(人仙), 지선(地仙), 천선(天仙)에 대응한다고 본다. 그는 비장에 대해서도 내단설에 입각하여 해석하고 있는데, 비장은 심장과 신장의 이기 결합에 의해 금단이 합성되는 중심 장소로 해석하였다. 또한 그는 경맥론을 이전의 해석과 차별화하였는데 경맥론으로 이해하였다. 이일원이 본격적으로 의학 지식을 바탕으로 『황정경』을 읽었다는 점이다. 그는 기경팔맥중 임독맥관점에서 특별히 해석하며 음양맥을 기술하고 있다."[288]

---

288) 김지현, 앞의 논문, 206쪽.

이원국(李遠國)은 황정(黃庭)을 인체 부위에 대하여 설명하면서 "『황정외경경』에서는 실제 배꼽 속의 빈 곳으로 관원(關元)과 명문(明門) 사이라고 한다. 『황정외경경』에서 인체가 상중하의 세 부분으로 나뉘기 때문에 황정에도 세 개의 궁(宮)이 있다고 한다. 상궁(上宮)은 뇌(腦) 상단전을 가리키고, 중궁(中宮)은 심장(心臟) 중단전을 의미하며, 하궁(下宮)은 비장(脾臟) 하단전을 뜻한다. 곧 황정의 아래가 관원이고 뒤가 유궐(幽闕)이며, 앞이 명문(命門)이라는 것이다. 관원은 배꼽아래 세 치 정도 떨어진 부분에 있고, 유궐은 배꼽인데, 침구가(針灸家)들은 신궐(神闕)이라고도 한다. 명문은 두 신장을 가리키는데 두 신장사이에 있는 기를 구체적으로 표현한 것이다."289) 당대의 양구자는 황정의 위치를 삼단전(三田)위치와 대비하여 뇌, 심장, 비장으로 해석하고 있다.290)

조남호는 그의 기철학연구1 강의에서 도가(道家)의 인체구조에 대한 상, 중, 하의 세 단전(丹田)으로 된 인체의 중추 구조를 인정한다. 상단전은 두정부분의 니환(泥丸)과 관련된 뇌(腦) 시스템과 중단전은 폐와 심장 시스템, 하단전은 양신(오른쪽이 명문, 왼쪽이 신장) 시스템으로 해석하며, 그는 두정부인 뇌 부분에서도 구체적으로 전전두엽(前前頭葉)의 위치를 상단전으로 보며, 중단전은 폐와 심장 시스템 구조상 호흡을 할 때 횡경막을 열어야 함을 강조하며 중단전의 위치를 횡경막으로 설명하고, 하단전은 신장 중심의 시스템으로 양신(兩腎)중에서 왼쪽은 신장이며, 오른쪽은 명문(命門)으로 하단전의 위치인 신장과 명문의 기운이 충만하

---

289) 김낙필 외 3인 역, 앞의 책, 393-394쪽.
290) 이동철 역, 앞의 책, 87-88쪽.

여야 상단전인 두뇌 시스템을 활성 할 수 있으며, 특히 전전두엽이 밝아지는데 이 때 중요한 점은 중단전의 폐와 심장 시스템인 횡경막을 호흡으로 열어야 한다. 고 강조한다.291) 그는 상단전의 위치에 대하여 양구자와 이원국의 견해를 같이하나 좀더 구체적으로 제시하고 있고, 양신(兩腎)의 명문과 신장에 관한 신장 시스템에 대하여 그는 이시다 히데미와 견해를 같이 하고 있다.292)

위 삼전의 위치에 대하여 시대별 해석을 표로 나타내면 다음과 같다.

〈표 6〉 삼전(三田)의 위치

해석	삼전의 위치			시대
	상단전	중단전	하단전	
황 정 경	상궁(뇌)	중궁(심장)	하궁(비장)	육조
양 구 자	니환(뇌)	심장	명문	당대
종 리 권	신	기	정	당말오대
이 일 원	심장	비장	신장	명대
수 진 도	니환	강궁	기해	청대
이 원 국	상궁(腦)	중궁(心臟)	하궁(脾臟)	현대

---

291) 이동철 역, 앞의 책, 84-87쪽. ; 조남호, 기철학연구1, 『기 흐르는 신체』 강의록, 2021.

292) 이동철 역, 앞의 책, 88-90쪽. ; 이시다 히데미는 兩腎에서 오른쪽이 신장이며 왼쪽이 명문으로 하단전을 양신을 아우르는 신장시스템으로 재해석하고 있다.

3) 삼전(三田)

　수진도에서는 위 원문에서 보는 바와 같이 상단전, 중단전, 하단전을 삼전(三田)이라 하며 이에 대하여 설명하고 있는데 몸의 앞 부분에 삼전을 니환(泥丸)과 토부(土釜), 옥지(玉池)라고 하며, 니환이 상단전, 토부가 황정혈이며 중단전이고 옥지는 배꼽아래 기해(氣海) 끝 부분으로 하단전이라고 설명하고 있다. 위와 같이 상단전, 중단전, 하단전에 관하여 시대별 해석 경향을 살펴보았듯이 수진도에 기록된 삼전에 대하여 구체적으로 살펴보면 다음과 같다.

 4) 상단전과 니환(泥丸), 혀(舌)

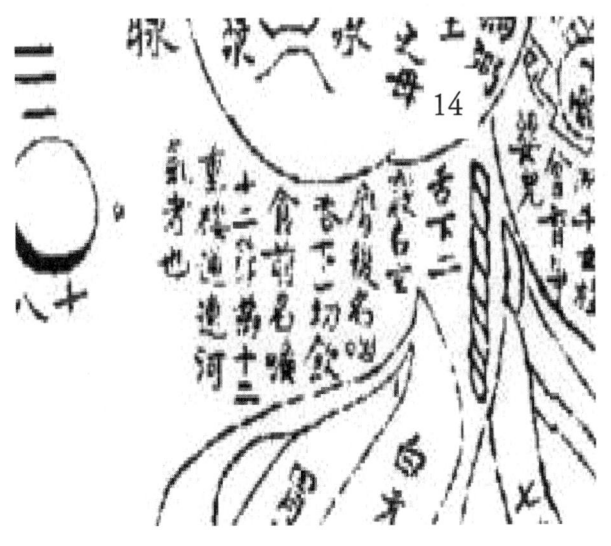

"니환은 상단전으로, 대략 1촌 2분 크기이며, 허한 구멍이니, 이곳이 바로 신(神)이 숨겨져 있는 곳이다. 미심(眉心: 양미간)에는 사람 인체 내부의 정중(正中)을 맡는 곳이 있는데, 이곳이 바로 천문이라 하며, 천문에서 일촌 안쪽으로 들어간 곳을 명당이라고 하고, 여기서 1촌을 더 들어간 곳을 일러 동방(洞房)이라 하고, 재차 다시 일촌을 더 들어간 곳을 일러 니환궁이라 한다. 미심의 아래를 비주(鼻柱) 콧마루라고 하는데, 달리 뇌정부(雷霆府)라고도 한다."293)

수진도에는 니환294)을 상단전으로 표현하며 위와 같이 설명하고 있다. 수진도의 상단전 부분에 표현된 니환은 니환구궁(泥丸九宮)을 가리킨다. 니환의 구궁은 명단궁, 동방궁, 니환궁, 류주궁, 옥제궁, 천정궁, 극진궁, 현단궁, 천황궁이다.『황정경주해』에는 "양미간 1촌을 들어가면 명단궁이라하고 2촌 들어가면 동방궁이라 하며, 3촌 들어가면 니환궁, 4촌 들어가면 류주궁, 5촌 들어가면 옥제궁이라 한다. 명당궁 위 1촌이 천정궁이며, 동방궁 위 1촌이 극진궁, 니환궁 위 1촌이 현단궁, 류주궁 위 1촌이 천황궁이라 한다"295) 라고 설명하고 있다.

또한 도홍경은『등진은결』에서 현주상경소군전(玄洲上卿蘇君傳)

---

293) 『修眞圖』泥丸10: "泥丸爲上丹田, 方圓一寸二分, 虛開一竅, 乃藏神之所, 眉心入內正中之處天門, 入內一寸爲明堂, 再入一寸爲洞房, 再入一寸爲泥丸,眉心之下謂之鼻柱, 又名雷霆府." 각주 258) 참조
294) 泥丸의 어원은 산스크리스트어인 니르바나(Nirvana)에서 유래한다: 이시다 히데미 저, 이동철 역, 앞의 책, 61쪽. ; 조남호, 기철학연구1 강의록, 2021. ; Henri Maspero, Les procedes de Nourrir le Principe Vital dans la Religion Taoiste Ancienne, Journal Asiatique Tome CCXXIX, 1937, p194.
295) 『黃庭經註解』, DZCT401. : "兩眉間入一寸爲明堂宮, 入二寸爲洞房宮, 入三寸爲泥丸宮, 入四寸爲流宮, 入五寸爲玉帝宮。明堂宮上一寸爲天庭宮, 洞房宮上一寸爲極眞宮, 泥丸宮上一寸, 爲玄丹宮, 流珠宮, 上一寸爲天皇宮."

을 근거로 니환의 구궁의 명칭에 대하여 자세히 설명하고 있다. "천정궁(天庭宮), 극진궁(極眞宮), 현단궁(玄丹宮), 태황군(太皇宮), 수촌 명당궁(明堂宮), 동방궁(洞房宮), 니환 단전궁(丹田宮), 류주궁(流珠宮), 옥제궁(玉帝宮)"296)이 니환 두정부의 구궁(九宮)이다. 이 구궁에는 신선이라는 진군이 거주하는데 천정군에는 상천진녀(上淸眞女), 극진궁에는 태극제비(太極帝妃), 현단궁에는 중황태일진군(中黃太一眞君), 태황궁에는 태상군후(太上君后), 명당궁의 왼쪽에는 명동진군(明童眞君)이 있고, 오른쪽에는 명녀진군(明女眞君)이 있으며, 중앙에는 명경신군(明鏡神君)이 동방궁에는 무영군(無英君), 백원군(白元君), 황노군(黃老君)이 거하며, 니환 단전궁에는 상원적자제군(上元赤子帝君)과 제경(帝卿)이 거하며, 류주궁에는 류주진군(流珠眞君), 옥제궁에는 옥청신모(玉淸神母)가 각각 거주하고 있다.

수진도에서는 얼굴 부위인 혀(舌) 아래에 두 구멍이 있다고 한다. 이름이 현응인데 혀 뒤쪽에 인후라 하여 목구멍이 위치해 있다.

"혀 아래에는 두 개의 구멍이 있나니, 이름하야 현응(玄膺)이라 한다. 뒤쪽에 있는 것의 이름을 인(咽)이라 하나니, 아래의 일체 음식을 삼킨다. 앞쪽에 있는 것의 이름을 후(喉)라 하는데, 열두 마디이기 때문에 12층 누각이라고도 하며, 맑은 기운을 통하여서 이르게 하는 것이다."297)

---

296) 『登眞隱訣』, DZCT6, : "天庭宮, 極眞宮, 玄丹宮, 太皇宮, 守寸 明堂宮, 洞房宮, 泥丸宮(丹田), 流珠宮, 玉帝宮."
297) 『修眞圖』舌14: "舌下二竅, 名玄膺, 後名咽, 吞下一切飮食。前名喉, 十二節, 為十二重樓, 通達淸氣者也."

상청파에서는 존사 시 체내신을 형상화 하는 과정에서 혀에서 나오는 침을 귀하게 여기는데 혀에서 나오는 침을 삼킬 때 체내신이 형상화되어 심장부위의 강궁으로 이동한다. 종려파에서는 내단 호흡시 혀에서 침이 생성되는 데 옥액, 금액, 옥지, 화지라는 용어를 개념화 하여 침이 신장으로 이동하여 들어가면 옥액으로 화하여 옥액환단이라 하고, 침이 폐로 들어가면 금액으로 화하여 금액환단이라 한다. 금액이 폐에서 훈증하여 심장으로 들어가는 이때 오행전도 되어 수화기제로 용호교구가 이루어진다고 내단에서 설명한다. 상청파에서 침의 역할은 곧 체내신의 화현이다. 종려파의 내단에서는 침은 의인화된 체내신의 개념은 사라지고 옥액, 금액이라는 용어로 대체되어 개념이 정리되며 체내신의 이동 경로는 내단 기운의 이동로 정리된다. 상청파나 종려파 모두가 침을 매개체로 존사나 내단을 수련하는 일치된 모습이다. 수진도는 이 둘을 종합적으로 수용하여 표현하고 있다.

그러므로 상청파에서는 혀를 매우 중요시 한다. 혀는 존사 수행시 송경과 주문, 고치, 인액 등 정화의 의미를 가지며 체내신을 창조하는 인액 즉 침샘의 위치가 있는 곳으로 혀를 지키는 수호신이 『대동진경』에서 제1장에서 등장한다. 혀에 대한 체내신 존사 이동 경로는 아래와 같다.

『대동진경』 제1장 고상허황군도경제1(高上虛皇君道經第一), 태미소동장(太微小童章)의 체내신 이름은 태미소동 간경자이며 자는 회원자이다. 혀를 지키는 수호신이다. 이 체내신의 존사 이동 경로는 붉은 빛을 존사하며 니환 → 유관[298] → 니환 → 간 → 심

---

298) 『黃庭經』, DZCT401, 黃庭章: "兩眉間爲關庭, 兩腎間爲幽關.(양미간은

장, 강궁 → 혀뿌리 순으로 향한다.

"삼가 태미소동 간경자, 회원자이시여, 항상 저의 혀 밑의 사기(死氣)의 문을 지키고 입으로는 적운(赤雲)을 토하고 저의 몸을 돌아 변화하여 혈액을 만들며 위로 올라가서 니환에서 응결하고 니환을 견고하고 명료하게 하여 백신(百神)이 바르게 자리하기를 청합니다. 진심으로 태미소동, 간경정의 진기(眞氣)의 적운(赤雲)색이 머리의 정상에 올라 들어가는 것을 존사하고 속으로 주문을 외어 말하기를 진기는 아래로 흘러 내려가 유관(幽關)에 가득 차고 신(神)을 안정시키고 정(精)은 견고하게 하며 죽음의 근원(根源)을 막느니 옥경(玉經)은 은혜롭고 투명하여 만신(萬神)과 통하며 나를 위해 참됨을 지극하게 하여 명(命)을 길게 보존케 하느니, 칠대의 조상을 구제하여 태선(胎仙)으로 되돌려 주니, 백신 (百神)을 제련하여 일기(一氣)를 온전하게 하리. 적기가 몸의 니환으로부터 몸의 한 가운데에 들어가는 것을 존사하고, 곧 입으로 신령스러운 구름(神雲)을 흡입한다. 침을 삼키기를 세 번 하여 삼(三神)을 지어 만든다. 한 신의 형상은 천봉대장(天蓬大將)과 같다. 두 신들은 옆에서 시중들고 서서 내려가 몸의 간(肝) 속으로 펴져 두루 돌아 다시 심장 안의 강궁(絳宮)에 들어갔다가 올라가 혀뿌리 밑의 혈액을 모아두는 곳에 가득 차게 됨을 존사한다. 때에 맞추어 숨어 내쉰다. 옥경을 읊기에 앞서 왼손으로 코 사이 인중(人中)을 누르고 다음으로 경을 읊어, 결(訣)에서 말하길 푸른 글에 누런 비단으로 된 패(佩)를 차고 소동(小童)의 내휘명자 (內諱名字)를 존사하며 불러 나의 혀 밑을 안정시키고 체액을 견고히 하며 신(神)을 응결시켜 죽음의 근원을 막게 한다. 고치(叩齒)를 아홉 번 하고 다음으로 다시 침을 세 번 삼킨다."299)

관정이라 하고 양신간은 유관이라 한다. 양 신장사이를 의미한다.)"
299) 『上淸大洞眞經』, DZCT6, 卷2第1, 卷2第3: "謹請太微小童 干景精 字會元子 常守兆舌本之下 死氣之門 口吐赤雲 繞兆一身 化生血液 上凝泥丸 泥丸堅明 百神方位 眞思 太微小童 干景精 眞氣 赤雲之色 罩於頂上黙呪曰.. 眞氣下流充幽關 鎭神固精塞死源 玉經慧朗通萬神 爲我致眞命長存 拔度七祖反胎仙 制鍊百 神一氣全 次思赤炁 從泥丸中入兆 乃口吸神雲 咽津三過 結作三神 一神狀如天蓬大將 二神侍立 下肺兆肝內 遊遍却入心內絳宮

위 『대동진경』의 제1장에 나타나는 체내신은 혀를 지키는 수호신이다. 존사기법은 붉은 기운이 니환으로부터 몸으로 들어가는 것을 존사하고 입으로 신운을 흡입하고 침을 3번 삼키며 3신을 창조한다. 체내신의 한 신의 형상은 천봉대장(天蓬大將) 같고 두 신들은 옆에서 시중들고 서 있는 모습을 존사한다. 이 체내신은 간(肝) 속으로 돌아 심장 안의 강궁(絳宮)에 들어갔다가 올라가 혀뿌리를 안정시키고 죽음의 근원 막는 수호신이다. 이 혀의 신에 대한 존사 이동 경로는 먼저 니환에서 응결하여 아래 유문으로 내려가 신의 정기가 가득찬다. 이후 침을 3번 삼키면 간과 심장 안 강궁으로 이동한다. 이는 니환, 유관, 간과 심장, 강궁의 관계와 밀접하며 수진도에 반영되고 기록되어 있고 임독맥과 12경락중 족궐음간경과 관련이 있음을 알 수 있다.

5) 중단전과 강궁(絳宮), 삼혼(三魂)과 칠백(七魄), 오방 (五方)

(1) 강궁

上充舌本之下 血液之府 順時吐息 誦玉經先以左手, 按捻鼻間人中 次誦經 大洞玉經曰.... 玉淸消魔玉呪曰..... 元素高上神霄玉淸王呪曰.... 畢乃口 微祝 曰 天上內音 三藍羅 波逮臺 地上外音 天命長 人恒寧 大洞太微小童消魔 玉符 訣曰 當靑書黃繪佩之 存呼小童內諱名字 鎭我舌本之下 固液凝神 斷 塞死源 乃叩齒九通 次再咽 液三過."

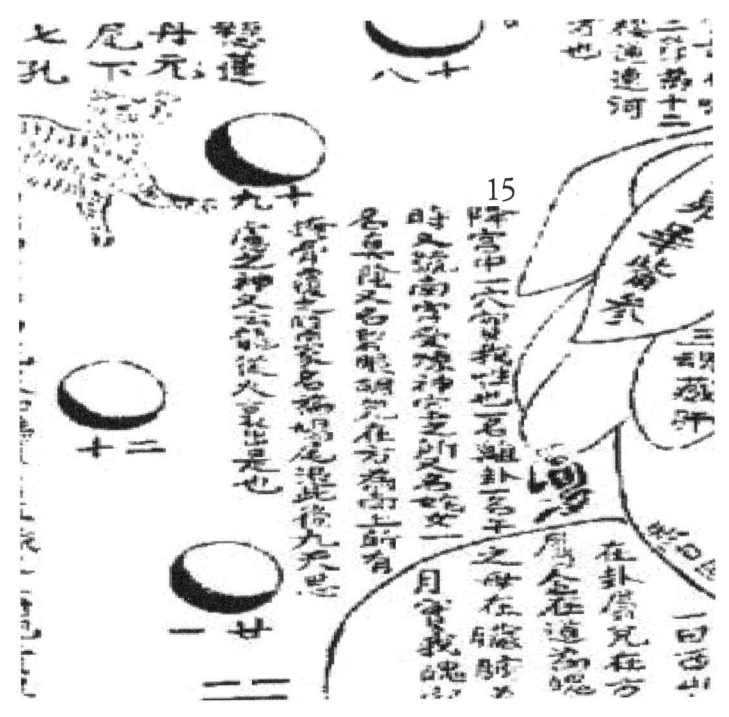

"강궁은 하나의 중앙에 있는 혈자리로 실은 나의 성(性)이다. 일명 리괘(離卦)라고 하며, 일명 오시(午時) 또는 남궁(南宮)이라 이름하니, 신을 단련하는(煉神) 것을 받아들이는 장소이다. 또는 타녀(姹女)라고도 하고 일명 진음(眞陰)이라고도 하며, 또는 푸른 눈의 아이 벽안호아(碧眼胡兒)라고도 한다. 방위에 있어서는 남쪽이 되며, 위로는 뼈에 가려져 그 것이 엎어져 있는데, 의가(醫家)에서는 이름하여 구미혈(鳩尾穴)이라 한다. 차후 구천(九天) 사려신(思慮神)이 물러나니, 또한 이르기를 용(龍)으로부터 불(火) 속에서 나온다."[300]

---

300) 『修眞圖』絳宮15: "絳宮一中穴實我性也, 一名離卦, 一名午時, 又號南宮, 受煉神室之所, 又名姹女, 一名真陰, 又名碧眼胡兒, 在方為南, 上所有掩骨覆之, 醫家名為鳩尾, 退此後九天思慮之神, 又云龍從火裏出是也."

수진도에서 설명하고 있는 강궁은 리괘(離卦)라고 설명하며 구미혈자리로 용이 불 속에서 나온다. 라고 설명하고 있다. 이는 종려파의 『종려전도집』에서 논하고 있는 용호교구(龍虎交媾)의 내단기법을 나타내고 있다. 수진도에서는 용호교구의 자리가 강궁자리라고 설명하고 있는 것으로 볼 수 있다. 상청파는 존사에서 강궁을 중요시 여겼다.

강궁과 관련된 『대동진경』 제3장 황상옥제군도경제3(皇上玉帝君道經第三), 옥제군장(玉帝君章)의 체내신 이름은 제군강능범(帝君絳凌梵)이며 자는 복영창(履昌靈)이다. 눈썹중앙을 지키는 수호신이다. 체내신의 존사 경로는 자주 빛을 존사하며 니환으로 들어가서 아래 강궁으로 들어간다.

"삼가 제군 강능범을 청합니다. 자(字)는 복창영이요, 항상 눈썹 중앙을 지키고 보라색 야외 궁전에서 죽음의 문을 지키며 화개가 눈썹 중앙에 들어가도록 하고 보라색 방으로 올라갑니다. 7대조부모의 죄를 해결하고 복을 받아 황제의 궁으로 올라갑니다. 진실로 제군강릉범천의 진기를 존사하니 자줏빛 구름이 머리위에 그물처럼 덮어 조용히 주문을 아뢰니, 제군이 부적의 법도로 정기가 모든 신을 부르고, 옥의 진기를 초대하니 양미간을 충분히 채우고, 황제의 풍경과 섞이고, 세 가지 요소가 나의 신신이 되고, 소찬은 날아다니는 덮개를 타고 마침내 고상헌에 올라갑니다. 다음으로 자색 기운이 모두 니환 가운데로 들어감을 존사하니, 이내 입으로 신운을 흡입하고, 목구멍의 진액을 9번 삼키며, 구신(九神)을 응결하여 만든다. 일신은 붉은 곤룡포와 관을 쓰고 좌측 사신은 푸른 의관을 하고 우측 사신은 흰 의관을 하고 아래 강궁으로 들어갑니다."301)

---

301) 『大洞眞經』, DZCT6, 皇上玉帝君道經第三, 上清大洞眞經卷之二, 茅山上清三十八代宗師蔣宗瑛校勘, 玉帝君章: "謹請帝君絳凌梵, 字履昌靈, 常守兆兩眉中間, 紫戶外宮死炁之門, 使華蓋入兩眉中間, 上昇紫房, 七世父母,

상청파 수행자들은 존사의 대상인 체내신의 이름을 호명하며 초대하는데 7대 조부모의 죄를 사하여 줄 것을 빈 다음, 위 신의 진기를 존사하며 자줏빛 구름이 머리 위를 덮는 모습을 생각하고 신운(神雲)을 입으로 흡입하고 구신(九神)을 만들기 위하여 9번 침을 삼킨다. 이렇게 결작되어 창조된 구신(九神)중에서 하나의 신은 붉은 곤룡포와 관을 쓰고 있고 왼쪽 사신(四神)은 푸른색 의관을 하고 오른쪽 사신(四神)은 흰색 의관을 하고 아래 강궁으로 들어간다. 체내신은 색상이 있는 옷과 의관을 입고 있는 모습으로 신의 형상으로 이미지화하여 의인화 한 모습이다. 오행상 왼쪽이 푸른 청색이고 오른쪽이 흰 백색이란 점에서 상청파 수행자들은 존사 수행 시 체내신의 옷이나 의관 색상도 오행의 구조로 형상화 하는 모습을 보여주고 있다.

『대동진경』 제9장 상청자정삼소군도경제9(上淸紫精三素君道經第九), 강궁중일원군장(絳宮中一元君章)의 체내신 이름은 심단전궁중일원단황군(心丹田宮中一元丹皇君)이며 자(字)는 자남단(子南丹)이다. 대추골 머리 입구를 지키는 수호신이다. 태양 빛을 존사한다. 이 체내신의 존사 이동 경로는 니환에서 시작하여 강궁으로 내려가며 배꼽을 거처 옥경으로 가며 미려혈에서 협척을 뚫고 제1 척추뼈의 추골로 들어가는 순서이다.

"삼가 강궁의 심단전궁중에 일원단황군의 신이 구슬을 운기하는 것을 청합니다. 자는 자남단이요 항상 대추골 머리의 출입구에 사기

罪解福生, 上登帝宮. 真思帝君絳凌梵真炁, 紫雲之色, 罩於頂上, 默呪曰; 帝君度符籍, 正炁召萬神, 上招玉真炁, 充布兩眉間, 混一生帝景, 三素成我仙, 飈粲乘飛蓋, 徑昇高上軒, 次思紫炁從兆泥丸中入, 兆乃口吸神雲, 咽津九過, 結作九神, 一神紅衮冕, 左四神青衣冠, 右四神白衣冠, 下入絳.

의 문을 지키니, 백골로 하여금 진기를 받아 대추에 태양 빛이 있습니다. 7대 조부모가 득도하여 신선에 오르고 남극의 궁궐에 들어갑니다. 진실로 강궁중 일원단황군의 신이 구슬을 운기하는 진기를 존사하니 태양 빛의 색이 머리위에 그물처럼 덮어 조용히 주문을 말합니다. 중일진군은 태양의 운주를 부르며 위로는 일광을 초대합니다. 나의 신체의 형태가 관개수로이니 삼진의 보배가 빛나고 한결 같이 옥부로 생명을 안정시키며 억만 겁의 수를 누리고 영원토록 휴식이 끝남이 없고 몸에 날개옷이 나오며 걸림 없는 하늘 천구(天衢)302)에 올라 날아갑니다. 다음으로 태양의 빛이 니환으로부터 중앙 들어가는 것을 존사하니 이내 입으로 신운을 흡입하고 침을 3번 삼키며 두신을 응결하여 만듭니다. 붉은 곤룡포를 입고 면류관을 쓰며 아래로 강궁에 퍼지니 먼저 채록하여 들어가 감추어진 것은 시정이며 신의 몸에서 번뇌를 다하여 빛나니 아래로 배꼽 안으로 들어가고 또한 옥경 가운데에 들어가며 미려혈로 들어가 물러나니 협척을 뚫고 위로는 제일 척추뼈(椎骨)의 머리 출입구로 들어갑니다. 수많은 보배로운 신광이 변화되어 나타나니 태양의 형상과 같고 그 빛이 급하게 도니 신은 빛 가운데 있어 움직이지 않는다. 그 신의 배후를 바라보고 차례로 토식을 하며 옥경을 송경합니다."303)

302) 『周易』,「大畜 上九爻」: "何天之衢亨."; 저 하늘 거리가 형통 하도다했는데 그 象에 저 하늘거리라는 말은 道가 크게 행해진다는 것이라 했다. 천구(天衢); 걸릴 것 없는 하늘이라는 뜻으로, 벼슬길이 훤히 트여 있음을 비유한다. 상청파의 수련자들이 주역의 天衢라는 용어를 인용하며 존사기법을 수행할 때 체내신에게 7대 조상과 9대 자손의 안녕과 번영을 축원하는 것을 보면 수행자 자신은 과거의 조상과 미래의 자손과 연결선상에 있음을 인식하게 된다.

303) 『大洞眞經』, DZCT6, 上清紫精三素君道經第九, 上清大洞眞經卷之三, 茅山上清三十八代宗師蔣宗瑛校勘, 絳宮中一元君章: "謹請絳宮心丹田宮中一元丹皇君神運珠, 字子南丹, 常守兆項中大椎骨首之戶死炁之門, 使兆百骨受真炁, 大椎有日光, 七祖父母, 得道登仙, 入南極之宮. 真思絳宮中一元丹皇君神運珠真炁, 日光之色, 罩於頂上, 默呪曰 : 中一真君, 號曰運珠, 上招日光, 灌我形軀, 三真寶曜, 固命玉符, 壽億萬劫, 永無終休, 身生羽服, 飛昇天衢. 次思日光從兆泥丸中入, 兆乃口吸神雲, 咽津三過, 結作一神, 紅袞冕, 下布絳宮, 採先入藏者神精, 光曜盡纏於神身, 下入臍內, 又入玉莖中, 卻入尾閭穴, 穿脊髓, 上入第一椎骨首之戶, 出化為一輪百寶神光, 如日之狀, 其光急轉, 神在光內不動, 其神背觀, 順時吐息, 誦玉經."

위 『대동진경』 제9장 강궁(絳宮)의 체내신 이름은 심단전궁중일원단황군(心丹田宮中一元丹皇君)이며 자(字)는 자남단(子南丹)이다. 상청파에서도 체내신을 존사할 때 단전이라는 용어를 이미 사용하고 있음을 볼 수 있다. 앞서 살펴본 제4장에서도 삼단(三丹)이라는 용어를 사용하며 신선(神仙)이 단(丹)으로 변용(變容)되고 있음을 설명하고 있다. 강궁의 위치는 심장 안쪽으로 그 이름을 심단전궁 중앙의 일원단성군이라 표현하고 있다. 이는 종려파의 내단학에서 사용하는 단전이라는 용어를 상청파 수련자들이 사용하고 있지만 이는 체내신의 존사 이동 경로와 내단기법의 기운 이동 경로를 혼용해서 수행하고 있음을 볼 수 있다. 『대동진경』 제9장 강궁중일원군장(絳宮中一元君章)의 체내신 존사 이동 경로는 니환에서 시작하여 강궁으로 내려가며 배꼽을 거쳐 옥경으로 가며 미려혈에서 협척을 뚫고 제1 척추뼈의 추골로 들어가는 순서이다. 즉 니환 → 강궁 → 배꼽 → 옥경 → 미려혈 → 협척 → 제1추골의 존사 경로이다. 이는 기경팔맥 중 임독맥과 충맥이 관련되어 있음을 알 수 있다.

상청파의 『대동진경』이 형성된 시기는 위진남북조시대로 단(丹)이라는 용어는 그 이전 한(漢)나라 시대에 형성된 오두미도나 천사도의 『태평경』에서 살펴 볼 수 없는 용어이다. 상청파의 수련자들이 단이라는 개념을 존사기법과 혼용해서 사용하다 당말오대초에 등장하는 종려파의 내단기법에서는 체내신의 존사기법은 사라지고 내단이라는 기운의 이동 경로 변용되어 종려 내단학의 수행체계 이론이 성립됨을 알 수 있다. 또한 위 천구(天衢)라는 개념은 『주역』, 「대축상구효(大畜上九爻)」에 나오는 문구로, "저 하늘 거리가 형통 하도다" 했는데 천구(天衢)란 걸릴 것 없는 하늘이라는 뜻이다. 즉 상청파의 수련자들이 주역의 천구라는 용어를 인용하며 존사기법을 수행할 때 체내신에게 7대 조상과 9대 자손이 하늘처럼 걸림이 없게 해 달라고 안녕과 번영을 축원하는 것을 보면 과거의 조상과 미래의 자손이 현재의 수행자 자신과 연결선상에 있음을 보여주고 있다.

(2) 삼혼(三魂)과 칠백(七魄)

① 삼혼

"무영공자가 이곳에 거주한다. 중지단, 각, 항, 저, 방, 심, 미, 기 삼혼이 간에 숨어 있다."304)

먼저 삼혼에 대하여 수진도 위와 같이 기록하고 있다. 위 수진도에 표현된 무영공자는 상청파『대동진경』에 등장하는 무영공자이며, 각角, 항亢, 저氐, 방房, 심心, 미尾, 기箕는 28수 별자리 중에서 동방 7수의 별자리이다. 이 별자리는 간을 상징하는데 삼

---

304)『修眞圖』三魂16: "無英公子居之, 中地胆, 角, 亢, 氐, 房, 心, 尾, 箕 三魂藏肝."

혼은 간에 숨어 있다.

간과 관련된 『대동진경』 제4장 상황선생자진군도경제4(上皇先生紫晨君道經第四) 좌무영공자장(左無英公子章)에 나타나는 체내신 이름이 무영공자현충숙(無英公子玄充叔)으로 자는 합부자(合符子)이다. 좌측 겨드랑이와 간을 지키는 수호신이다. 수진도에서는 무영공자를 명기하며 남방 별자리 7수 인 각, 항, 저, 방, 심, 미, 기와 간에 거하는 삼혼을 설명하고 있다.

『대동진경』에서 무영공자는 좌측 겨드랑이의 체내신으로 간(肝)을 관장하는 수호이라고 앞에서 설명한 바 있다. 이 무영공자의 체내신 존사 이동 경로는 옥빛을 띤 신들이 양 눈동자로 들어가 그 기운을 아래 방광으로 향하게 한다.

수진도에서 간장 부분에서는 『황정경』을 인용하며 "간의 존사신은 간신(肝神)이며 형태는 청룡(靑龍)과 같고, 자(字)는 함명(含明)이라고 설명하고 있다. 바가지의 형상과 같이 매달려 있고 심장과 가까우며 좌측에 세 개의 잎과 우측에 네 개의 잎이 있는데 아래에 담(膽)이 붙어 있다.고 설명하며 간은 심(心)의 어머니라 하고, 신(腎)의 자식이라고 설명한다. 간 안에는 삼혼(三魂)이 있으니, 그 이름을 상령(爽靈), 태광(胎光), 유정(幽精)이라 하고 눈을 관장한다. 오행상으로 좌가 갑목이고 우가 을목이다."305) 라고 표현하고 있다. 간은 또한 삼혼(三魂) 간직하고 있는데 그의 이름은 다음과 같다.

---

305) 『修眞圖』肝3: "肝神形如靑龍, 象字含明, 象如懸匏,小(少近心, 左三葉, 右四葉, 膽附短葉下, 重四 斤四兩, 爲心母, 爲腎子, 肝中有三魂, 名曰爽靈、台(胎)光、幽精, 目爲之宮(官), 左目爲甲, 右目爲乙."

"대저 사람의 몸에는 삼혼이 있다. 일명 태광(胎光)이라 하는데 태청양화(太淸陽,和)의 기운이며, 일명 상령(爽靈)이라 하는데, 음기의 변화를 말하고 일명 유정(幽精)이라고 하며 음기의 잡다함을 말한다."306)

태광(胎光)의 태는 태아(胎兒)라는 뜻과 사물의 근원이나 조짐이라는 뜻이 있고, 광(光)은 빛의 뜻으로 사람의 영혼, 자성으로 선천적으로 타고난 빛이다. 상령(爽靈)의 상은 날이 새다. 라는 뜻으로 마음이 밝음을 상징하는 것으로 영(靈)은 전령의 뜻이 있다. 유정(幽精)의 유는 어두운 저승의 뜻이 있고 정은 생명의 근원으로서의 뜻이 있는데 저승사자를 의미한다. 『포박자』에는 "신과 통하고자 한다면 마땅히 수화로서 형태를 분리하고 형체를 떠나면 그 몸이 삼혼칠백을 본다"고 하였다.307) 『지장보살발심인연시왕경』에 삼혼(三魂)을 설명하고 있는데 사람이 죽으면 49일내에 생혼은 영탁 각혼은 묘지에 있고, 영혼은 음부에 있다고 설명하고 있다.308)

수진도에는 간(肝)에 삼혼이 있고 『대동진경』에 간에는 무영공자(無英公子)가 거처하고 동방의 일곱별이 자리하고 있다고 표기하고 있다. 수진도에 기록된 칠백의 내용은 아래와 같다.

---

306) 『雲笈七籤』, 卷54: "夫人身有三魂, 一名胎光, 太淸陽和之氣也.. 一名爽靈, 陰氣之變也. 一名幽精, 陰氣之雜也."
307) 『抱朴子』,「地眞」: "欲得通神, 宜水火分形, 形分則見其神三魂七魄"
308) 『地藏菩薩發心因緣施王經』: "三魂은 태광업혼신식(胎光業魂神識), 유정전혼신식(幽情轉魂神識), 상령현혼신식(爽靈現神識)이 있으며, 49日內 生魂在靈棹 覺魂在墓地 靈魂在陰府."

② 칠백

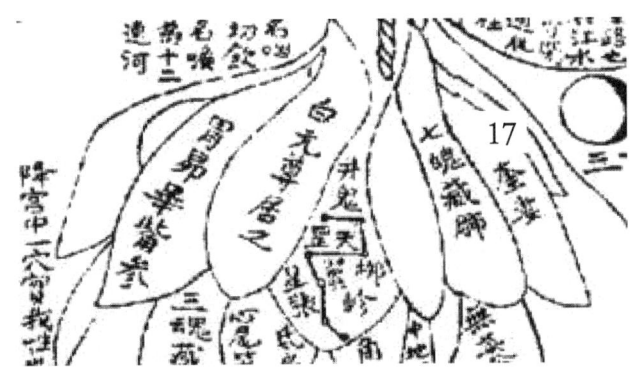

"규, 누, 칠백장폐, 정, 귀, 강천, 류, 익, 진, 성, 장, 백원존거지, 위, 앙, 필, 자, 참 폐에는 7백이 거하고 있다."309)

위 수진도를 살펴보면 폐가 나뭇잎 모양으로 그려져 있고 그 중앙에 북두칠성 그림이 새겨져 있다. 그리고 부두칠성 그림 좌우에 남방 7수인 정(井)·귀(鬼)·유(柳)·성(星)·장(張)·익(翼)·진(軫)이라는 별자리 이름과 나뭇잎 모양에 서방 7수인 규(奎)·누(婁)·위(胃)·묘(昴)·필(畢)·자(觜)·삼(參)이라는 별자리 이름이 명기되어 있다. 그리고 칠백이 폐에 숨어 있고 백원존이 거주한다고 명기하고 있다.

간에는 혼(魂)이 셋이 있고 폐에는 칠백(七魄)이 거하는데 이를 삼혼칠백(三魂七魄)이라고 한다. 『지장보살발심인연시왕경』에 칠백(七魄)은 다음과 같다.310)

---

309) 『修眞圖』七魄17: "圭婁, 七魄藏肺, 井鬼, 罡天, 柳, 翼軫, 星張, 白元存居之, 胃, 昴, 畢, 觜, 參."

310) 『地藏菩薩發心因緣施王經』: "작음백신식(雀陰魄神識), 탄적백신식(呑賊魄

"칠백이란 첫째 먹기를 좋아하는 시구라는 백과, 둘째 옷 입는 것을 좋아하는 복시라는 백과, 셋째 음행을 좋아하는 작음이라는 백과, 넷째 놀음을 좋아하는 탄적이라는 백과, 다섯째 앙화(殃禍)를 좋아하는 백과, 여섯째 탐내기를 좋아하는 제예라는 백과, 일곱째 잡스런 일만을 좋아하는 취폐라는 백을 말한다. ......(중략)....이 백들은 항상 심장 구멍 속에 숨어있다. 사람의 심장인 일곱 개의 규안이 있어 생시를 미루어 계산해 보면 북두칠성에 따라 칠백이 작용을 일으키는데 본명이 자기 운명과 일치하는 칠백 중 한 백이 있으면 서 그 맡은 일을 주관한다. 예를 들면 어떤 사람의 본명이 녹존성 곧 북두칠성 세 번째 별에 달렸다고 한다면 셋째별인 작음에 행동이 음탕할 것이다. 그러므로 수행하는 사람들은 삼혼을 연마하고 칠백을 제어하여 그것들이 제멋대로 날뛰지 못하게 해야 할 것이다."311)

삼혼(三魂)은 영혼(靈魂), 생혼(生魂), 각혼(覺魂)을 말하고 천·지·인(天·地·人) 삼재(三才)를 의미한다. 칠백(七魄)은 신체에서 7규(七竅) 즉 두 눈, 양귀, 두 콧구멍, 입을 의미하며 일곱별인 7성을 상징하기도 한다. 위와 같이 수진도에는 28수 별자리를 기록하고 있는데 북극 주변의 3원(垣)과 이를 정리하면 다음과 같다.312)

神識,) 비독백신식(非毒魄神識), 시구백신식(尸垢魄神識) 취폐백신식(臭肺魄神識), 제예뱁신식(除穢魄神識), 복시백신식(伏尸魄神識)."

311) 『地藏菩薩發心因緣施王經』: "七魄者 一名尸狗好吃, 二名伏矢好穿, 三名雀陰好淫, 四名吞賊好賭, 五名蜚毒好禍, 六名除穢好貪, 七名臭肺好一切雜事....(중략).....常潛於心窺中, 人心中有七個窺眼, 依生時推算應北斗七星 在本命一窺中卽主其事.如人本命 是祿存星 乃屬北斗第三應雀陰 其人好陰, 所以人有好賭好穿 生性不向者俱是 七魄勾弄也. 今修行人要除 三尸九賊 修道人要煉魂制魄 不可使其任意而動."

312) Contents.history.go.kr, 전통별자리, 3원 28수, 2021. 11. 30. 검색: 동방 7수 각(角)·항(亢)·저(氐)·방(房)·심(心)·미(尾)·기(箕). 북방 7수 두(斗)·우(牛)·여(女)·허(虛)·위(危)·실(室)·벽(壁). 서방 7

『종려전도집』「논수화」편에서는 "구주의 형세를 떠나 양신을 기르고 삼시를 태워서 음귀를 제거한다. 위로 운행하면 삼관을 한꺼번에 뚫고 아래로 운행하면 칠백을 소멸한다."고 설명하고 있다.313) 삼혼칠백에 대하여 종려파의 내단기법은 상청파의 존사기법을 일부 수용하여 음신(陰神) 제어하여 양신(陽神)으로 변화하게 하는 것을 수행으로 삼는데 이를 수진도에서 표현하고 있다. 수진도는 상청파의 존사기법과 종려파의 내단기법을 수용하여 기록하고 있음을 보여주고 있다.

(3) 오방(五方)

동, 서, 남, 북, 중앙을 다섯 방위로 하여 수진도에서는 남방(南方) 리괘(離卦 ☲), 북방(北方) 감괘(坎卦 ☵), 동방(東方) 진괘(震卦 ☳), 서방(西方) 태괘(兌卦 ☱), 중황정(中黃庭)을 다음과 같이 설명하고 있다.

> 수 규(奎)·누(婁)·위(胃)·묘(昴)·필(畢)·자(觜)·삼(參). 남방 7수 정(井)·귀(鬼)·유(柳)·성(星)·장(張)·익(翼)·진(軫). 성수(星宿)·장수(張宿)·익수(翼宿)·진수(軫宿) 이북의 구역이 태미원이며, 방수(房宿)·심수(心宿)·미수(尾宿)·기수(箕宿)·두수(斗宿)의 북쪽 지역이 천시원이다. 『천문유초(天文類抄)』에 따르면, 자미원은 하늘의 황제인 태제(太帝)의 자리로 천자가 항상 거주하는 곳이며, 태미원은 천자의 궁정(宮庭)으로 오제(五帝)의 자리이고 열두 제후의 관청이 있는 곳이며, 천시원은 사물의 경중을 재는 척도(權衡)와 무리를 모으는 일(聚衆)을 주관한다고 되어 있다. 3원이란 태미원(太微垣,上元)·자미원(紫微垣,中元)·천시원(天市垣, 下元)을 일컫는다. 여기서 '원'이란 본래 '담'이란 뜻인데, 이 별자리들이 담장 형태로 북극을 둘러싸고 있기 때문에 붙인 명칭이다. 자미원은 북극 주위를 둘러싸고 있는 구역으로 대략 주극원 지역에 해당하며, 태미원과 천시원은 28수와 자미원 사이의 공간에 위치한다.

313) 이봉호·최재호 외 2인 역, 앞의 책, 76쪽.

앞서 살펴본 바와 같이 종려파의 『종려전도집』과 『영보필법』에서는 내단의 옥액환단의 채약을 마치고 금액환단으로 금단을 이루는데 이때에도 비금정은 계속 수행한다. 내단 수련시간은 간괘(艮卦☶)인 오전 2시 축시에서 진괘(震卦☳) 오전 8시까지 행해진다. 옥액연형은 진괘(震卦☳) 오전 8시에서 시작해 리괘(離卦☲) 오시(午時) 12시에서 마친다 했으니 진괘(震卦☳)에서는 주후비금정과 연형(鍊形)이 동시에 이루어진다고 설명하고 있다. 다음은 수진도 표기된 오방과 관련된 괘의 내용은 다음과 같다.

① 남방(南方) 리괘(離卦 ☲)

"남창상궁은 강궁(絳宮)이니 날숨은 하늘의 뿌리에 접하고 마음이 동하지 않으니 선천의 기(炁)다. 리괘(離☲) 이며, 붉은 능의 화부이니 자기 스스로 취하여 기가 견고하다."314)

위 수진도에서는 남방을 리괘(離☲)로 표현하고 남창상궁이라 궁정으로 명칭하고 강궁을 설명하며, 날숨은 하늘의 뿌리에 접하고 마음이 동하지 않으니 선천의 기라고 설명하고 있다. 명나라

---

314) 『修眞圖』南方離卦18: "南昌上宮, 絳宮, 呼接天根, 心不動, 炁, ☲(離), 朱陵火府, 就己, 炁自固."

이중재는 그의 저서 『내경지요』에서 "온전히 참된 사람은 날숨이 하늘의 뿌리에 접하고 들숨이 땅의 맥에 접하니 정(精)이 화(化)하여 기(氣)가 된다"고 하였다.315) 수진도는 이를 인용하고 있다.

허준은 『동의보감·내편기부』에서 기(氣)는 호흡의 근본이라며 다음과 같이 설명하고 있다.316) 또한 그는 기가 생기는 근원에

---

315) 李中梓, 『內經之要』: "全真之人, 呼接天根, 吸接地脉, 精化为气也."
316) 『東醫寶鑑』, 「內篇氣部」: "氣爲呼吸之根, 正理曰, 人受生之初在胞胎之內隨母呼吸, 及乎下剪去臍帶則一點眞靈之氣聚于臍下, 凡人唯氣最先, 莫先於呼吸眼耳鼻舌意(是謂六慾), 皆由是氣非是氣, 則聲色香味觸法都不知覺, 氣之呼接于天根, 氣之吸接于地根, 氣之在人身, 一日周行八百一十丈. 易曰, 一闔一闢謂之變往來, 不窮謂之通, 程伊川曰, 涵養之道出入之息者, 闔闢之機而已, 又曰, 闔闢往來見之鼻息, 張橫渠曰, 人之有息, 盖剛柔相摩, 乾坤闔闢之象也. 朱紫陽調息箴曰, 開闔其妙無窮, 誰其尸之不宰之功, 參同契曰, 二用無爻位, 周流行六虛六虛, 卽卦之六畫也. 以噏一呼一吸, 往來上下久之, 則神凝息定所以成變化也. 呼則氣出陽之闔也. 吸則氣入陰之闔也. 盖人身之陰陽, 與天地陰陽相似, 若能御呼吸於上下, 使之周流不息, 則闔闢往來之妙盡在吾身. 中元和子曰, 人身大抵同天地是也. 莊周曰, 眞人之息, 息之以踵, 衆人之息, 息之以喉, 盖氣在下焦, 其息遠氣, 在上焦其息, 促羲亦類此."(기는 호흡의 근본이 된다. 정리에는 사람이 처음 생겨날 때 태(胎)중에 있을 때에는 어머니를 통해서 호흡하다가 태어나서 탯줄을 끊으면 한 점의 신령스러운 기운이 배꼽 밑에 모인다. 대개 사람에게는 오직 기(氣)가 제일 먼저이다. 기는 호흡에서부터 시작된다. 눈, 귀, 코, 혀, 살갗, 의식(이것을 6욕이라 한다) 등은 모두 기에 의해서 작용을 한다. 그러므로 기가 아니면 빛깔, 소리, 냄새, 맛, 촉감, 예법을 모두 모르게 된다. 숨을 내쉴 때에는 하늘의 근본과 맞닿고 숨을 들이쉴 때에는 땅의 근본에 적응하는 것이다. 기가 사람의 몸을 하루에 810장을 돈다"고 씌어 있다. 『주역』에는 '한번 닫히고 한번 열리는 것을 변화라고 하며 오가는 것을 끊임없이 하는 것을 통한다고 한다"고 씌어 있다.' 정이천(程伊川)은 '수양하는 방법에서 숨을 내쉬고 들이쉬는 것은 열고 닫고 하는 작용이다. 또한 열렸다 닫혔다, 갔다 왔다 하는 현상은 코로 숨쉬는 데서 볼 수 있다.'고 하였다. 장횡거(張橫渠)는 '사람이 숨을 쉬는 것은 대개 굳센 것과 부드러운 것이 서로 마찰하고 건곤(乾坤)이 열렸다 닫혔다 하는 것을 상징한 것이다.'고 하였다. 주자양(朱紫陽)의 『조식잠(調息箴)』에는 '천지의 기운이 배합되는 것은 열렸다 닫혔다 하는 묘한 작용에 의해 끝없이 진행되며 그 누가 맡아 하는 것이 아니라 스스로 하는 것이다'고 씌어 있다. 『참동계(參同契)』에는 '호(呼)와 흡(吸) 두 가지는 정한 방위가 없이 작용하여 6허로 두

대하여 다음과 같이 설명한다. "『난경』에는 12경맥은 모두 기가 생기는 근원과 연계되어 있다. 기가 생기는 근원이라는 것은 양쪽 신장 사이에 있는 동기(動氣)를 말한다. 이것이 5장 6부의 기본이며 12경맥의 근원이고 호흡하는 문호이며 삼초의 근본이다. 또한 사기(邪氣)를 받는 신(神)이라고도 한다. 때문에 기란 것은 사람의 몸에서 근본이다고 씌어 있다.' 또한 '기해(氣海)와 단전(丹田)은 실제로 기를 생기게 하는 근원이 된다. 기해혈은 배꼽 아래에서 1치 5푼 되는 곳에 있고 단전은 일명 관원(關元)이라고도 하는데 배꼽 아래에서 3치 되는 곳에 있다'고 하였다."317)

루 돌아간다. 6허란 것은 상하, 전후, 좌우 등 괘의 6획을 말한다. 한 번 내쉬고 한번 들이쉬는 숨이 올라가고 내려가며 오가는 것을 비유한 것이다. 오래되면 신(神)이 모이고 호흡이 안정됨으로써 변화가 생기는 것이다. 숨을 내쉴 때 기가 나오는 것은 양이 열리는 작용이고 숨을 들이쉴 때 기가 들어가는 것은 음이 닫히는 작용이다. 대개 사람 몸의 음양이 천지의 음양과 서로 통한다. 만일 상하로 호흡하는 것을 조절해서 쉬지 않고 돌게 한다면 천지에서 열렸다 닫혔다, 갔다 왔다 하는 묘한 작용이 모두 내 몸 가운데 있을 것이다'고 씌어 있다. 원화자(元和子)는 '사람의 몸은 대체로 천지와 같다는 것이 곧 이것이다"고 하였다. 장주(莊周)는 '수양이 높은 사람의 숨은 발꿈치까지 가게 깊이 쉬고 보통사람의 숨은 목구멍에서 나온다. 대개 기가 하초에 있으면 그 숨결이 길고 기가 상초에 있으면 그 숨결이 빠르다는 뜻도 역시 이와 비슷한 것이다.'

317) 『東醫寶鑑』,「內篇氣部」: "生氣之原, 難經疏曰, 十二經脈者, 皆係於生氣之原, 所謂生氣之原者, 謂腎間動氣也. 此五藏六府之本, 十二經脈之根, 呼吸之門, 三焦之原, 一名守邪之神, 故氣者, 人之根本也.. 又曰, 氣海丹田, 實爲生氣之原, 氣海一穴在臍下, 一寸半丹田一穴, 一名關元, 在臍下三寸."

② 북방(北方) 감괘(坎卦 ☵)

"두, 우, 여, 허, 위, 실, 벽 거슬러 올라가면 성인이고, 한영단전이다. 흐르니 정으로 감괘(坎☵)이다. 중앙 무기로 몸이 동하지 않으니, 하단전의 정이 스스로 견고하다. 북방의 현무가 기를 죽인다. 순수히 아래로 흐르면 범부이다."318)

위 수진도에 북방 7수인 두(斗)·우(牛)·여(女)·허(虛)·위(危)·실(室)·벽(壁) 별자리 이름을 표기하고 물을 상징하는 감(坎☵)괘를 논하고 있다. 물을 거슬러 올라가면 성인이 되고 하류로 흐르면 범인이 된다고 기술하고 있다. 중앙은 무기(戊己)의 자리이니 몸이 부동하면 하단전의 정이 견고해 진다고 기록하고 있다.

---

318) 『修眞圖』北方坎卦19: "北, 斗, 如, 虛, 危, 室, 壁. 逆則聖, 寒靈丹殿, 流, 戊己精, ☵(坎), 身不動, 下丹精自固, 玄武煞炁, 順則凡."

③ 동방(東方) 진괘(震卦☳)

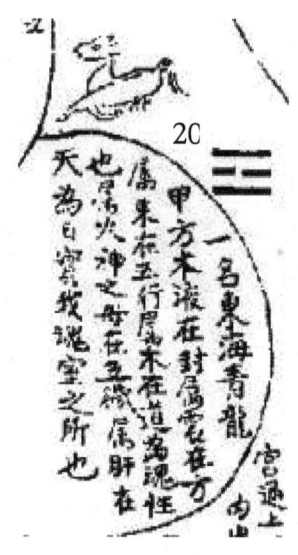

"일명 동해 청룡이다. 갑방 목액은 진(震☳)에 속하고 동에 속하며, 오행에서 나무에 속하고 도에서는 혼성(魂性)에 속한다. 화신(火神)에 속하는 어머니이며, 오장에서는 간에 속하며 하늘에서는 태양이 되므로 실로 나의 혼실(魂室)의 장소이다."319)

위 수진도에서는 사신도 중 동방의 청룡을 말하며, 갑목(甲木)으로 후천 팔괘중 진괘(震☳)에 속한다고 설명하고 있다. 동쪽은 오행에서 나무에 속하고 장기는 간이며 간에는 혼이 저장되어 혼성이라 표현하고 있다. 간은 양의 기운으로 태양을 상징하며 혼실이라고 설명하고 있다. 수진도 판본은 리괘(離☲)로 표기되어 있어 오기이다. 아래 주석의 원문표기의 해석상 진괘(震☳)로 바

---

319) 『修眞圖』東方震卦20: "一名東海靑龍, 甲方液在封屬震☳, 在方屬東, 在五行屬木, 在道爲魂性也. 屬火神之母, 在五臟屬肝, 在天爲日實我婚實之所也."

로 잡는다.

④ 서방(西方) 태괘(兌卦 ☱)

"일일 서쪽 산 백호(白虎)는 경(庚)으로 금정(金精)에 자리하고, 괘에 있어서 태괘(兌☱)에 속하며, 방위에 있어서 서쪽에 속하고, 오행에 있어서 금(金)에 속하며, 도(道)에 있어서 백정(魄精)이 된다. 수정(水精)에 속하는 어머니로 장부(臟腑)에 있어서는 폐(肺)가 된다. 하늘에서는 달리되며 실로 백실(魄室)의 장소이다."[320]

위 수진도에서는 서쪽은 오행상 백호을 의미하며 천간은 경(庚), 서쪽을 상징하는 금 기운을 가지고 있음으로 금정이라 표현하고 있다. 오장 중 폐를 의미하기도 한다. 금정은 종려파『종려전도집』과『영보필법』에서 폐액을 금액의 개념으로 사용하고 있

---

[320] 『修眞圖』西方兌卦21: "一日西山白虎庚位金精, 在卦屬兌, 在方屬西, 在五行屬金, 在道爲魄精也. 屬水精之母, 在臟腑爲肺, 在天爲月, 實我魄室之小也."

다. 앞서 종려파『영보필법』에서 금액환단의 내단 이동 경로. 살펴보았듯이 금액이 신장의 기운과 심장의 기운이 결합하여 오르지 않고 폐에서 훈증되는데 이때 폐액을 취하면 폐액 즉 금액은 하단전에서 미려혈로부터 올라가 곧 비금정하여 두정부 니환으로 들어가 뇌 속으로 들어가서 금정(金精)이 니환을 충족하게 한다. 니환이 충족되면 금액은 다시 아래로 내려가 하단전으로 들어가는데 이를 곧 금액환단이라 하고 하단전에 돌아온 금액이 다시 올라가 니환으로 다시 들어간다. 금액환단을 행하는 시간이 정해져 있는데 감괘(坎☵) 0시에서 간괘(艮☶) 오전 2시와 4시 사이이고 금액연형을 행하는 시간은 간괘(艮☶) 오전 2시와 4시 사이에서 리괘(離☲) 오전 12시이다. 그리고 태괘(兌☱) 오후 18시에서 건괘(乾☰) 오후 20시와 22시에 이르러 늑양관을 수련한다. 주후비금정과 금액환단을 수행한 후에 금액연형을 하고 늑양관을 수련하는 것이 순서이다. 그런데 금액이 환단하기도 전에 금액연형이 되는 것을 분신(焚身)이라고 논하고 있다. 분신은 감괘(坎☵)의 때에 앞에서 연형이 일어나는 것으로 이 경우는 주후비금정 시에 연형이 일어나서 앞뒤로 동시에 기운이 상승하는 상태로 금액연형 시 신체 전신에 기운이 충만하여 앞뒤로 오르니 이를 곧 금액연형이라한다. 옥액환단과 금액환단의 개념을 설명한 바와 같이 금정이 백호자리의 폐에 넋의 방이 있다고 수진도에서 표현하고 있다.

⑤ 중황정(中黃庭)

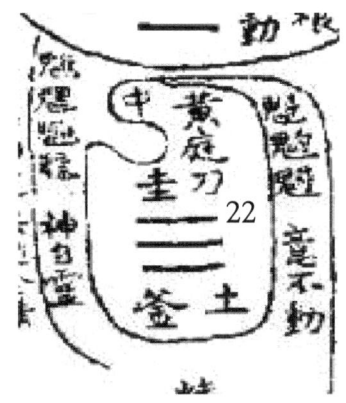

"중황정(中黃庭), 도규(刀圭), 토부(土釜), 부동심(意不動) 신자영(神自靈). 두, 흉, 행, 필, 보, 표."321)

수진도에는 중황정을 토부라고 하고 있다. 토부는 가마솥 질그릇을 의미하며 도규는 약 숟가락을 의미한다. 중황정 자리에 가마솥 질그릇에 탕약을 달이듯이 뜻이 움직이지 않으면 신이 스스로 영험해 지는 의미를 표현하고 있다. 수진도의 저자는 아마도 인체의 중황을 가마솥으로 비유하며 탕약을 달이듯이 뜻이 움직이지 않고 중황정을 단련하면 스스로 신령스럽게 되는 의미를 부여 하고 있는 것이다. 두, 흉, 행, 필, 보, 표은 북두칠성과 관련된 옛 별들의 이름이다. 중앙 토부 황정이 건(乾:☰)으로 잘못 표기되어 있어 곤(坤:☷)으로 바로 잡는다.

---

321) 『修眞圖』中黃庭22: "中黃庭, 刀圭, 釜土, 意不動, 神自靈. 魁, (鬼勾), (鬼行), (鬼畢), (鬼甫), 魒."

6) 하단전과 양신(兩腎), 신궁(腎宮), 금정(金精), 신문(腎門)과 명문(命門), 배꼽(臍), 탁약(槖籥)

앞장 수진도에 설명된 하단전의 위치와 역할을 다음과 같다.

"아래로 아홉 구멍이 있으니 즉 지옥이 이곳이며 기해(氣海)라 부르는데 1촌3분 끝이 옥지(玉池)이며, 하단전이라 한다. 정(精)이 감추어진 곳으로 채약(採藥)하는 장소이다. 좌측으로 명당(明堂), 우측에 동방(洞房)이 있으며 역시 하나의 혈인 빈 공간으로 방원이 1촌3분으로 이곳에 두 구멍이 있는데 신장(腎臟) 내부로 통하고 신장 가운데에 구멍이 있는데 미려(尾閭)로 통한다. 미려로 통하는 양쪽 신당(腎堂)을 연유로 무릎 아래에 삼리혈(三里穴)에 이르고 다시 용천혈(湧泉穴)에 이르니 이 같이 사람 몸은 관규와 상통한다."322)

수진도에서 설명하는 삼전의 위치를 살펴보았듯이 이와 같이 니환(泥丸)을 상단전, 강궁(絳宮) 아래 3촌 6분 지점인 자리를 토부(土釜)라 하는데 이곳을 중단전이라고 하고, 기해(氣海)를 하단전이 위치하는 곳이라고 설명하고 있다. 또한 상단전이 위치하는 니환에는 신(神)이 숨겨져 있고, 중단이 위치하는 강궁 근처 토부라는 황정(黃庭)혈에는 1촌2분의 공간으로 기(氣)가 감추어져 머무르고 있으며, 기해(氣海)아래 1촌3분 끝이 옥지(玉池)라는 곳인데 하단전으로 정(精) 감추어진 곳으로 채약하는 장소라고 설명하고 있다. 그러면서 기해의 좌측으로 명당(明堂), 우측에 동방(洞

---

322) 『修眞圖』三關・三田10: "……중략, 下有九竅, 卽地獄酆都是也, 又曰氣海, 稍下1寸3分, 曰玉池, 又曰下丹田, 內藏精之所, 採藥之處, 左明堂, 右洞房, 亦空一穴, 方圓1寸3分, 此處有二竅, 通於內腎, 腎中有竅, 通於尾閭, 由尾閭通兩腎堂, 以至膝下三里穴, 再下至湧泉穴, 此人身相通之關竅也."

房)이 있으며 역시 하나의 혈인 빈 공간으로 방원이 1촌3분으로 이곳에 두 구멍이 있는데 신장 내부로 통하고 신장 가운데에 구멍이 있는데 꼬리 뼈 부분인 미려로 통하고 하는 미려로 통하는 양쪽 신장 부분은 무릎 아래에 종아리 부분의 삼리혈에 이르고 이곳에서 다시 발바닥 중앙부분인 용천혈(湧泉穴)에 이른다고 설명하고 있다.

위 수진도에서는 옥지(玉池)의 위치를 하단전이라고 설명하고 있다. 그러나 『종려전도집』,「논수화」편에서는 옥지의 위치에 대하여 설명하고 있는데 "옥지는 입술과 이빨 사이에 있다."323)고 기술하고 있다. 또한 『종려전도집』,「논환단」편에서 "옥액(玉液)은 바로 신장(腎臟)의 액이다. 신장의 액은 원기를 따라 올라가서 심장(心臟)에 모이는데, 이 심장에 모인 신액(腎液)이 쌓이면 금물, 금수(金水)가 되고 올리면 옥의 연못, 옥지(玉池)를 채우며, 흩어지면 옥의 꽃, 경화(瓊花)가 되고, 단련하면 하얀 눈, 백설(白雪)이 된다. 만약 이것을 중단전에서 하단전으로 보내 약(藥)이 되면 태선(胎仙)을 목욕시키는데, 만약 이것을 올려서 중단전으로부터 사지(四支)로 보내 형(形)을 단련하여 세속의 골격을 변화시킨다. 올리지도 거두지도 않으면 한 바퀴 돌아 다시 돌아온다. 그러므로 옥액환단이한다"324)라고 설명하고 있다. 옥지는 얼굴 부분 입 속에 위치하고 있어 상단전에 가깝다, 그런데 수진도에서는 위

---

323) 『鍾呂傳道集』,「論水火」: "玉池在脣齒之內."

324) 『鍾呂傳道集』「論還丹」: "玉液乃腎液. 腎液隨元氣以上升而朝於心, 積之而爲金水, 擧之而滿玉池, 散而爲瓊花, 鍊而爲白雪, 若以納之自中田入下田有藥, 則沐浴胎仙, 若以升之自中田而入四支鍊形, 則更遷塵骨. 不升不納, 周而復還, 故曰玉液還丹者也."

'신장의 액이 원기를 따라 심장으로 가서 신액이 쌓여 모이면 금수가 되고 올리면 옥지를 채운다.'라는 문구를 차용하여 신장의 액이 심장을 거쳐 올라오는 것이므로 옥지의 옥액은 신장의 액이 근원이므로 옥지를 하단전의 위치로 파악하고 있는 것으로 볼 수 있다. 여기서 금수(金水)는 금액(金液)을 말하며, 옥지(玉池)는 입술과 치아의 안쪽 입을 말하며, 경화(瓊花)는 진액(眞液)이 기화하여 나타나는 현상이며, 백설(白雪)이 진기(眞氣)가 기화 할 때 볼 수 있는 현상으로 눈 꽃송이에 비유한 것이다. 수련 중에 흰 빛이 하얀 눈꽃송이처럼 흩날리는 것을 보는 존사기법의 현상을 설명하고 있다. 수진도 도상에 기록된 하단전 부분인 양신(兩腎), 신궁(腎宮), 금정(金精), 신문(腎門)과 명문(命門), 배꼽(臍), 탁약(槖籥)을 순서대로 살펴보면 다음과 같다.

(1) 양신(兩腎)

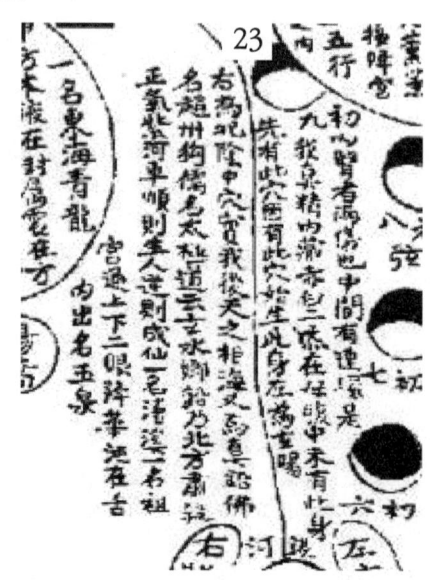

"양신(兩腎)이라는 것은 양의(兩儀)이다. 중간에 연결된 고리가 있는데, 나의 진정한 정(精)이 적백(赤白)의 두 기운으로 감추어져 어머니에게 있어서 복중(腹中)에 아직 이 몸이 있기 전에 먼저 이 혈(穴)이 있고, 이 몸이 태어나면 좌측이 현양(玄陽)이 되고, 우측이 빈음(牝陰)되니, 중앙혈이 실로 나의 후천(後天) 바다이니 또한 진연(眞鉛)이라 한다. 불가는 조주의 개325)라 이름 하고, 유가에서는 태극이라 이름하니 도가에서는 현수향연(玄水鄕鉛) 내지는 북방숙살(北方肅殺)이라 한다. 바른 기운의 자주빛 물수레(紫河車)는 순리가 즉 생(生)이요, 사람은 역행이 즉 선(仙)을 이룬다. 일명 조계(漕溪)라 하고 일명 조궁(祖宮)이라 하니, 위 아래로 두 눈을 통하여 화지(華池)에 내려와 혀 안에서 나오니 옥천(玉泉)이라 이름 한다."326)

『황정경』의 주석서인 『황정내경옥경주』에는 옥천(玉泉)에 대하여 다음과 같이 말하고 있다. "입은 옥지(玉池) 태화궁(太和宮)이라 하니, 입 중앙에 액수(液水)를 옥진(玉津)이라 하며, 예천(醴泉)이라 이름하고, 또한 옥장(玉漿)이라 이름하니, 물을 가두는 저수지(貯水池)라 한다. 백 마디를 조화롭게 하고, 오장을 부드럽고 적절하게 화합하는 것 모두 입으로써 주관하는 것이다.327) 또한 현천(玄泉)의 아득한 궁궐이 높게 솟아 있으니, 현천(玄泉)이라는 것은 입속의 물이다. 옥장(玉漿)이라 말하고 옥액(玉液)이라 이름

---

325) 조주선사가 "모든 존재가 다 불성이 있다고 했다가 개에게는 불성이 없다."고 말한 화두선을 말한다.
326) 『修眞圖』兩腎23: "兩腎者兩儀也, 中間有連環是, 我眞精內藏赤白二炁, 在母腹中未有此身, 先有此穴, 因有此穴, 始生此身, 左爲玄陽, 右有牝陰, 中穴實我, 後天之相, 海又爲眞鉛, 佛名趙州狗, 儒名太極, 道云玄水鄕鉛, 乃北方肅殺, 正氣紫河車, 順則生. 人逆則成仙, 一名漕溪, 名祖宮, 通上下二眼, 降華池, 在舌內出名玉泉."
327) 梁丘子 撰, 『黃庭內景玉經注』, DZCT401, 第三口爲章: "口爲玉池太和宮, 口中液水爲玉津, 一名醴泉, 亦名玉漿, 貯水爲池也. 百節調柔五藏和適, 皆以口爲官主也."

하며, 옥천(玉泉)이라 이름한다"328) 라고 하여 위 수진도에서 제시하고 있는 것을 『황정내경옥경주』에서 자세히 설명하고 있다.

『종려전도집』「논수화」편에서는 "모든 몸 가운데 수(水)로서 말하는 것은 사해(四海), 오호(五湖), 구강(九江), 삼도(三島), 화지(華池), 요지(瑤池), 풍지(鳳池), 천지(天池), 옥지(玉池), 곤지(崑池), 원담(元潭), 한원(閬苑), 신수(神水), 금파(金波), 경액(瓊液), 옥천(玉泉), 양수(陽酥), 백설(白雪)이 있으니 이 이름을 다 나열 할 수 없다"329) 라고 설명하고 있다. 이는 수진도가 종려파의 내단기법을 수용하여 도상화 하였음 보여주고 있는 것이다.

양신에 대하여 『대동진경』 제13장 황상사노도중군도경제13(皇上四老道中君道經第十三),칠진현양군장(七眞玄陽君章)은 양 신장의 체내신의 이동 경로를 설명하고 있다. 양신의 이름은 칠진현양군이며 자는 명왕생이다. 척추의 궁골을 지키는 수호신으로 오행상 북방의 색인 검은색 구름 기운을 현운(玄雲)으로 표현하고 있다. 니환에서 강궁으로 들어가 양 방광으로 나누어 들어가며 미려혈을 뚫고 위로 양 신장의 기운을 충만하게 하고 등 쪽 궁골로 향하는 이동 경로를 설명하고 있다.

"삼가 양 신장 칠진현양군을 청합니다. 자는 명왕생이요, 항상 척추의 궁골를 지키고 구지 문호의 죽음의 문를 지키니 지호로 하여금

---

328) 梁丘子 撰,『黃庭內景玉經注』, DZCT401, 第四黃庭章: "玄泉幽闕高崔嵬 玄泉者口中之液也. 一曰玉漿, 一名玉液, 一名玉泉. 兩眉間爲闕庭, 兩腎間爲幽闕."
329) 『鍾呂傳道集』,「論水火」: "四海, 五湖, 九江, 三島, 華池, 瑤池, 鳳池, 天池, 玉池, 崑池, 元潭, 閬苑, 神水, 金波, 瓊液, 玉泉, 陽酥, 白雪."; 이봉호 외 3인역, 74-76쪽.

생기를 복하니 궁골은 신액을 받고 육진이 조화롭게 충만하여 신비로운 생명의 근원이 됩니다. 진실로 신장 가운데 칠진현양군의 진기를 존사하니 신비로운 구름 색이 머리위에 그물처럼 덮어 조용히 주문을 말합니다: 칠진생제군이시여, 팔기가 항상 안녕되게 운행되니 위로는 태양 가운데 동자를 초대하니 원만한 구슬이 나의 형상으로 비춥니다. 유부와 섞인 바람이 돌아오고 대동경의 묘법이 돌아오니 지호의 어려움과 구천을 초탈합니다. 다음으로 현운의 기운이 니환 가운데로부터 들어감을 존사하니 이내 입으로 신운을 흡입하고 침을 7번 삼키며 일곱 신을 응결하여 만드니 머리를 풀고 맨발로 강궁으로 들어가 양 방광으로 나누어 들어가며 미려혈을 뚫고 위로 양 신장의 기운을 충만하게 하고 등 쪽 궁골로 나오니 차례로 토식을 하며 옥경을 송경합니다."330)

위 『대동진경』은 원문에서 표현하고 있는 궁골(窮骨)331)은 『황제내경』에서 미려혈을 말하며 상청파의 수련자들은 신체와 관련한 의학지식을 충분히 이해하고 해부학적 지식을 상당 수준 습득하고 있었음을 알 수 있다. 위 수진도 원문을 살펴보면 불가, 도가, 유가를 언급하고 있는데 이로 보아 수진도의 수행자들은 기본적으로 삼교회통의 이론을 어느 정도 이해하고 있음을 알 수

---

330) 『大洞眞經』, DZCT6, 皇上四老道中君道經第十三, 上清大洞眞經卷之三, 茅山上清三十八代宗師蔣宗瑛校勘, 七真玄陽君章: "謹請兩腎七真玄陽君, 字冥光生, 常守兆背之窮骨, 九地之戶死炁之門, 使地戶伏生炁, 窮骨受神液, 六津調滿, 生根探密 眞思腎中七真玄陽君眞炁, 玄雲之色, 罩於頂上, 默微呪曰: 七真生帝景, 八炁運常寧, 上招日中童, 圓珠映我形, 徊風混幽府, 歸妙大洞經, 拔出地戶難, 超凌逸九天, 次思玄雲之炁從兆泥丸中入, 兆乃口吸神雲, 咽津七過, 結作七神, 披髮跣足, 入絳官, 分入兩膀胱, 穿尾閭穴, 上充兩腎, 出背窮骨, 順時吐息, 誦玉經."

331) 『黃帝內經』, 「靈樞‧癲狂篇」: "窮骨者 骶骨". 窮骨은 尾骶, 骶端, 橛骨, 尾閭라고도 하는데, 척주 뼈의 가장 아래 부위에 있으며, 위로는 엉덩이뼈의 아래 부분과 떨어져 있고, 肛門의 뒤에 위치해 있다. 이는 바로 督脈의 經穴인 長强穴의 부위이다. 『針灸大成』의 주에서 "長强穴은 척추 저골의 끝부분이다"라고 하였다.

있다. 또한 수진도의 양 신장에 대하여 『대동진경』은 이를 구체적으로 제시하며 설명하고 있음을 알 수 있다.

  (2) 신궁(腎宮)

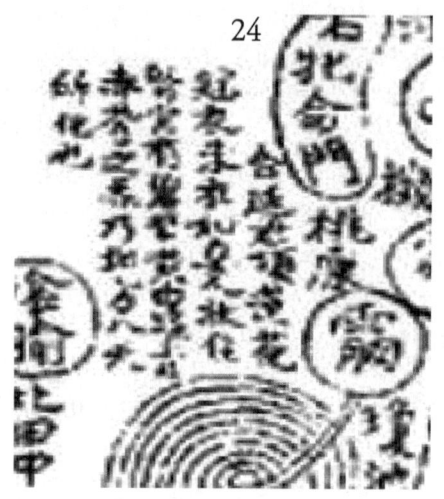

  "도강합정군은 정수리에 연꽃관을 쓰고 진인 같은 붉은 옷을 입은 형상으로 신궁(腎宮)에 머무르니 푸른 옥색, 자색, 황색, 백색, 록청색, 붉은 기운은 이내 북방 8천에 의해 변화된 바이다."332)

  위 수진도 도상의 신궁은 본래 오장육부의 신장을 가리킨다. 신장에 도강합정군이라는 수호신이 궁궐처럼 거주하고 있어 신궁(腎宮)이라고 명칭하고 있다. 수진도에 명기된 신궁과 관련된 『대동진경』은 다음과 같다.
  도강합정군(桃康合廷君)은 신장과 명문을 관장하는 체내신이다.

---

332) 『修眞圖』腎宮24: "桃康合廷君, 頂蓮花冠. 衣朱衣如眞人狀, 住腎宮. 有碧紫黃白綠青赤蒼之炁, 乃北方八天所化也."

『대동진경』 제7장 명문도군장(命門桃君章)에 등장하는 체내신 이름으로 명문도군해도강(命門桃君孩道康)이다. 자는 합정연(合精延)으로 수진도에서는 도강합정군이 신장에 체내신으로 거주하며 신장의 기운을 다스리고 푸른 옥색, 자색, 황색, 백색, 록청색, 붉은 기운등 오색을 관장하며 오행상 신장이 북쪽에 위치함으로 북방 8천을 변화시킨다고 설명하고 있다. 『대동진경』에서 이 체내신의 존사 이동 경로는 "니환에서 응결하여 아래 강궁으로 들어가고 명문내궁에 이르러 기운을 충만하게 한다."333)\

(3) 금정(金精)

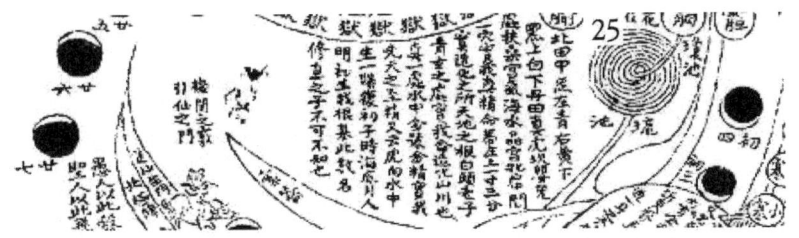

"이 단전의 기운은 좌측은 푸르고 우측은 누름하며, 아래는 꺼멓고 위로는 희다. 하단전은 진호(眞虎)이며 감지(坎地)이고, 태아의 땅(道胎)이며, 아득한 부상(扶桑: 전설 속에 天帝가 산다는 동방의 뽕나무)이요, 기의 바다이며, 수정궁(龍宮)이고 빈호(牝戶)이다. 중간에 하나의 혈이 있으니, 진실로 나의 정(精)과 명(命)의 받침대이다. 위로 1촌 3분 있는 곳은 진실로 조화(造化)하는 장소이니, 천지의 뿌리이다. 백두노자청현지처(白頭老子青玄之處)이며, 진실로 내 명(命)을 조화시키는 산천이다. 참된 한 곳이며, 수(水)중의 금(金)이기에 금정(金精)이라고 부른다. 진실로 내 선천의 지극한 정(精)이다. 또 이르기를, '범이 물 아래로 향해서 난다. 라거나 일양이 다시 처음

---

333) 『大同眞經』, DZCT6.: "下入絳官, 充於命門內宮."

으로 돌아온다, 자시, 물 밑의 달, 사람의 문, 처음 태어난 나의 기둥뿌리라는 등 여기에 여러 이름이 있다. 참됨을 닦는 씨알을 몰라서는 아니 될 것이다."334)

위 수진도에서 금정(金精)은 신장의 액을 설명하고 있는데 상청파 『종려전도집』과 『영보필법』에서도 이를 금정(金精)이라 설명하고 있다. "처음에 홍을 얻는 데에는 반드시 연을 쓰나 연을 쓰면 끝에서는 착오가 생기므로 그것을 뽑아서 상궁으로 들어간다. 원기는 전하지 않고 정을 돌이켜 뇌로 들어가게 한다. 매일 얻은 홍이 음이 다하고 양이 순수해지면 정이 사가 되며 사가 변하여 금이 되니 곧 진연이라 하는데, 진연이란 것은 자신의 진기와 합하여 얻어진 것이다. 진연이 진기 가운데에서 생하면 기 가운데에서 진일의 수가 있게 되어 오기가 조원하며 삼양이 정수리에 모이게 된다. 그 전에 금정(金精)이 하강하여 단전으로 들어갔다가 상승하여 형체를 단련하면 신체와 뼈가 금빛이 된다. 이러한 사람은 진연이 내부에서 상승하면 신체에서 백색의 빛이 나오는데 아래로부터 위로 위로부터 아래로 환단하고 연형하는 것은 다 금정이 왕복하는 공이다"335)라고 설명하고 있다.

---

334) 『修眞圖』金精25: "此田中炁, 左靑, 右黃, 下黑, 上白下丹田, 眞虎, 坎地, 嬰兒處, 扶桑冥, 氣海, 水晶宮, 牝戶中間一穴, 實我眞精命蒂,在上一寸三分, 實造化之所, 天地之根,白頭老子靑玄之處, 實我命造化山川也.眞一處, 水中金, 號金精, 實我先天之至精, 又云 虎向水中生、一陽復初、子時、海底月、人門、初生我根基, 此數名. 修眞之子, 不可不知也."

335) 『鍾呂傳道集』,「論抽添」: "始也得汞須用鉛 用鉛終是錯 故抽之而入上宮 元氣不傳 還精入腦 日得之汞 陰盡陽純 精變爲砂 而砂變爲金 乃曰眞鉛 眞鉛者 自身之眞氣 合而得之也 眞鉛生眞氣之中 氣中眞一之水 五氣朝元 而三陽聚頂 昔者金精下入丹田 升之煉形 而體骨金色."

(4) 신문(腎門)과 명문(命門).

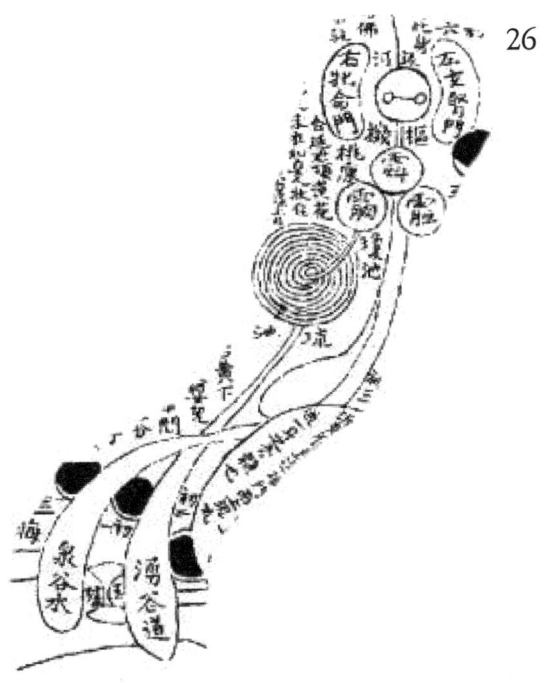

"은하, 좌측은 현(玄)이라 신문(腎門)이라 하고 우측은 빈(牝)이라 명문이라 한다. 추기(樞機), 경지, 류지, 옥로, 용곡도, 천곡수이다."336)

위 수진도 도상에는 좌측을 현이라 하고 신문이며, 우측은 빈이라 하여 명문으로 설명하고 있다. 즉 신장과 명문자리를 현빈이라 설명하고 있다. 로웰 사카(Lowell Skar)는 그의 논문에서 왼쪽 고환을 용곡도(湧谷道), 우측 고환을 천곡수(泉谷水)라 하고 있다.337) 모두 신장 명문과 관련이 있다. 추기(樞機)란 어떤 중추적

---

336) 『修眞圖』腎門命門26: "銀河, 左玄腎門, 右牝命門, 樞機, 瓊池, 流池, 玉爐, 湧谷道, 泉谷水."
337) Lowell Skar, *Charting a New Itinerary of Perfection in Medieval*

인 중요한 기관을 의미라는 것인데 이는 언행을 삼가야 함을 설명하고 있는데 주역의 『계사전』 제8장에서 공자는 언행의 중요성을 이같이 강조한다.

"언행은 군자의 중추가 되는 것이니 이의 발함이 영욕의 주가 된다. 군자의 언행은 천지를 움직이니 어찌 신중하지 않을 수 있겠는가."338)

군자는 언행을 삼가여 말 한마디라도 권선하는 말을 하여야 한다는 것으로 공자가 언행의 중요성을 군자의 중추적은 기틀로 추기로 표현하고 있다. 발 없는 말이 천리를 간다고 말 한마디가 천리를 가니 군자의 말 한마디가 천지를 움직인다는 것이다. 조선시대 미수 허목(1595-1682) 선생은 저서 『미수기언』 서문에 이렇게 적고 있다. "언행은 군자의 추기로서 천지를 움직이는 것이니 삼가지 않을 수 있겠는가."339) 허목 선생은 위 주역 계사전의 추기(樞機) 라는 이 말을 평생 붙들고 살았다. 수진도에서 공자의 말을 인용하여 표기한 것은 유가의 사상을 수진도에서 수용하고 있음을 알 수 있는데 이는 종려파가 유, 불, 도 삼교회통을 표방하였고 이를 수진도에 반영한 것으로 볼 수 있다.

위 수진도 원문과 관련하여 『대동진경』 제7장 진양원로현일군도경제7(眞陽元老玄一君道經第七), 명문도군장(命門桃君章)의 체내

China, The Formation and Uses of the Diagram on Cultivating Perfection, Unpublished conference paper presented at the Annual Association of Asian Studies, 2000, pp. 33-34.

338) 『周易』,「繫辭傳 第八章」: "言行, 君子之樞機, 樞機之發, 榮辱之主也. 言行, 君子之所以動天地也. 可不慎乎."

339) 『眉叟記言』: "言行 君子之樞機, 君子之樞機, 樞機之發, 榮辱之主也. 言行, 君子之所以動天地也. 可不慎乎."

신 이름은 명문도군해도강(命門桃君孩道康)이며 자(字)는 합정연(合精延)이다. 명문내궁을 지키는 수호신이다. 이 체내신의 이동 경로는 니환에서 응결하여 아래 강궁으로 들어가고 명문에 이르러 기운을 충만하게 한다.

> "삼가 명문도군 해도강을 청합니다. 자는 합정연이요, 항상 제중지관을 지키고 명문내궁에 사기의 문을 지키니, 제중에 배회하고 황금빛 구름 가득 넘치고 삼생이 뿌리를 내리고, 포결을 해결하고 누설하니, 7대 조부모로 하여금 쌓인 재앙이 막힘이 없게 하고 죄도 없게 하고 세세토록 해탈의 법을 보호하여 위로는 천제궁에 태어납니다. 진실로 명문도군 해도강의 진기인 황금빛 구름을 존사하니 머리위에 그물처럼 덮어 조용히 주문을 말하니, 단영은 정신 도군이라 부르고 생궁에 혼합되어 있고 명문을 수호하니 신선을 통하고 기를 이루며 보배로운 구름풍경이 가지런하고 7대 조상이 동시에 기뻐합니다. 다음으로 황금색 기운이 니환 가운데로 들어가는 것을 존사하고 입으로 신운을 마시고 침을 3번 삼켜 삼신을 응결하여 만드니 일신은 황금 갑옷을 입은 장군과 같은 형상이고 두신이 섬기니 아래 강궁으로 들어가 명문내궁에 충만합니다. 순서에 따라 토식을 하며 옥경을 송경합니다."340)

위 체내신의 이동은 니환에서 강궁으로 이후 명문으로 이어지는 경로임을 볼 수 있다. 명문의 위치는 수진도에서 우측이 명문

---

340) 『大洞眞經』, DZCT401, 上清大洞真經卷之二, 茅山上清三十八代宗師蔣宗瑛校勘, 命門桃君章: "謹請命門桃君孩道康, 字合精延, 常守兆臍中之關, 命門內宮死炁之門, 使兆臍中徘徊, 黃雲盈溢, 三命生根, 胞結解泄, 令七世父母, 累殃無闋, 宿罪無滯, 世世獲度脫, 上生天帝宮. 真思命門桃君孩道康真炁黃雲之色, 罩於頂上, 默呪曰: 丹靈正神, 號曰桃君, 混合生宮, 守護命門, 通仙致炁, 齊景寶雲, 七祖同歡, 受福高晨. 次思黃炁從兆泥丸中入, 兆乃口吸神雲, 咽津三過, 結作三神, 一神狀如金甲將軍, 二神侍立, 下入絳官, 充於命門內宮, 順時吐息. 誦玉經."

이고 좌측이 신장이다. 명문 내궁에 대하여 설명하고 있다.

또한 『대동진경』 제10장 소영양안원군도경제10(素靈陽安元君道經第十),명문하일황정원왕장(命門下一黃庭元王章)의 체내신 이름은 명문하일황정원왕(命門下一黃庭元王) 자는 원양창(元陽昌)이다. 양 방광 사이의 명문을 지키는 수호신이다. 달빛으로 응결되어 만들어진 신이다. 존사기법에서 이 신의 이동 경로는 달빛이 니환으로 들어가는 것을 존사하고 강궁으로 들어가 관개수로(灌漑水路) 처럼 기운을 펼치고 대장으로 들어가고 양 방광을 지나 양다리 사이 정강이 골수를 뚫고 용천혈로 내려가 양 다리 뿌리까지 들어간다.

"삼가 명문하일 황정원왕 시명정을 청합니다. 자는 원양창이요. 항상 양 방광의 사이 차축 창문에 죽음의 문을 지키고 수많은 피의 응결로 하여금 신의 기운이 흩어지지 않으며 지옥의 문을 나와 팔난을 초탈합니다. 진실로 명문아래 진원왕 시명정의 진기를 존사하니 월광지색이 머리위에 그물처럼 덮어 조용히 주문을 말합니다. 하진원왕 시명정을 부릅니다. 삼황이 생명의 부적을 잡고 금계는 신선 정원의 법도이니 위로는 중기의 풍경을 부르고 나의 형상을 관개수로 처럼 기운을 펼치며 익차는 비단 구름처럼 빛나고 나는 상청에 오릅니다. 다음으로 달빛이 니환으로부터 중앙에 들어가는 것을 존사하니 이내 입으로 신운을 흡입하고 침을 3번 삼키니 삼신을 응결하여 만듭니다. 하나의 신은 황금 빛 곤룡포를 입고 면류관을 쓴 달의 제왕과 같은 형상이요, 두신 역시 황금빛 옷을 입고 시중한다. 강궁 아래로 들어가 황정원왕은 아래 대장으로 들어가 빈 공간에 매달려 나타나며 두신은 양 방광으로 들어가 양 다리 정강이 골수 안을 뚫고 아래로 용천혈에 이르러 양 다리 뿌리에 나타납니다. 두신은 각각 반달을 업고 허공중에 원왕과 합하여 전도되니 위로는 양축의 창문인 허리 사이를 충만하게 하고 원만한 달빛이 되어 화합하며 달은 무궁한 형상으로 신체의 형상으로 비춥니다. 차례로 토식을 하며, 옥경을 송경합니다."341)

위 니환에서 용천혈에 이르는 체내신의 존사기법 이동 경로는 수진도와 같은 기운의 이동 경로임을 제시하고 있다. 수진도에서는 니환(泥丸)을 상단전, 강궁(絳宮) 아래를 토부(土釜)라 하는데 이곳을 중단전이라고 하고, 기해(氣海)를 하단전이 위치하는 곳이라고 설명하고 있다. 또한 상단전이 위치하는 니환에는 신(神)이 숨겨져 있고, 중단이 위치하는 강궁 근처 토부라는 황정(黃庭)혈에는 공간으로 기(氣)가 감추어져 머무르고 있다. "옥지(玉池)라는 곳이 있는데 하단전으로 정(精) 감추어진 곳으로 기해의 좌측으로 명당(明堂), 우측에 동방(洞房)이 있으며 이곳에 두 구멍이 있는데 신장 내부로 통하고 신장 가운데에 구멍이 있는데 꼬리 뼈 부분인 미려로 통하고 미려로 통하는 양쪽 신장 부분은 무릎 아래에 종아리 부분의 삼리혈에 이르고 이곳에서 다시 발바닥 중앙 부분인 용천혈(湧泉穴)에 이른다."342)고 설명하고 있다.

---

341) 『大洞眞經』, DZCT6, 素靈陽安元君道經第十, 上淸大洞眞經卷之三, 茅山上淸三十八代宗師蔣宗瑛校勘, 命門下一黃庭元王章: "謹請命門下一黃庭元王始明精, 字元陽昌, 常守兆兩胯之間, 車軸之戶死炁之門, 使兆百血凝結, 神炁不散, 拔出地戶, 超度八難, 真思命門下一黃庭元王始明精真炁, 月光之色, 罩於頂上, 默微呪曰: 下一真元王, 號曰始明精, 三皇把符命, 金契度仙庭, 上招景中炁, 炁布灌我形, 羽車曜雲羅, 令我昇上淸. 次思月光從兆泥丸中入, 兆乃口吸神雲, 咽津三過, 結作三神, 一神狀如月帝, 黃裒冕, 二神亦黃衣, 侍立, 下入絳官, 下真元王下入大腸, 出懸於空中, 二神入兩膀胱, 穿兩腿髓內, 下至湧泉穴, 出兩腳根, 二神各負牛月, 倒上合於虛中元王, 上充腰間車軸之戶, 合為圓月, 月形無窮, 映了身形, 順時吐息, 誦玉經."

342) 『修眞圖』三關·三田3: "......중략..., 曰玉池, 又曰下丹田, 內藏精之所, 採藥之處, 左明堂, 右洞房, 亦空一穴, 方圓1寸3分, 此處有二竅, 通於內腎, 腎中有竅, 通於尾閭, 由尾閭通兩腎堂, 以至膝下三里穴, 再下至湧泉穴, 此人身相通之關竅也."

위 수진도의 명문과 관련된 『대동진경』 제10장 명문하일황정원왕장(命門下一黃庭元王章) 존사기법에서 체내신의 이동 경로는 달 빛이 니환으로 들어가는 것을 존사하고 강궁으로 들어가 관개수로(灌漑水路)처럼 기운을 펼치고 대장으로 들어가고 양 방광을 지나 양다리 사이 정강이 골수를 뚫고 용천혈로 내려가 양 다리 뿌리까지 들어간다. 즉 니환 → 강궁 → 대장 → 양 방광 → 양 다리 정강이 골수 → 용천혈 → 양 다리 뿌리 경로이다. 이는 기경팔맥의 임독맥과 12경맥중 족태양방광맥 및 족소음신경맥과 관련이 있음을 알 수 있다.

(5) 배꼽(臍)

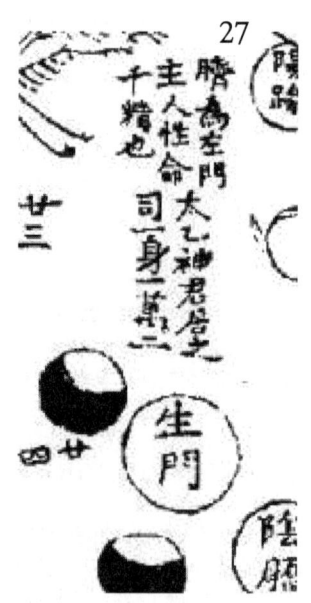

"배꼽은 생문이 되며, 태을신군이 거하는 곳이고, 사람의 성명을 주재하는 곳이고, 일신의 일만 이천 정(精)을 맡는 곳이다."343)

위 수진도 도상에서는 배꼽을 제(臍) 생기의 문이라 하고 상청파에서는 체내신인 태을신군(太乙神君)이 거주한다. 포태에 있을 때 태식호흡이 이곳에서 이루어진다. "내관(內觀)의 요점은 신(神)을 고요하게 하고 마음을 안정시켜서 어지러운 생각이 일어나지 않게 하는 것이니 사기가 제멋대로 침범하지 못한다. 기는 배꼽으로 돌아가 호흡 식(息)이 되고, 신은 기에 들어가 태(胎)가 되므로 태와 식이 서로 합하고 섞여 하나가 된 것을 태을(太乙)이라 한다."344)고 하였다.

(6) 탁약(橐籥)

"탁약, 기관지규, 인선지문, 송선생문, 북극강, 마혜검소, 우인은 이로써 몸을 죽이고, 성인은 이로써 형상을 날린다."345)

---

343) 『修眞圖』臍27: "臍爲生門, 太乙神君居之, 主人性命, 司一身一萬二千精也."
344) 『東醫寶鑑』, 앞의 책: "又曰, 內觀之要, 靜神定心, 亂想不起, 邪妄不侵. 氣歸臍爲息, 神入氣爲胎, 胎息相合, 混而爲一, 名曰太乙."
345) 『修眞圖』橐籥28: "橐籥, 機關之竅, 引仙之門, 送仙生門, 北極降, 魔慧劍. 愚人以殺身, 聖人以此飛形."

Ⅲ. 수진도의 구성 체계 고찰 249

탁약(橐籥)은 신체 내 모든 기관의 풀무역할을 하며 신선으로 이끈 문이며 신선으로 나르는 문이다. 지혜의 검을 연마하듯 어리석은 자는 몸을 죽이고 성인은 날아오른다. 노자(老子)는 탁약에 대하여 "천지는 편애하지 않으니 만물을 추구(芻狗)와 같이 짚으로 만든 개처럼 여기는데 성인도 편애하지 않으니 백성을 추구와 같이 여긴다. 천지 사이는 마치 풀무와 같으니 텅 비어 있으나 굴함이 없고 움직일수록 더 많은 바람이 나온다. 많이 들으면 극에 달하니, 중앙을 지키는 것이 낫다."346)라며 풀무의 역할을 이야기 하고 있다. 수진도에서는 하복부가 풀무인 탁약의 역할을 하고 있는 것으로 풀무질 하면 바람이 일듯이 호흡을 의미하고 있다.

7) 용천혈(湧泉穴)과 삼리혈(三里穴), 기경팔맥(奇經八脈)과 아홉지옥(九地獄)

(1) 용천혈과 삼리혈

"우측 발바닥 용천과 종아리 삼리혈과 좌측 발바닥 용천혈과 종아리에 삼리혈."347)

---

346) 『道德經』, 第五章: "天地不仁, 以萬物而爲芻狗. 聖人不仁, 以百姓爲芻狗, 天地之間, 其猶橐籥與, 虛而不屈, 動而愈出, 多聞數窮, 不若守於中."
347) 『修眞圖』湧泉 · 三里穴29: "湧泉, 三里穴, 湧泉穴, 三里穴."

수진도에는 양쪽 발바닥에 용천혈과 종아리에 삼리혈을 표기하여 12경맥의 혈자리가 표기되어 있다. 용천혈은 족소음신경(足少陰腎經)에 속하는 혈자리 이며, 족소음신경은 좌우 모두 54개의 혈자리가 있는데 비뇨생식기계통, 신경, 정신과, 호흡, 소화기계통과 관련이 있다. 그 중 수진도에 명기된 용천혈은 발바닥에 위치해 있다. 삼리혈은 족양명위경(足陽明胃經)에 속하는 혈자리이다. 족양명위경은 좌우 모두 90개의 혈자리가 있는데 이 중에서 삼리혈은 종아리 부분에 위치해 있다. 족양명위경은 위장 등의 소화기 계통, 신경 및 정신과 질환 및 호흡 순환기와 관계가 있다. 12경맥은 출발점이 손이냐 발이냐에 따라 육경씩 양분되며, 다시 삼양과 삼음에 결부 된다.348) 특히 용천혈과 관련하여 앞장 신문과 명문에서 살펴본바와 같이 『대동진경』 제10장 명문하일 황정원왕장(命門下一黃庭元王章)은 양 방광 사이의 명문을 지키는 수호신으로 달 빛으로 응결되어 만들어진 신이며, 존사기법에서 이 체내신의 이동 경로는 달빛이 니환으로 들어가는 것을 존사하고 강궁으로 들어가 관개수로(灌漑水路)처럼 기운을 펼치고 대장으로 들어가고 양 방광을 지나 양다리 사이 정강이 골수를 뚫고 용천혈로 내려가 양 다리 뿌리까지 들어간다. 즉 존사 경로는 니환 → 강궁 → 대장 → 양 방광 → 양 다리 정강이 골수 → 용천혈 → 양 다리 뿌리로 이동 경로를 보여 주고 있어 임독맥과 12경맥중 족태양방광맥과 족태음신경맥과 관련이 있음을 알 수 있다.

---

348) 이동철 역, 앞의 책, 46-54쪽.

(2) 기경팔맥(奇經八脈)과 아홉 지옥(九地獄)

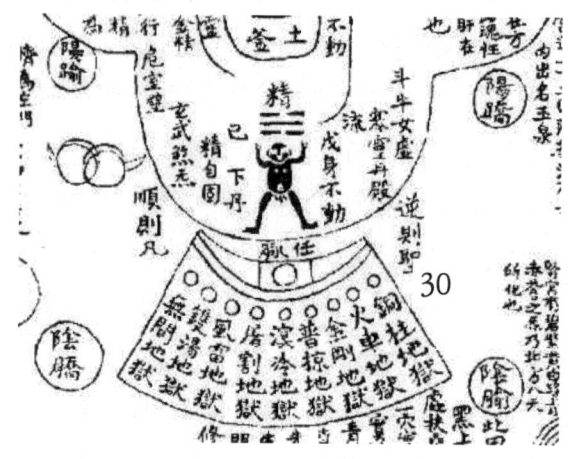

"양교(陽蹻), 양수(陽蹻)), 음교陰蹻), 임맥(任脈), 음수(陰腧), 동주지옥, 화차지옥, 금강지옥, 보략지옥, 명냉지옥, 도할지옥, 풍뇌지옥, 확탕 지옥, 무간지옥"349)

위 수진도를 보면 하복부 아래에 기경팔맥과 관련하여 "양교 (陽蹻), 양수(陽蹻)), 음교陰蹻), 임맥(任脈), 음수(陰腧) 글자를 새겨 두고 아홉 지옥의 글귀를 배치하였다. 기경에는 충맥(衝脈), 임맥(任脈), 독맥(督脈), 대맥(帶脈), 양유맥(陽維脈), 음유맥(陰維脈), 양교맥(陽蹻脈), 음교맥(陰蹻脈)이 있으며"350) 기경팔맥은 12

---

349) 『修眞圖』奇經八脈·九地獄30: "陽蹻, 陰腧, 任脈, 陽蹻, 陰蹻, 銅柱地獄, 火車地獄, 金剛地獄, 普掠地獄, 溟冷地獄, 屠割地獄, 風雷地獄. 鑊湯地獄, 無間地獄."

350) 劉長林 著, 조남호·정우진·김교빈 외 1인 역, 『黃帝內經 講說2』, 청홍지상사, 2011, 176쪽. : 기혈은 경락을 따라 운행하는 것이 똑 같다. 나오는 것이 우물 정(井)이고 흐르는 곳이 실개천 형(滎)이며 합쳐지는 곳이 수(腧)이고 다시 흘러들어가는 것이 합(合)이다. 경맥 속을 운행하는 기혈은 온몸을 돌기 때문에 365개의 뼈마디를 지나야한다.

경맥(十二經脈)351)과는 별도로 고유한 경혈(經穴)을 가지고 있다.

기경팔맥의 특징은 "장부(臟腑)와 직접적인 관계가 없고, 서로 간에 표리배합(表裏配合)도 없이, 다만 기능상 12경맥의 부족을 보충하여 기혈(氣血)의 운행을 조절하는 특수한 경맥이다. 기경팔맥 중 임맥과 독맥은 인체의 정중(正中)을 상하(上下)로 관통하지만 어떤 것은 좌우 양측에 분포되어 있다. 그리고 몇 개의 기경은 체강(體腔)으로 들어가 내장과 연결되어 있지만 속락관계(屬絡關係)는 없고 어떤 것은 체표에만 분포되어 있다. 기경팔맥은 대부분 12경맥에서 파생된 것으로 그 순행은 12정경맥(十二正經脈)과 교차하여 보다 더 긴밀한 순환구조를 이룬다. 즉, 독맥은 수족삼양경(手足三陽經)과 교차하고 양경(陽經)의 경기(經氣)는 모두 독맥의 대추혈(大椎穴 : 제7경추와 제1흉추돌기 사이의 혈)에 모이며, 임맥도 마찬가지로 삼음경(三陰經)과 밀접하게 서로 연결되고 족삼음경(足三陰經)은 모두 임맥의 관원혈(關元穴 : 배꼽 아래 3촌 부위)과 중극혈(中極穴 : 배꼽 아래 4촌 부위)에 모인다. 임맥과 독맥을 제외한 나머지 6개의 기경 중에서 충맥은 기충혈(氣衝穴 : 배꼽 아래 5촌에서 양쪽으로 각 2촌 부위)에서 시작하여 족

관절의 바깥쪽으로는 각각 한줄기 낙맥이 끌려나온다. 따라서 온 몸에 총 365개의 낙맥이 있다. 그들이 경맥과 합류하는 지점이 수(腧)이다. 위 수진도 그림에는 음수(陰腧). 양수(陽腧)가 표기되어 있다.

351) 조남호·정우진·김교빈 외 2인 역, 앞의 책, 166-175쪽. : 기경팔맥 외에 12정경(正經)외에도 12경별(經別)과 12경근(經筋)이 있다. 12경별(經別)은 12정경(正經)에서 갈라져 나온 것이고 12경근(經筋)은 인체 외부의 근육에 분포된 12갈래의 통로이다. 역시 수족삼음삼양(手足三陰三陽)으로 분류하고, 같은 명칭의 12정경(正經)과 일정한 대응관계에 있다. 그들은 경맥의 교류와 연계로 장, 부, 기육, 사지, 구규, 백회, 피모 등 모든 인체 조직기관을 연결하여 하나의 통일체를 이룬다. 일반적으로 12經脈을 말한다.

소음경(足少陰經)을 따라 올라가는 것으로 족양명경(足陽明經)과 족소음경에 연결되어 있으며, 또 임맥과 같이 포중(胞中)에서 비롯되고 척추 안을 타고 올라가기 때문에 임맥과 독맥에도 연결되어 있다. 그래서 충맥은 12경락이 모두 모이는 곳 [十二經脈之海] 이라 할 수 있다. 대맥은 가로로 허리와 배를 감싸고 있어서 몸통에 있는 여러 경맥과 연결되어 있고 기타 양교·음교·양유·음유의 4맥은 여러 음경(陰經)과 양경에 이어지며, 음양유맥(陰陽維脈)은 그물처럼 싸고 있는 관계에, 음양교맥(陰陽蹻脈)은 서로 내왕하고 모이는 관계에 중점을 둔 것이다. 주요 작용을 살펴보면 독맥은 인체의 모든 양경맥(陽經脈)이 다 모이는 곳이며, 신장(腎臟)이나 뇌(腦)에도 밀접하게 관련되고, 또 족궐음간경(足厥陰肝經)에도 영향을 준다. 독맥의 작용은 주로 양기(陽氣)와 진기(眞氣)를 통솔한다."352)

수진도에 기경팔맥을 표기한 것은 내단기법을 수용한 것으로 보이며 기혈를 중시한 것으로 볼 수 있다. 또한 위 원문을 보면 불가의 8지옥을 표기하고 있다. 수진도에 기경팔맥을 표기한 것은 종려파의 내단기법을 수용한 것으로 보이며 기혈을 중시한 것으로 볼 수 있다. 특히 양교맥과 관련하여 『대동진경』제2장 태일존신장(太一尊神章)의 체내신은 옥침 아래를 지키고 니환을 보호하고 지키는 수호신인데 이 체내신의 존사 이동 경로를 보면 자주 빛이 니환으로 들어가서 아래 강궁으로 내려가 미려혈을 뚫고 옥침으로 향한다. 즉 니환 → 강궁 → 미려혈 → 협척 → 옥

---

352) 홍원식 역,『黃帝內經靈樞解釋』, 고문사, 1973. ; 성낙기 역,『八十一難經解釋』, 고문사, 1974.

침 → 눈동자 존사 경로 순서이다. 강궁은 임맥의 혈맥이고 니환, 미려, 협척, 옥침은 독맥의 혈맥이며 눈동자 정명(睛明)혈은 기경팔맥의 양교맥과 음교맥임을 알 수 있듯이 상청파의 존사 경로는 종려파의 내단 경로와 일치하며 수진도에 이를 표현하고 있음을 알 수 있다.

위 수진도 원문을 살펴보면 불가의 8지옥을 표기하고 있는데 이에 대한 설명은 다음과 같다.

지옥에 대하여는 『구사론』, 「세간품」에서 살펴 볼 수 있다. 『구사론』에 의하면 "우주의 중심에 수미산(sumeru 須彌山)이 있고, 9개의 산과 8개의 바다가 수미산을 동심원 모양으로 에워싸고 있다고 한다. 8번째 바다 가운데 동서남북으로 4개의 대륙이 있는데, 이 중 남쪽에 자리잡고 있는 곳이 염부제(閻浮提)라는 대륙이다. 지옥은 바로 이 염부제의 땅 밑 깊숙한 곳에 있다. 염부제에서 땅 밑으로 16만㎞ 정도 내려가면 아비지옥(阿鼻地獄) 또는 무간지옥(無間地獄)이 있고, 아비지옥의 위로 차례대로 대초열지옥(大焦熱地獄)·초열지옥(焦熱地獄)·대규환지옥(大叫喚地獄)·규환지옥(叫喚地獄)·중합지옥(衆合地獄)·흑승지옥(黑繩地獄)·등활지옥(等活地獄)이 있어, 이를 통틀어 '팔열지옥(八熱地獄)'이라고 부른다."353)

수진도에 불가의 팔지옥을 표기한 것은 위에서 유가 공자의 추기(樞機)를 인용한 것과 같이 불가 사상을 수용한 것으로 보인다. 수진도가 삼교회통을 수용하고 표현하고 있음을 알 수 있다.

---

353) 『俱舍論』, 「世間品」; 길희성, 『인도철학사』, 민음사, 2001. ; 장미진, 『지옥도의 도상 해석학적 접근』, 홍익대학교, 박사학위논문, 1993.

8) 24절기(24節氣), 8괘(8卦)와 삭망(朔望)·만월(滿月)

(1) 24절기(24節氣)

"동지(冬至), 소한(小寒), 대한(大寒), 입춘(立春), 우수(雨水), 경칩 (驚蟄), 춘분(春分), 청명(淸明), 곡우(穀雨), 입하(立夏), 소만(小滿), 망종(芒種), 하지(夏至), 소서(小暑), 대서(大暑), 입추(立秋), 처서 (處暑),

백로(白露), 추분(秋分), 한로(寒露), 상강(霜降), 입동(立冬), 소설(小雪), 대설(大雪)"354)

수진도에는 24절기가 표기 되어 있다. 이는 종려파의 『종려전도집』, 「논사시」에 자세히 설명하고 있다. "종리권이 말한다. 수행의 법과 절후는 신 가운데 년을 쓰고 년 가운데 월을 쓰며 일 가운데 시를 쓰는 것이다. 대개 오장의 기는 한 달 동안 성쇠가 있고 하루 동안에는 진퇴가 있으며 한 시진 동안에는 교합이 있다. 금, 목, 수, 화, 토가 나뉘어 나열됨이 어긋나지 않고 동, 서, 남, 북, 중앙이 생성됨에 정을 단련하여 진기를 생성하고 기를 단련하여 양신에 합하며 신을 단련하여 대도에 합한다."355) 라고 설명하며 수행에는 자연의 때에 응하여야 정을 단련하면 진기가 생하고, 기를 단련하여 양신에 합하며 신을 단련하여 대도와 화합함을 이야기 하고 있다. 즉 연정생기(煉精生氣)-연기함양(煉氣合陽神)-연신합대도(煉神合大道)의 단계를 설명하고 있다. 수진도의 24절기 표시는 내단 수련자가 수행을 함에 있어서 자연도 계절에 화합하듯이 내단 수련자 역시 자연의 법도에 합당하여야 함을 설명하고자 한 것이다. 수진도의 저자는 종려파 내단학을 완전히 인식하고 수진도 인체도면에 절기를 새겨 둔 것으로 보인다.

수진도에서는 독맥의 척추 부분을 24절기와 연관하고 계절과 연결하여 장기의 오행 범주를 대응하여 북쪽(물, 겨울, 신장), 동쪽(나무, 봄, 간장), 남쪽(불, 여름, 심장), 서쪽(금, 가을, 폐), 중

---

354) 『修眞圖』24節氣31: "冬至, 小寒, 大寒, 立春, 雨水, 驚蟄, 春分, 淸明, 穀雨, 立夏, 小滿, 芒種, 夏至, 小暑, 大暑, 立秋, 處暑, 白露, 秋分, 寒露, 霜降, 立冬, 小雪, 大雪."
355) 이봉호·최재호 외2인 역, 앞의 책, 55-57쪽.

앙(토, 비장)과 연결하는데 이러한 각각의 기는 간기-목기, 심기-화기, 비기-토기, 폐기-금기, 신기-수기처럼 결부되어 오행의 범주를 설명하고 있는 것이다.

(2) 8괘(8卦)와 삭망(朔望)·만월(滿月)

"감(坎:☵, 물), 이(離:☲, 불), 간(艮:☶, 산), 건(乾:☰, 하늘), 손(巽:☴, 바람), 태(兌:☱, 못), 진(震:☳, 우레), 곤(坤:☷ 땅),"356) "초승달부터 삭망까지 15일이고 삭망일부터 만월까지 15일로 한 달 30일"357)

위 수진도에는 8괘와 삭망(朔望)과 만월(滿月)이 표현되어 있다. 이에 대하여 『주역참동계』를 자세히 설명하고 있는데 이를 살펴보면 다음과 같다.

"...중략... 3일 만에 나오는 것이 상효(爽爻 : 마음이 밝다, 신령스럽다)가 되고 진괘(震☳)는 금(金) 기운인 경(庚)으로 서방(西方)을 접수한다. 8일에 태괘(兌☱)가 화(火) 기운인 정(丁)을 접수 한다. 상현(上弦: 음력 7-8에 나타나는 반달, 新月과 滿月사이 아래가 둥근 모양의 반달)은 화평하니 먹줄과 같다. 15일에 건괘(乾☰)가 곧바로 몸을 이루니 가득찬 만월은 동방(東方)의 갑(甲)이다. 두꺼비와 토끼의 혼백은 일월(日月)의 기운이라 쌍으로 밝다. 두꺼비는 괘절(卦節)을 보고, 토끼는 빛을 생하여 토한다. 7.8일째 만월의 길을 이미 마

---

356) 『修眞圖』八卦32: "乾:☰, 坤:☷, 坎:☵, 離:☲, 巽:☴, 震:☳, 艮:☶, 兌:☱." 그러나 수진도를 자세히 검토해 보면 중앙에 이괘(☲)와 건괘(☰)가 두 번씩 표기되어 있고 진괘(☳)와 곤괘(☷)가 누락되어 있다. 우측 ☴ → ☷으로 수정하고 중앙의 ☰ → ☳으로 수정한다.
357) 『修眞圖』朔望·滿月33: 初生달부터 朔望까지 15일, 삭망일부터 滿月까지 15일, 30일 표기.

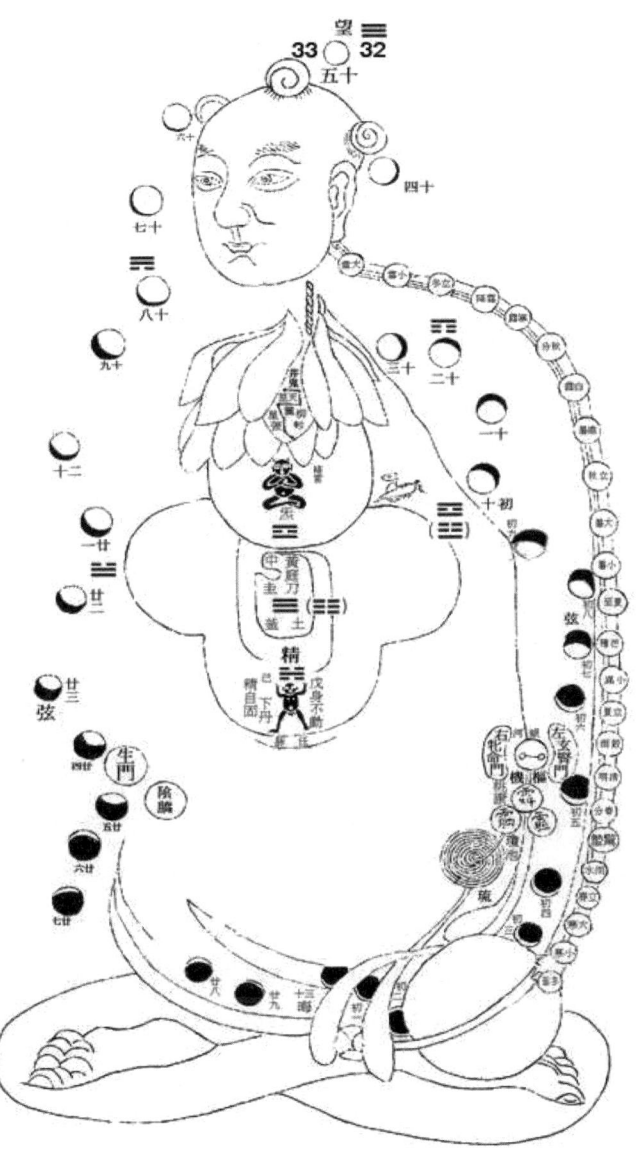

치고 곡절(曲折)하여 낮게 하강(下降)한다. 만월은 16일에 전환하여 계통을 접수하니 손괘(巽☴)는 금(金)기운인 신(辛)으로 화평하며 밝

다. 간괘(艮☶)는 남쪽 병(丙)으로 직향하니 하현(下弦)이 되는데 23일이다. 곤괘(坤☷)는 을(乙)로 30일이다. 동북방으로 그 밝음을 상실한다. 절(節)이 다하여 서로 선양하고 몸을 이어 다시 용(龍)이 태어난다. 임계(壬癸) 수는 갑을(甲乙) 목과 짝이 되고, 건곤(乾坤)은 처음과 끝을 포라 한다. 7(七)과 8(八)의 수는 15이고 9(九)와 6(六)이 역시 서로 응한다. 7.8.9.6. 네자(四字)를 합하면 30이 된다."358)

위 수진도의 도상은 신체의 앞 임맥과 척추 두정부의 독맥 부분을 8괘와 30일 달의 변화를 대응하여 배치하고 있는데『주역참동계』에서 8괘와 30일 한 달과의 관계를 논하고 있다. 위『주역참동계』예시문을 보면 척추 명문자리 위 삭망을 지나 진괘(震☳)부터 설명하며 경금(庚金)을 시작으로 8일 후 태괘(兌☱)인 정화(丁火)와 상현(上弦)달인 음력 7-8에 나타나는 반달을 먹줄과 같이 정확하게 일주 한다고 표현하고 있다. 그리고 15일은 두정부에 건괘(乾☰)를 동방(東方)의 갑(甲)으로 만월로 대비하고 있으며 두꺼비와 토끼를 괘절(卦節)로 비유하고 있다. 만월을 지나 16일째에는 손괘(巽☴)는 금신(金辛)으로 간괘(艮☶)는 남방 병화(丙火)로 대응시키고 하현(下弦)이 되는데 23째는 곤괘(坤☷)을 을목(乙木)으로 대응시키고 임계(壬癸) 수(水)는 갑을(甲乙) 목(木)과 짝이 되고, 건곤(乾坤)은 처음과 끝을 포라 한다고 설명하고 있다. 수진도 표기된 8괘와『주역참동계』에 기록된 8괘의 위치와 설명이 동일함을 알 수 있다.

---

358)『周易參同契』: "三日出爲爽, 震受庚西方, 八日兌受丁, 上弦平如繩, 十五乾體就, 盛滿甲東方, 蟾蜍與兎魄, 日月기雙明, 蟾蜍視卦節, 兎者吐生光, 七八道已訖, 屈折低下降, 十六轉受統, 巽辛見平明, 艮直於丙南, 下弦二十三, 坤乙三十日, 陽路喪其明, 節盡相禪與, 繼體復生龍, 壬癸配甲乙, 乾坤括始終, 七八數十五, 九六亦相當, 四者合三十."

또한 위 수진도 원문에 대하여 종려파의 『종려전도집』, 「논사시」에서도 8괘와 삭망과 만월에 대한 내단기법을 자세히 설명하고 있다. "초하루로부터 상현이 되었을 때에는 음속에 양이 반이며, 상현으로부터 보름달이 이르렀을 때에는 양속에 양만 있다. 보름달로부터 하현에 이르렀을 때에는 양속에 음이 반이며, 하현으로부터 그믐달에 이르렀을 때는 음속에 음만 있다. 이것을 월중시(月中時)라고 하고 달의 변화를 나타내는 것을 말한다. 60분으로 1각을 삼으면 8각 20분이 1시가 되고 1시 반이 이 1괘가 된다. 그 괘(卦)를 말하면서 8방위를 정하고 정방위를 논하면서 네 곳의 위치를 나눈다. 소음(少陰)에서 태음(太陰)이 일어난다. 이것을 일중시(日中時)라 한다."359) 자(子)로부터 묘(卯)에 이르렀을 때는 음속에 양이 반으로 태음 속에서 소양이 일어난다. 묘(卯)로부터 오(午)에 이르렀을 때 양속에 양만 있으니 순수한 소양(少陽)에서 태양(太陽)이 일어난다. 오(午)로부터 유(酉)에 이르렀을 때 양속에 음이 반으로, 태양(太陽)속에 소음(少陰)이 일어난다. 유(酉)로부터 자(子)에 이르렀을 때 음속에 음만 있으니 순수한 소음 즉 수진도에서 하루 24시간을 팔괘(八卦)와 상현, 하현, 그믐. 보름을 조합한 것이다. 1시 반은 3시간이다. 이 3시간을 8방위 팔괘로 조합하여 24시간이다. 아래로부터 감(坎:☵, 물), 이(離:☲ 불), 간(艮:☶, 산), 건(乾:☰, 하늘), 손(巽:☴, 바람), 태(兌:☱, 못), 진(震:☳, 우레), 곤(坤:☷, 땅)을 제시하고 있다. 위와 같이 수진도에서는 종려파의 『종려전도집』의 삭망과 만월 및 8괘의 내단기법을 그대로 수용하여 수진도의 도상에 표기하고 있

---

359) 이봉호·최재호 외2인 역, 앞의 책 66-67쪽.

음을 알 수 있다. 그러나 수진도를 자세히 검토해 보면 중앙에 이괘(☲)와 건괘(☰)가 두번씩 표기되어 있고 진괘(☳)와 곤괘(☷)가 누락되어 있다. 중앙 토부(土釜)의 건괘(☰)자리가 되어야 하고 우측 이괘(☲)자리가 진괘(☳)가 되어야 한다.360) 위 수진도 원문에 괄호로 하여 곤괘(☷)와 진괘(☳)를 표기하였다.

앞장에서 살펴본 종려파의 『영보필법』에서 금액환단의 내단 이동 경로을 제시하고 있는 것이다. 금액이 신장의 기운과 심장의 기운에 화합하여 올라가지 않고 폐에서 훈증되는데 폐는 화개로 아래로 두 기운을 감싸고 있어서 이때 폐액을 취하면 폐액은 즉 금정은 하단전에서 미려혈로부터 상승하고 곧바로 주후비금정하여 두정부 뇌 속으로 들어가서 니환을 충족하고 충족되면 다시 내려와 하단전으로 들어가는데 이를 곧 금액환단이라 한다. 하단전으로 돌아온 금액이 다시 올라가 니환으로 들어가는데 금액환단을 행하는 시간이 정해져 있는데 감괘(坎☵)에서 간괘(艮☶) 사이이고 금액연형을 행하는 시간은 간괘(艮☶)에서 리괘(離☲) 사이이다. 그리고 태괘(兌☱)에서 건괘(乾☰)에 이르러 늑양관(勒陽關)을 한다. 이와 같이 주후비금정(肘後飛金晶)과 금액환단(金液還丹)을 한 뒤에 이어서 금액연형(金液煉形)을 하고 다음에 늑양관(勒陽關)을 행하는 것이 순서이나 금액이 환단(還丹)하기도 전에 연형(煉形)이 생기는 것을 분신(焚身)이라고 설명하고 있다. 분신은 감괘(坎☵)의 때에 앞서 연형(煉形)하는 것이다. 이때에는 주후비금정 수련 시 연형이 앞뒤로 동시에 일어나 기운이 상승하는

---

360) 수진도를 비문에 조각 할 때 오자가 생긴 것으로 보인다. 중앙 건괘(☰) → 곤괘(☷)로 우측 이괘(☲) → 진괘(☳)로 되어야 8괘가 모두 표기된다.

것으로 기운이 온 전신에 충족하여 임독맥 앞뒤로 오르내리니 이를 곧 금액연형이라 한다.361)

이와 같이 수진도의 내단 수련자들은 『주역참동계』나 종려파의 내단학 수련기법을 이해하고 태양과 달의 계절 변화와 인체의 기 흐름을 상호 연관 지어 이를 수진도에 새겨 내단 수련의 지침으로 삼았다. 또한 『대동진경』 제25장, 제26장을 살펴보면 태양과 달의 존사기법을 설명하고 있고 제27장, 제28장에서는 인체의 좌측 눈이 태양을 상징하고 우측 눈이 달을 상징하며 존사 수행 시 이들 체내신의 존사 이동 경로를 다음과 같이 설명하고 있다.

① 태양빛의 존사 경로

『대동진경』 제25장 태일상원금군도경제25(太一上元禁君道經第二十五), 일중사명장(日中司命章)의 체내신 이름은 일중사명(日中司命)이며, 자는 도영(道靈)이다. 왼쪽 손을 지키는 수호신이다. 이 체내신의 존사 이동 경로는 니환에서 시작하여 강궁 내려가 왼쪽 방광으로 들어가고 옥경을 지나 등뼈 줄기를 타고 미려혈과 추골을 뚫고 다시 니환으로 들어갔다가 왼쪽 눈으로 들어가 얼굴 뺨을 지나 어깨로 내려와 팔의 골수로 들어가 왼손으로 내려온다. 존사의 대상은 태양 빛이다.

"삼가 태양 가운데 사명이 생군을 접하기를 청합니다. 자는 도영이

---

361) 『靈寶畢法』,「肘後飛金晶」: 각주 185) 참조, 『靈寶畢法』,「玉液還丹」: 각주 204), 205, 206) 참조, 『靈寶畢法』,「金液還丹」: 각주 203), 209), 210) 참조.

료, 항상 왼쪽 손이 진실한 출입구를 통하여 죽음의 문을 지키니 사대정명으로 하여금 옥이 빛나고 진을 보호하며 마의 기운이 멸하여 끊어지고 신이 생하여 영이 단단하게 고정되니 7대 조상이 해탈하고 혼백이 갱생합니다. 진실로 태양 가운데 사명이 생군 진기를 접하기를 존사하니 세 가지 빛나는 색이 머리위에 그물처럼 덮어 조용히 주문을 말합니다: 사대가 하늘에 오르고 하늘의 근본 돌아오니 삼화가 빛을 토해냅니다. 사명의 풍경이 날아오르고 나는 신선을 초대하니 7대 조상이 막힘을 풀고 위로 태허에 오르니 태양과 달이 동시에 빛이 납니다. 다음으로 삼화의 기운이 니환으로부터 가운데로 들어가니 입이 신운을 흡입하고 침을 3번 삼키며 일신을 응결하여 만드니 태양성 같은 형상입니다. 손으로 태양을 잡으니 아래 강궁으로 들어가고 왼쪽 방광으로 들어가며 옥경으로 들어가고 미려혈로 들어가니 위로 제일 추골로 들어가 니환을 뚫습니다. 왼쪽 눈으로 들어가 뺨 안쪽으로 덥고 어깨로 들어가 팔의 골수 안으로 들어가고 왼쪽 손을 통과하여 진실의 출입구로 들어가니 차례로 토식을 하며 옥경을 송경합니다."362)

이 장에서는 태양 빛을 존사 하는데 그 이동 경로를 자세히 살펴보면 다음과 같다. 이 빛은 위에서 설명한 바와 같이 7대 조상이 해탈하고 혼백이 갱생하기를 기원하며 존사 한다. 정·기·신 삼화가 빛을 토해내고. 7대 조상이 태허에 오르고 태양과 달이 동시에 빛이 난다. 그런 다음 이 기운은 니환 중앙으로 들어가

---

362) 『大洞眞經』, DZCT6, 太一上元禁君道經第二十五, 上清大洞眞經卷之五, 茅山上清三十八代宗師蔣宗瑛校勘, 日中司命章: "謹請日中司命接生君, 字道靈, 常守兆左手通眞之戶死炁之門, 使四大正明, 玉華保眞, 魔炁滅絕, 生神固靈, 七祖解脫, 魂魄更生. 真思日中司命接生君真炁, 三華之色, 罩於頂上, 乃默呪曰: 四大乘天, 天元來歸, 三華吐曜, 司命景飛, 為我招仙, 七祖散閑, 上登太虛, 日月同暉. 次思三華之炁從兆泥丸中入, 兆乃口吸神雲, 咽津三過, 結作一神, 狀如太陽星, 手執太陽, 下入絳宮, 入左膀胱, 入玉莖中, 入尾閭穴, 上入第一椎, 穿泥丸, 入左目, 頰腮內, 入肩, 入臂髓內, 過入左手通眞之戶, 順時吐息. 誦玉經."

입으로 신운을 흡입하고 침을 3번 삼키면 체내신이 태양과 같이 형상화 되고 이 존사신은 아래 강궁으로 들어가 왼쪽 방광을 지나 옥경으로 들어가고 미려혈과 위로 제일 추골 뚫고 들어가 다시 니환으로 돌아온 다음 왼쪽 눈으로 들어가 뺨 안쪽 통과하여 어깨로 내려가 팔의 골수 안을 통해 왼쪽 손으로 내려가며 끝으로 숨을 크게 내 쉬고 송경한다. 이와 같이 상청파 존사신의 경로는 니환에서 시작하여 강궁 통하여 방광을 지나는 임맥과 미려혈을 뚫고 위로 척추 타고 올라 제일 추골로 들어가는 존사 경로를 보여주고 있다. 즉 니환 → 강궁 → 왼쪽 방광 → 옥경 → 미려혈 → 제일 추골 → 니환 → 왼쪽 눈 → 뺨 안쪽 → 어깨 → 팔 골수 → 왼쪽 손이 존사 경로이다. 이는 상청파의 존사기법이 종려파의 내단기법으로 변용되어 수용되고 있음을 볼 수 있다.

② 달빛의 존사 경로

『대동진경』 제26장 원영황방진신군도경제26(元靈黃房眞晨君道經第二十六), 월중도군장(月中桃君章)의 체내신 이름은 방영이며, 자는 운량이다. 오른쪽 손을 지키는 수호신이다. 태양이 양으로 왼쪽을 상징하듯이 달은 음으로 오른쪽을 상징한다. 음양 논리의 사고방식이다. 존사의 대상은 달빛이다. 이 존사의 이동 경로는 니환에서 시작하여 강궁으로 내려가 우측 방광으로 들어가며 옥경 가운데로 통하여 미려혈로 들어가 위로 제일 추골로 들어가며 니환을 뚫고 우측 눈으로 들어가 뺨 안쪽으로 덥고 어깨로 들어가며 팔의 골수 안으로 들어가 우측 손에 이른다.

"삼가 월중도군 이름 방영을 청합니다. 자는 운량이요 항상 오른쪽 손이 진실 출입구를 통하여 죽음의 문을 지키니 사운통명으로 하여금 삼신의 정을 단단히 하고 수많은 기운을 진압하고 보호하니 신이 오래도록 안녕합니다. 진실로 달빛 가운데 도군 방영의 진기를 존사하니 달빛의 휘황한 색이 머리위에 그물처럼 덮여 조용히 주문을 말합니다. 원영이 병화방으로 연출하고 달님을 방영이라 부르며 좌측으로 붉은 산봉우리가 편안하고 우측으로 신선 황제의 정원이 이어지니 침상이 수려한 방이며 나는 신의 근원이며 시작임을 맺으며 동시에 신비로움으로 들어가 날아오르니 7대 조상이 영아로 돌아와 빛납니다. 다음으로 달빛 휘황한 기운이 니환으로부터 가운데로 들어가니 이내 입이 신운을 흡입하고 침을 3번 삼키니 일신을 응결하여 만드니 태음성 같은 형상이요, 손으로 태음을 잡고 아래 강궁에 펼치고 우측 방광으로 들어가 옥경 가운데로 들어가며 미려혈로 들어가 위로 제일 추골로 들어가며 니환을 뚫으니 우측 눈으로 들어가 뺨 안쪽으로 덥고 어깨로 들어가며 팔의 골수 안으로 들어가 우측 손 출입구로 통과하니 차례로 토식을 하며 옥경을 송경합니다."363)

위와 같이 달빛의 존사 이동 경로 위와 같이 니환 → 강궁 → 우측 방광 → 옥경 → 미려혈 → 제일 추골로 → 니환 → 우측 눈 → 뺨 안쪽 → 어깨 → 팔의 골수안 → 우측 손으로 향한다. 이는 기경팔맥의 임독맥과 12경맥인 수태음폐경(手太陰肺經, 수

---

363) 『大洞眞經』, DZCT6, 元靈黃房眞晨君道經第二十六, 上清大洞眞經卷之五. 茅山上清三十八代宗師蔣宗瑛校勘, 月中桃君章: "謹請月中桃君名方盈, 字運梁, 常守兆右手通眞之戶死炁之門, 使兆四運通明, 三神固精, 保鎭萬炁, 與神長寧.眞思月中桃君方盈眞炁, 月暉之色, 罩於頂上, 乃默呪曰,元靈演房丙, 月君號方盈, 左宴朱嶺臺, 右携仙皇庭, 寢景三秀房, 結我始生神, 同飛入玄玄, 七祖反華嬰. 次思月暉之炁從兆泥丸中入, 兆乃口吸神雲, 咽津三過, 結作一神, 狀如太陰星, 手執太陰, 下布絳官, 入右膀胱, 入玉莖中, 入尾閭穴, 上入第一椎, 穿泥丸, 入右目, 頰腮內, 入肩, 入臂髓內, 過入右手通眞之戶, 順時吐息. 誦玉經."

양명대장경(手陽明大腸經), 수소음심경(手少陰心經), 수태양소장경(手太陽小腸經)과 관계가 있다.

③ 왼쪽 눈 태양빛의 존사 경로

『대동진경』 제27장 태극주사진인원군도경제27(太極主四眞人元君道經第二十七), 좌목동자장(左目童子章)의 체내신 이름은 비영이며 자는 양광이다. 외쪽 눈동자를 지키는 수호신이다. 이 체내신의 존사 이동 경로는 니환에서 시작하여 강궁에 펼치고 우측 방광으로 들어가 옥경을 거쳐 미려혈과 위로 제일 추골을 뚫고 다시 니환으로 들어갔다가 좌측 눈으로 들어가며 우측 눈을 향하는 순서이다. 존사의 대상은 제25장 일중사명장(日中司命章)과 같은 태양 빛이다.

"삼가 좌측 눈동자를 청합니다. 이름은 비영이며 자는 양광이요, 항상 좌측 눈이 죽음에 기운의 문을 지키니 내부에 양생으로 하여금 외부에 청결하고 두 기운이 서로 상통하며 사랑팔회에 방위가 없이 철저하게 모여 만신이 스스로 태평합니다. 진실로 좌목동자 비영의 진기를 존사하니 태양 빛의 색이 머리위에 그물처럼 덮여 조용히 주문을 말합니다. 사극태영 원군의 옥빛 정기와 태양 빛이 충만 넘치고 눈동자의 밝음이 빛으로 흘러 두 풍경이 서로 비추며 나의 밝은 교량이 서로 상통하고 삼단이 진리를 인도하며 나는 도를 열어 넓게 퍼지게 하며 비단 치마가 비취색 날개가 되어 옥경위로 날아갑니다. 다음으로 태양 빛이 니환으로부터 가운데로 들어가는 것을 존사하니 이내 신운을 흡입하고 세 번 침을 삼키니 일신을 응결하여 만듭니다. 형상은 태양성 같고 손으로 태양 빛을 잡으니 아래로 강궁에 펼치고 우측 방광으로 들어가 옥경 가운데로 들어가며 미려혈로 들어갔다가 척수로 들어가며 위로 제일 추골로 들어가 니환을 뚫으니 좌측 눈으로 눈동자가 일곱 번 움직이며 오른쪽 눈동자가 움직이지 않으면 차례로 토식을 하며 옥경을 송경합니다."364)

이 체내신은 좌측 눈에 거주하며 사기(死炁)의 문을 지킨다. 존사의 방법은 좌측 눈동자의 체내신인 비영을 존사하며 태양 빛이 머리 위에 그물처럼 덮여있다고 생각한다. 그러면 태양 빛이 좌측 눈동자로 들어가 빛으로 흘러 외부 풍경을 볼 수 있고 상단전, 중단전, 하단전 삼단이 진리를 인도한다. 태양 빛으로 형상화된 체내신의 존사 경로는 니환 → 강궁 → 우측 방광 → 옥경 → 미려혈 → 제일 추골 → 니환 → 좌측 눈 → 우측 눈 순서이다. 이는 기경팔맥의 임독맥과 12경맥인 족태양방광, 족소양담경과 관계가 있어 보인다.

④ 오른쪽 눈 달빛의 존사 경로

『대동진경』 제28장 사두중진칠신도경제28(四斗中眞七晨散華君道經第二十八) 우목동자장(右目童子章)의 체내신은 신영이며 자는 음정이다. 우측 눈을 지키는 수호신이다. 존사의 대상은 제26장 월중도군장(月中桃君章)과 같이 달빛이다. 이 달 빛의 체내신 존

---

364) 『大洞眞經』, DZCT6, 太極主四眞人元君道經第二十七, 上淸大洞眞經卷之五, 茅山上淸三十八代宗師蔣宗瑛校勘, 左目童子章: "謹請左目童子, 名飛靈, 字陽光, 常守兆左目死炁之門, 使兆陽生於內, 淸潔於外, 二炁交通, 四朗八會, 徹見無方, 萬神自泰. 眞思左目童子飛靈眞炁, 日華之色, 罩於頂上, 乃默呪曰: 四極太靈, 元君精瑛, 日華充溢, 童明流光, 二景相照, 通我明梁, 三丹啟眞, 我道開張, 翠羽羅裙, 飛上玉京. 次思日之華光從兆泥丸中入, 兆乃口吸神雲, 咽津三過, 結作一神, 狀如太陽星, 手執日光, 下布絳官, 穿玉莖中, 入尾閭穴, 入脊髓, 上入第一椎, 穿泥丸, 入左瞳人內, 搖睛七過, 不得動右睛, 順時吐息, 誦玉經."

사 이동 경로는 니환에서 시작하여 강궁에 퍼지고 옥경 가운데를 지나 미려혈에 들어가고 협척 골수에 들어가며 위로 제일 추골에 들어가 니환을 뚫고 우측눈동자 안으로 들어오면 눈동자를 일곱 번 굴리고 좌측 눈동자가 움직이지 않으면 차례로 숨을 토하며 『대동진경』을 송경한다.

"삼가 우측 눈동자를 청합니다. 이름은 신영이며 자는 음정이요, 항상 우측 눈 죽음에 기운의 문을 지키니 음영이 내부에 밝고 환하게 비추니 태양이 외부를 밝게 나타난다. 삼진에 동시에 불꽃처럼 밝고 옥청을 투철하게 바라봅니다. 진실로 우측 눈동자 신영의 진기를 존사하니 달빛 화려한 색이 머리위에 그물처럼 덮여 조용히 주문을 말합니다. 칠진이 빛나게 날아가고 화려하게 빛남이 삼광으로 분산하며, 혼합하여 진을 이루고 위로 달빛의 혼을 초대하며 영이 내려와 내가 되며 나를 선문으로 인도하고 칠대 조상이 동시에 날아올라 제군에 조회합니다. 다음으로 달의 화려한 빛이 니환 중앙으로 좇아 들어가니 이내 입은 신운을 마시고 침을 세 번 삼키어 일신을 응결하여 만듭니다. 형상은 태음성과 같고 손으로 달빛을 잡으니 아래 강궁에 퍼지고 옥경 가운데를 뚫으니 미려혈에 들어가고 협척 골수에 들어가며 위로 제일 추골에 들어가 니환을 뚫고 우측눈동자 안으로 들어오면 눈동자를 일곱 번 굴리고 좌측 눈동자가 움직이지 않으면 차례로 토식을 하며 옥경을 송경합니다."[365]

---

365) 『大洞眞經』, DZCT6, 四斗中眞七晨散華君道經第二十八, 上淸大洞眞經卷之五, 茅山上淸三十八代宗師蔣宗瑛校勘, 右目童子章: "謹請右目童子, 名晨嬰, 字陰精, 常守兆右目死氛之門, 使陰映內朗, 陽觀外明, 三晨同煥, 徹見玉淸. 眞思右目童子晨嬰眞氛, 月華之色, 罩於頂上, 乃默呪曰: 七晨飛華, 華散三光, 混合成眞, 上招月魂, 爲我降靈, 啟我仙門, 七祖同飛, 上朝帝君. 次思月之華光從兆泥丸中入, 兆乃口吸神雲, 咽津三過, 結作一神, 狀如太陰星, 手執月光, 下布絳宮, 穿玉莖中, 入尾閭穴, 入脊髓, 上入第一椎, 穿泥丸, 過入右瞳人內, 搖睛七過, 不得動左睛, 順時吐, 誦玉經."

이 체내신은 우측 눈에 거주하며 죽음의 문을 지킨다. 음영이 내부에 밝고 환하게 비추니 태양이 외부를 밝게 나타난다고 설명하고 있는데 달빛은 내부를 비추고 태양 빛이 외부를 밝게 한다는 상청파의 수행자들은 음양의 사고방식으로 우측 눈은 음이며 좌측 눈은 양으로 생각하고 있다. 존사 시 7대 조상이 선문에 들기를 원하며 존사를 시작한다. 우측 눈동자 신영의 진기를 존사하며 달빛 화려한 색이 머리위에 그물처럼 덮여 있음을 이미지화하여 존사한다. 존사 경로는 니환 → 강궁 → 옥경 → 미려혈 → 협척 골수 → 제일 추골 → 니환 → 우측눈동자 → 좌측 눈동자 순서이다. 또한 기경팔맥의 임독맥과 12경맥인 족태양방광, 족소양담경과 관계가 있다.

한편 『대동진경』은 각 장마다 존사의 대상이 되는 신체부위를 음양오행, 오색으로 분류하고 이에 대응하는 체내신을 빛으로 이미지화하여 존사법을 수행하는데, 아래 〈그림 5〉와 〈그림 6〉은 『대동진경』 제28장 우목동자장의 존사도(存思圖)와 부록(符籙)으로 앞에서 설명한 바와 같이 『대동진경』 39장의 각 경문마다 이와 같이 존사도와 부록이 도상으로 표기되어 있어 존사 수행자의 지침이 되고 있다. 또한 〈그림 7〉은 『대동진경』 제1권 송경옥결(誦經玉訣) 경문에 기록된 존사 도상(圖像)으로 존사 수행 시 체내신을 결작(結作) 하는 경우 고치(叩齒)와 인진(咽津)으로 침을 삼키는 횟수에 따라 체내신이 창조되는 모습인데 상단의 존사도는 고치 및 인진 8회로 8명의 체내신이 창조되고 중앙의 존사도는 고치 및 인진 7회로 7명, 하단의 존사도는 고치 및 인진 5회로 5명의 체내신이 창조되는 존사법을 도상으로 표현하고 있다.

이와 같은 상청파 『대동진경』의 존사기법에 관한 존사도는 명·청 시대에 이르러 내단학의 문헌으로 대표되는 『성명규지』, 『혜명경』의 문헌에 여러 형태의 도상으로 재탄생되고 재해석되고 있음을 알 수 있다.366) 특히 『태을금화종지』는 빛의 원환주행을 논하고 있다.367)

〈그림 5〉
『대동진경』 제28장 우목동자장 존사도

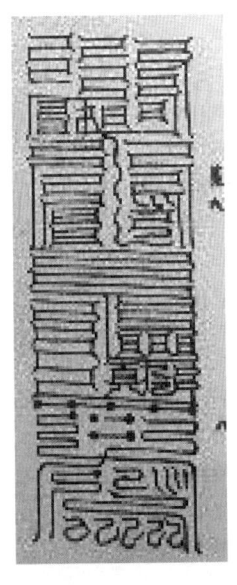

〈그림 6〉
『대동진경』 제28장 우목동자장 부록

---

366) 『性命圭旨』:"嬰兒現形圖, 端拱冥心圖, 化身五五圖, 陽神出現圖, 圖像."; 『慧命經』: "道胎圖, 出定圖, 出胎圖, 化身圖, 圖像."이 두 내단서의 도상들은 上淸派 『大洞眞經』의 存思圖에 대한 재해석을 의미하며 이들 내단서는 또한 상청파의 존사도와 함께 종려파의 내단기법을 재해석하고 있다.

367) 『太乙金華宗旨』: 태을금화종지는 종려파 『鍾呂傳道集』과 『靈寶畢法』의 내단 경로를 論하지 않으며 상청파 『大洞眞經』에서 설명하고 있는 頭頂部 泥丸의 빛에 대한 存思法을 원환주행으로 特化하여 說明하고 있다.

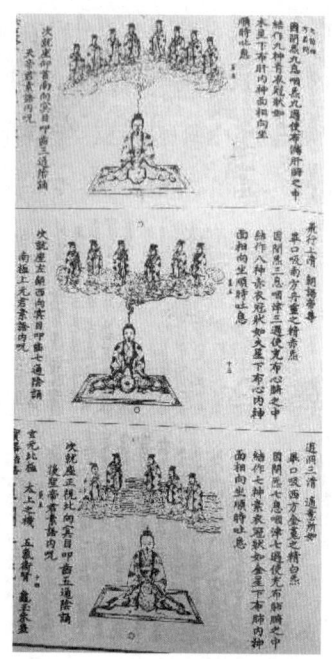

〈그림 7〉『대동진경』 송경옥결 존사도

IV. 존사와 내단 이동 경로 비교

1. 상청파 존사 경로

위와 같이 수진도의 구조에 대하여 상청파 수행론인 존사기법의 체내신 이동경로는 종려파의 수행론인 내단기법의 기운 이동 경로와 일치하며 이는 수진도의 도상에서 상청파와 종려파의 수행이론이 종합적으로 표현되고 있음을 살펴보았다.

수진도에 표현된 상청파의 존사기법과 종려파의 내단기법이 수진도에 어떻게 수용되고 반영되고 있는지 살펴본 것이다. 상청파의 경전을 통해 살펴보았듯이 대부분의 신체 부위의 체내신의 존사 경로는 임독맥을 통해 순환시키도록 하고 있다. 특히 『대동진경』 제2장 상황옥로군도경제이(上皇玉虛君道經第二), 태일존신장(太一尊神章)의 체내신의 이름은 태일존신 무유이며 자는 귀회창인데 옥침 아래를 지키고 니환을 보호하고 지키는 수호신이다. 이 체내신의 존사 경로는 정수리 위의 보라색 운기를 들이마시고 세 번 들이 삼켜 혀 아래에 신(神)을 응결하여 만드는데, 자주 빛이 니환으로 들어가서 아래 강궁으로 내려가 미려혈을 뚫고 옥침으로 향한다. 즉 니환 → 강궁 → 미려혈 → 협척 → 옥침 → 눈동자가 존사 경로 순서 이다. 이는 상청파의 존사기법의 체내신 이동 경로가 종려파의 내단기법의 임독맥을 통한 기운의 이동 경로와 합치를 의미하며 수진도의 삼관, 삼전 설명부분에서도 위와 같이 이 체내신(體內神)이 심장안 강궁으로 내려가 미려(尾閭)를 뚫고(穿) 등뼈 협척(夾脊)으로 들어가 니환(泥丸) 후문에 이르러 뇌(腦)의 후골(後骨)로 올라온다고 설명하고 있다. 이는 상청파 존사기법의 체내신 이동 경로가 명대 이후 종려파의 내단기법으로 12경락인 임독맥과 연결하여 해석하고 있는 경향을 보이며 수진도에서 이를 수용하여 도상으로 표현하고 있음을 알 수 있다.

육조시대에서 송대에 이르기까지 『황정경』과 『대동진경』의 체내신 존사는 니환궁에서 시작하여 각 부위에 안착하는 것으로 끝났는데, 16세기 명대에 이르면 해석의 방향이 이와 같이 임독맥(任督脈)을 따라 신체의 앞뒤를 순환하도록 해석하고 있음을 알 수 있었다. 후두부의 옥침과 함께 임독맥과 관련하여 중시된 부위가 코와 입술 사이의 인중(人中)이다. 『대동진경』 제36장에는 삼소노군(三素老君)을 인중에 존사하라는 지침이 있다. 이에 대해서 『상청대동옥경』은 "인중의 신 이름은 녹실인데, 이는 노자의 현빈, 의경의 임독, 도가의 인중에 해당하는 것으로 세상 사람들은 그것이 어떤 기회인 지 실마리조차 알지 못한다."고 주석을 달고 있다. 나아가 『태상옥청대동옥경』은 이 존사법을 인중에서부터 "아래로 심궁에 하강하여 퍼져 미려와 협척을 통과하여 니환으로 상승했다가 얼굴로 흘러내려가 인중으로 들어간다."고 하여 인중 아래 임맥을 따라 심장으로 이동 했다가 독맥을 타고 다시 인중으로 돌아오는 기운의 이동경로를 제시하고 있음을 알 수 있다.

5장 6부와 관련된 체내신은 존사기법 수행 시 대부분 미려, 협척, 옥침 등의 경로를 따라 이동하며 인체 내 거주지에 안착하여 수호신의 역할을 주재하고 있음을 알 수 있었다.

2. 종려파 내단 경로

  당말 종려파의 내단기법에서는 『황정경』과 『대동진경』의 존사 기법에서 체내신 이동 경로를 그대로 수용하며 체내신을 제거하고 임독맥을 통한 내단호흡 기법으로 변용되고 있음을 살펴보았는데, 이는 상청파의 『황정경』과 『대동진경』의 주석가들이 종려파 내단기법의 『종려전도집』이나 『영보필법』을 차용하여 명대이후 해석하고 있음에 주목할 필요가 있음을 알 수 있다. 『종려전도집』 「논내관」에서는 "만약 용호가 불속에서 수레를 끌고 올라가 삼관에 부딪치는 경우 삼관마다 각각 있는 병졸은 그 수를 헤아릴 수 없고 병기와 장비는 사람에게 두려움을 준다."고 하여 삼관에 대하여 언급하며, 『영보필법』에서는 척추아래 미려혈(尾閭血)을 하관(下關), 협척(夾脊)을 중관(中關), 뇌(腦) 아래를 상관(上關)이라 하는데 옥액환단, 금액환단으로 단을 이루어 비금정(飛金晶)을 시작하면 이 삼관을 통과 하는 것이고 이는 수진도에 표기된 삼관의 위치와 내단 호흡 수행법이 일치하고 있음을 제시한 것이다.

  이와 같이 상청파 체내신의 존사 경로와 종려파 내단 호흡의 경로를 비교분석하여 제시하면 아래 〈표 7〉과 같다. 상청파 『대동진경』의 체내신 존사 이동 경로와 『종려전도집』과 『영보필법』의 내단 경로는 수진도에서 설명하고 있는 미려, 협척, 옥침의 경로이며, 존사와 내단의 임독맥 이동 경로는 동일 선상에 있는 수련법임을 제시하였다. 또한 아래 〈표 8〉에서 존사와 내단의 기운 이동 경로가 부분적으로 기경팔맥과 12경맥이 연관되어 있음을 제시하며, 이와 관련하여 추후 더 많은 연구가 나올 수 있기를 기대한다.

3. 비교분석

위와 같은 내용은 〈표 7〉 상청파 존사와 종려파 내단 이동 경로 비교로 제시하며 기경팔맥과 12경맥과 관련하여 〈표 8〉로 정리하면 다음과 같다.

〈표 7〉 상청파 존사 경로와 종려파 내단 경로 비교

	존사 경로	내단 경로
상 청 파	제1장 태미소동장(太微小童章)의 체내신 이름은 태미소동 간경자이며 자는 회원자이다. 혀를 지키는 수호신이다. 이 체내신의 존사 이동 경로는 붉은 빛을 존사하며 니환 → 유관 → 니환 → 간 → 심장, 강궁 → 혀뿌리 순으로 향한다. 제2장 상황옥허군도경제이(上皇玉虛君道經第二), 태일존신장(太一尊神章)의 체내신의 이름은 태일존신 무유이며 자는 귀회창인데 옥침 아래를 지키고 니환을 보호하고 지키는 수호신이다. 이 체내신의 존사 이동 경로는 자주 빛이 니환으로 들어가서 아래 강궁으로 내려가 미려혈을 뚫고 옥침으로 향한다. 니환 → 강궁 → 미려혈 → 협척 → 옥침 → 눈동자 순서 이다. 제3장 옥제군장(玉帝君章)의 체내신 이름은 제군강능범(帝君絳凌梵)이며 자는 복영창(履昌靈)이다. 눈썹중앙을 지키는 수호신이다. 체내신의 이동 경로는 자주 빛을 존사하며 니환으로 들어가서 아래 강궁으로 들어간다. 니환→목구멍→강궁 경	상청파에서도 체내신을 존사할 때 단전이라는 개념 용어를 이미 사용하고 있음을 알 수 있다. 앞서 살펴본 제4장에서도 삼단(三丹)이라는 용어를 사용하며 신선(神仙)이 단(丹)으로 변용(變容)되고 있음을 제시하고 있다.

로이다.

제4장 좌무영공자장(左無英公子章), 좌측 겨드랑이와 간을 지키는 수호신이다. 존사는 먼저 좌측 겨드랑이부터 시작하여 가슴 중앙이며 존사시 체내신의 이동 경로는 니환 → 우측 젖가슴 → 강궁 → 좌측 방광 → 우측 방광 → 강궁 → 좌측 젖가슴 → 간 → 좌측 겨드랑 순서이다.

제5장 우백원존신장(右白元尊神章)의 체내신 이름은 백원동양군(右白元洞陽君) 울령표(鬱靈標)이며 자(字)는 현이절(玄夷絕)이다. 우측 겨드랑이를 지키고 페를 지키는 수호신이다. 이 체내신의 존사 이동 경로는 먼저 금색을 존사한다. 다음 금빛이 니환으로 들어가 좌측 젖가슴으로 내려오고 강궁으로 들어가 우측 방광과 좌측 방광을 지나 다시 강궁을 뚫고 우측 젖가슴으로 들어간 다음 간뒷 창문을 지나 우측 겨드랑이에 안착하는 경로 순서이다. 니환 → 좌측 젖가슴 → 강궁 → 우측 방광 → 좌측 방광 → 강궁 → 우측 젖가슴 → 간 → 우측 겨드랑이 경로 순서이다

제7장 명문도군장(命門桃君章)의 체내신 이름은 명문도군해도강(命門桃君孩道康)이며 자(字)는 합정연(合精延)이다. 명문 내궁을 지키는 수호신이다. 이 체내신의 이동 경로는 니환에서 응결하여 아래 강궁으로 들어가고 명문에 이르러 기운을 충만하게 한다. 니환 → 강궁 → 명문 내궁 경로 순서이다.

제8장 니환상일적자장(泥丸上一赤子章), 니환을 지키는 수호신이다. 니환에서 아래 강궁으로 들어가고 양방방광과 미려혈를 뚫고 위로 협척으로 들어가 제1추골 뚫고 니환내궁으로 들어간다. 니환 → 강궁 → 양 방광 → 미려혈 → 협척 → 추골 → 니환내궁 순서가 이동 경로이다.

제9장 강궁중일원군장(絳宮中一元君章)의 체내신

제9장 강궁중일원군장(絳宮中一元君章)의 체내신 이름은 심단전궁중일원단황군(心丹田宮中一元丹皇君)이며 자(字)는 자남단(子南丹)이다. 단(丹)이라는 개념을 사용하고 있다.

미려→협척→옥침

Ⅳ. 존사와 내단 이동 경로 비교

이름은 심단전궁중일원단황군(心丹田宮中一元丹皇君)이며 자(字)는 자남단(子南丹)이다. 대추골 머리 입구를 지키는 수호신이다. 태양 빛을 존사한다. 이 체내신의 존사 이동 경로는 니환에서 시작하여 강궁으로 내려가며 배꼽을 거쳐 옥경으로 가며 미려혈에서 협척을 뚫고 제1 척추뼈의 추골로 들어가는 순서이다. 니환→강궁→배꼽→옥경→미려혈→협척→제1추골 경로이다.

제10장 명문하일황정원왕장(命門下一黃庭元王章)의 체내신 이름은 명문하일황정원왕(命門下一黃庭元王) 자는 원양창(元陽昌)이다. 양 방광 사이의 명문을 지키는 수호신이다. 달빛으로 응결되어 만들어진 신이다. 존사기법에서 이 신의 이동 경로는 달빛이 니환으로 들어가는 것을 존사하고 강궁으로 들어가 관개수로(灌漑水路)처럼 기운을 펼치고 대장으로 들어가고 양 방광을 지나 양다리 사이 정강이 골수를 뚫고 용천혈로 내려가 양 다리 뿌리까지 들어간다. 니환 → 강궁 → 대장 → 양 방광 → 양 다리 정강이 골수 → 용천혈 → 양 다리 뿌리 경로이다.

제12장 담중팔진장(膽中八眞章)은 오장육부중 담에 관한 체내신 이름은 담중팔진합경군(膽中八眞合景君)이며, 자는 북대현정(北臺玄精)이다. 척추 등뼈마디를 지키는 수호신이다. 담은 오행상 토 기운으로 황금 색이다. 존사기법에서 체내신을 존사할 때 황금빛을 존사한다. 이 체내신의 존사 이동 경로는 황색 기운이 니환 가운데로 들어가는 것을 존사하고 미려를 뚫고 위로 등 뼈 마디 마다 기운을 충만하게 한다. 이 체내신은 미려, 척추, 옥침으로 유통되고 있음을 볼 수 있다. 니환 → 미려 → 척추 경로 순서이다.

제13장 칠진현양군장(七眞玄陽君章)은 양 신장의

체내신의 이동 경로를 설명하고 있다. 양신의 이름은 칠진현양군이며 자는 명왕생이다. 척추의 궁골을 지키는 수호신으로 오행상 북방의 색인 검은색 구름 기운인 현운(玄雲)을 존사 한다. 존사는 니환에서 강궁으로 들어가 양 방광으로 나누어 들어가며 미려혈을 뚫고 위로 양 신장의 기운을 충만하게 하고 등 쪽 궁골로 향하는 이동 경로를 설명하고 있다. 니환 → 강궁 → 양 방광 → 미려 → 양 신장 → 궁골 경로 순서이다.

제14장 폐중육진장(肺中六眞章)의 체내신 이름은 상원소옥군이며, 자는 양남중동이다. 이 체내신은 12마디 목뼈 줄기를 지키는 수호신이다. 해이들 맺음을 푸는 것이다. 오행상 폐는 금에 속하니 흰 빛을 존사한다. 이 존사신의 이동경로는 관개수로처럼 기운이 니환으로부터 가운데로 들어가고 형상은 금성과 같고 아래로 강궁과 양 방광으로 들어가며 미려혈, 협척을 뚫고 위로는 니환구궁과 양쪽 귀 위로 나누어 들어가고 아래로는 12마디 목 줄기로 향하여 안착하며 거주한다. 니환 → 강궁 → 양 방광 → 미려 → 협척 → 니환 구궁 → 양쪽 귀 → 12마디 목줄기 경로이다.

제15장 비중오진장(脾中五眞章)의 체내신 이름은 오진양광군이며 자는 태창자이다. 목구멍을 지키는 수호신이다. 이 체내신의 존사 이동 경로는 니환에서 강궁으로 내려가 양 방광으로 들어가 미려혈을 뚫고 다시 니환으로 올라가 얼굴 뺨을 지나 목구멍 혈로 들어가 안착하며 거주한다. 니환 → 강궁 → 양 방광 → 미려혈 → 니환 → 얼굴 뺨 → 목구멍 혈 순서이다.

제16장 간중사진장(肝中四眞章), 위장을 지키는 수호신이다. 니환 → 위(胃) 경로 순서이다.

Ⅳ. 존사와 내단 이동 경로 비교   279

제19장 심중일진장(心中一眞章)의 체내신 이름은 심중일진친정액군(心中一眞天精液君)이며, 가슴 중앙을 지키는 수호신이다. 존사 이동은 니환 → 강궁 → 중앙 가슴 경로 순서이다.

제25장 일중사명장(日中司命章)의 체내신 이름은 일중사명(日中司命)이며, 자는 도영(道靈)이다. 왼쪽 손을 지키는 수호신이다. 이 체내신의 존사 이동 경로는 니환에서 시작하여 강궁 내려가 왼쪽 방광으로 들어가고 옥경을 지나 등뼈 줄기를 타고 미려혈과 추골을 뚫고 다시 니환으로 들어갔다가 왼쪽 눈으로 들어가 얼굴 뺨을 지나 어깨로 내려와 팔의 골수로 들어가 왼손으로 내려온다.

제26장 월중도군장(月中桃君章)의 체내신 이름은 방영이며, 자는 운량이다. 오른쪽 손을 지키는 수호신이다. 태양이 양으로 왼쪽을 상징하듯이 달은 음으로 오른쪽을 상징한다. 음양 논리의 사고방식이다. 존사의 대상은 달빛이다. 이 존사의 이동 경로는 니환에서 시작하여 강궁으로 내려가 우측 방광으로 들어가며 옥경 가운데로 통하여 미려혈로 들어가 위로 제일 추골로 들어가며 니환을 뚫고 우측 눈으로 들어가 뺨 안쪽으로 덥고 어깨로 들어가며 팔의 골수안으로 우측 손으로 들어간다.

제27장 좌목동자장(左目童子章)의 체내신 이름은 비영이며 자는 양광이다. 왼쪽 눈동자를 지키는 수호신이다. 이 체내신의 존사 이동 경로는 니환에서 시작하여 강궁에 펼치고 우측 방광으로 들어가 옥경을 거처 미려혈과 위로 제일 추골을 뚫고 다시 니환으로 들어갔다가 좌측 눈으로 들어가며 우측 눈을 향하는 순서이다.

제28장 우목동자장(右目童子章)의 체내신은 신영이며 자는 음정이다. 우측 눈을 지키는 수호신이다. 존사의 대상은 제26장 월중도군장(月中桃君

	章)과 같이 달빛이다. 이 달 빛의 체내신 존사 이동 경로는 니환에서 시작하여 강궁에 퍼지고 옥경 가운데를 지나 미려혈에 들어가고 협척 골수에 들어가며 위로 제일 추골에 들어가 니환을 뚫고 우측눈동자 안으로 들어오면 좌측 눈동자로 향한다.	
종려파	『종려전도집』과 『영보필법』에서는 척추 뒤꼬리뼈 미려혈(尾閭血)을 하관(下關), 협척(夾脊)을 중관(中關), 두정부 뇌(腦) 아래를 상관(上關)이라 하는데 주후비금정(肘後飛金晶)을 시작하면 이 삼관(三關)을 통과 하는 것이다. 삼관을 단번에 뚫고 상승하여 곧바로 두정부 니환으로 들어간다, 감괘(坎☵)오전 0시로부터 시작하여 간괘(艮☶) 오전 2시에서 4사이에 이르러 비로소 마친다.	미려 → 협척 → 옥침

〈표 8〉 존사와 내단의 경로, 기경팔맥과 12경맥 관련

	존사 경로	기경팔맥, 12경맥
상청파	제1장 태미소동장(太微小童章) 니환 → 유관 → 니환 → 간 → 심장, 강궁 → 혀뿌리	임독맥 족궐음간경
	제2장 태일존신장(太一尊神章) 니환 → 강궁 → 미려혈 → 협척 → 옥침 → 눈동자	임독맥 족양명위경 족태양방광 양교맥
	제3장 옥제군장(玉帝君章) 니환→목구멍→강궁	임독맥
	제4장 좌무영공자장(左無英公子章) 니환 → 우측 젖가슴 → 강궁 → 좌측 방광 → 우측 방광 → 강궁 → 좌측 젖가슴 → 간 → 좌측 겨드랑.	임독맥 족태양방광 족궐음간경
	제5장 우백원존신장(右白元尊神章) 니환 → 좌측 젖가슴 → 강궁 → 우측 방광 → 좌측 방광 → 강궁 → 우측 젖가슴 → 간 → 우측 겨드랑이	임독맥 족태양방광 족궐음간경
	제7장 명문도군장(命門桃君章) 니환 → 강궁 → 명문 내궁	임독맥 족소음신경
	제8장 니환상일적장(泥丸上一赤子章) 니환 → 강궁 → 양 방광 → 미려혈 → 협척 → 추골 → 니환내궁	독맥 족태양방광
	제9장 강궁중일원군장(絳宮中一元君章) 니환 → 강궁 → 배꼽 → 옥경 → 미려혈→ 협척 → 제1추골	임독맥 충맥
	제10장 명문하일황정원왕장(命門下一黃庭元王章) 니환 → 강궁 → 대장 → 양 방광 → 양 다리 정강이 골수 → 용천혈 → 양 다리 뿌리	임독맥 족태양방광 족소음신경
	제12장 담중팔진장(膽中八真章) 니환 → 미려 → 척추	독맥
	제13장 칠진현양군장(七真玄陽君章) 니환 → 강궁 → 양 방광 → 미려 → 양 신장 → 궁골	임독맥 족태양방광 족소음신경

	제14장 폐중육진장(肺中六眞章) 니환 → 강궁 → 양 방광 → 미려 → 협척 → 니환 구궁 → 양쪽 귀 → 12마디 목줄기	임독맥 족태양방광
	제15장 비중오진장(脾中五眞章) 니환 → 강궁 → 양 방광 → 미려혈 → 니환 → 얼굴 뺨 → 목구멍 혈	임독맥 족태양방광 족소양담경 족양명위경
	제16장 간중사진장(肝中四眞章), 니환 → 위(胃)	독맥 족양명위경
	제19장 심중일진장(心中一眞章) 니환 → 강궁 → 가슴 중앙	임독맥
	제25장 일중사명장(日中司命章) 니환 → 강궁 → 왼쪽 방광 → 옥경 → 미려혈 → 니환 → 왼쪽 눈 → 얼굴 뺨 → 어깨 → 팔의 골수 → 왼손	임독맥 수태음폐경 수양명대장경 수소음심경 수태양소장경
	제26장 월중도군장(月中桃君章) 니환 → 강궁 → 우측 방광 → 옥경 → 미려혈 → 제일 추골 → 니환 → 우측 눈 → 뺨 안쪽 → 어깨 → 팔의 골수안 → 우측 손	
	제27장 좌목동자장(左目童子章) 니환 → 강궁 → 우측 방광 → 옥경 → 미려혈 → 제일 추골 → 다시 니환 → 좌측 눈 → 우측 눈	임독맥 족태양방광, 족소양담경
	제28장 우목동자장(右目童子章) 니환 → 강궁 → 옥경 → 미려혈 → 협척 → 제일 추골 → 다시 니환 → 우측눈동자 → 좌측 눈동자	
종려파	『종려전도집』과 『영보필법』에서 미려혈을 하관(下關), 협척을 중관(中關), 뇌(腦) 아래를 상관(上關)이라하여 삼관을 제시	임독맥 미려→협척→옥침

V. 맺음말

　도가의 수련법은 인체의 간·심·비·폐·신, 담 등 오장육부의 기운을 모아 정·기·신으로 수련하여 단을 완성하는데 이 단이 완성되는 위치와 단계를 상단전, 중단전, 하단전 삼전(三田)이라 이름하고 이 단을 소통하고 운기(運氣)하는 삼화취정(三花聚頂)·오기조원(五氣朝元)의 수승화강(水升火降)을 중요한 핵심으로 생각한다. 이러한 오장육부 등을 그림으로 표현하고 상청파 존사기법의 체내신 이름과 종려파 내단기법의 미려, 협척, 옥침등 임독맥의 호흡 이론과 관련된 내단 이론을 도식(圖式)으로 구현한 그림이 19세기 말에 나타난 수진도이다. 특히 수진도에는 위와 같이 『황정경』에 대하여 오장육부의 체내신에 관한 존사기법을 기술하고 있을 뿐 아니라 『대동진경』에서 설명하고 있는 머리 부분의 9진(九眞)과 뇌(腦)와 척추(脊椎)등 24절기의 자연 기후관계를 도식화하여 표현하고 있다. 이에 관하여 본 논문에서는 상단전, 중단전, 하단전의 삼전 위치와 척추부분인 미려(尾閭), 협척(夾脊), 옥침(玉枕)의 삼관 체계를 상청파의 존사기법인 체내신의 이동 경로와 종려파의 내단기법인 호흡과의 기운에 대한 흐름이 어떻게 수진도와 연결되고 반영되고 있는지 이를 연구목적과 연구범위로 하여 중심적으로 고찰하였다. 특히 수진도에서 설명하고 있는 미려, 협척, 옥침은 임독맥 내단 수련의 소주천, 대주천의 신장시스템에서 시작하는 태식호흡과 관계가 있으며 이는 호흡법에 있어서 횡경막368)의 열림과 뇌간의 호흡관계 및 전전두협의 활성화와 깊은 관계가 있다.369) 이와 같은 수행으로 전전두엽이 활성화되면 빛이 발하는데 수진도에서는 두정부의 뇌, 니환으로 전전두엽을 인당, 신광(神光)370)으로 표시하고 있다.

수진도의 그림 인용문 내용에 나오는 『황정경』은 상청파의 수행에 관한 원리를 설명하고 있고 종려파 등의 내단학과 함께 선도(仙道) 수련이나 내단 수련에 주요 경전으로 여겨졌으며, 특히 상청파의 핵심 경전으로 중시되었다. 또한 『황정경』은 신체내의 체내신에 대한 존사를 특징적으로 묘사하고 있는데 신체의 오장육부에 관한 몸의 기관에 신들이 거주하고 있는데 수련자들은 이들 체내신들과 일체가 되어 황정(黃庭)으로 되돌려야 한다는 수련의 의미를 담고 있다. 『황정경』에서 "위에는 황정이 있고 아래는 관원(關元)이 있다. 뒤에는 유궐(幽闕)이 있고, 앞에는 명문(命門)이 있다"371)라고 하여 황정, 관원, 유궐, 명문을 중요시하였다.372) 이는 3번 차크라 태양신경총, 마니푸라차크라 의식의 변

---

368) 가노우 요시미츠 저, 조남호·김교빈·황희경 외 2인 역, 『몸으로 본 중국사상』, 동의과학연구소, 소나무, 1999, 183쪽: "원래 도교에서 쓴 비유는 '신체=국가'보다는 오히려 '신체=신전(神殿)' 쪽이 걸맞다. 그리스의 의사 아리스토가 횡경막을 육체의 신전이라 불렀다.
369) 이시다 히데미 저, 이동철 역, 앞의 책, 86쪽, 213-214쪽. 조남호, 기철학연구2 『龍虎祕訣』 강의록, 2021.
370) 鍾離權·呂洞賓 著, 이봉호·최재호역 세창출판사, 2013. 242쪽: 『靈寶畢法』, "....중략...而口生甘津, 心境自除, 情慾不動, 百骸無病, 而神光暗中自見, 雙目時若警電, 以冬至日爲始節, 用法三百日胎仙具(입에서는 단침이 생기고 마음의 경계가 저절로 제거되고 정욕에 움직이지 않으면 온 몸에 병이 없으며, 신광이 어둠속에서도 저절로 드러나고 눈에는 때때로 번개가 번득인다. 동짓날을 시작하는 절기로 삼아 이법을 수련하면 삼백일에 태선이 갖추어 진다.)"
371) 『上淸黃庭外景經』, DZCT332, : "上有黃庭下關元, 後有幽闕前命門, 呼吸廬間入丹田, 心能行之可長存."
372) 이시다 히데미 저, 이동철 역, 앞의 책, 86-88쪽: 梁丘子는 黃庭을 脾臟으로 보았고 關元은 임맥의 경혈이며, 배꼽 아래 3촌에 있다. 幽闕

환이373) 이루어는 곳과 관련이 있다. 수진도의 저자들은 인체의 해부학적 지식과 오장육부에 관한 치료 이론을 이해하고 있었다. 오장육부의 이론에 대한 『황제내경』은 건강 개념에 대해 도가의 철학적 사고를 반영하고 있다. 또한 인간의 생활환경과 생활방식, 그리고 정신 상태와 오장의 기운이 인체에 어떻게 영향을 미치는지를 설명하고 있다.

수진도(修眞圖)에 표현된 존사기법을 살펴보았듯이 정수리 두정(頭頂)에서 보라색 구름기운을 들이마시는 것을 집중하여 존사하고 침이 나오면 세 번 삼키는데 혀(舌)아래에서 체내신(體內神)이 결정되어 맺어지는데 이 존사로 창조된 체내신은 미려(尾閭)를 뚫고(穿) 등뼈 협척(夾脊)으로 들어가 니환(泥丸) 후문에 이르러 뇌(腦)의 후골(後骨)로 올라온다고 설명하고 있다. 이는 상청파 체내신의 내림공부 존사기법의 이동 경로가 명대 이후 존사기법이 12경락이나 기경팔맥인 임독맥과 연결하여 수진도에 반영되고 있는 것임을 알 수 있다.

또한 수진도에 표기된 미려, 협척, 옥침에는 상청파 주요경전인 『황정경』·『대동진경』의 오장육부의 신체 각 부위에 체내신이 자리하고 그 기의 흐름을 집중 명상하는 내림공부 존사기법 수행 방법이 내포 되어 있고 종려파의 『종려전도집』, 『영보필법』에도 주후비금정의 금액환단, 옥액환단의 올림공부 내단기법이 설명되

이란 두 개의 신장 그 왼쪽이 신장이며, 오른쪽이 명문이다. 명문의 해석도 다양하지만 배꼽과 그 하부에 있으며, 남자의 정과 여자의 胞血이 머무는 子宮에 해당한다. 『上淸黃庭內景經』에는 같은 곳에 뒤에 밀호(密戶: 신장)이 있고 앞에 생문이 있다고 되어 있음.

373) 조남호, 앞의 논문 9쪽.

고 있어 수진도는 상청파의 존사기법과 기경팔맥인 임독맥의 이동 경로를 이용하는 종려파의 내단기법을 동시에 수용하고 있음을 알 수 있다. 19세기 도가(道家)의 여러 가지 수련법 중에 양생법(養生法)으로 내단수련(內丹修鍊)에서 정·기·신을 단련하여 인체의 오장(五臟)의 기운을 순행시켜 그 기운을 현관일규(玄關一竅)로 모아 반본환원(返本還原)의 허(虛)의 상태인 무극(無極)으로 돌아가는 것을 목표로 삼았다. 이러한 도가의 신체론을 바탕으로 수진도는 도가의 양생법인 상단전(上丹田), 중단전(中丹田), 하단전(下丹田)의 기운과 인체의 간, 심, 폐, 비, 신 오장의 기운모아 운기(運氣)하는 내단기법을 중요한 핵심으로 생각하였는데. 이러한 상청파의 존사기법과 종려파의 내단기법을 표현한 도상이 수진도이다. 이 수진도는 한의학의 해부학적 지식을 인용하면서 내경도(內經圖)와 같은 인체 다섯 장기(臟器)의 기능과 육부(六腑) 중 담장(膽臟)을 상징적 그림으로 설명하고 있는데 이는 수진도와 내경도가 역사적으로 동양의학과 인체의 기운 흐름을 같이하는 맥락을 배경으로 하고 있음을 알 수 있다.

이 연구는 수진도에 표현된 글과 그림의 도식을 분석하며 그 수행체계를 연구함에 있어서 도가의 두 가지 수련 전통인 상청파(上淸波) 계통의 존사기법과 종려파(鐘呂波) 계통의 내단기법 수련인 단전(丹田) 호흡법(呼吸法)이 존사와 내단의 기운 이동 경로를 중심으로 수진도에 어떻게 반영되고 표현되고 있는지 그 구성 체계를 고찰하였다. 존사기법 전통으로 내려오는 상청파 계통의 『황정경』, 『대동진경』, 『등진은결』과 단전기법의 호흡전통으로 내려오는 종려파 계통의 『종려전도집』, 『영보필법』을 분석하며 이 두 가지 전통 이론이 서로 어떻게 수용되고 있는지 그 과정을 구체적으로 설명하며 특히 상청파 존사의 이동 경로와 종려파 내단의 이동 경로를 중심으로 상청파 계통의 내림공부 존사기법 전통이 종려파 계통의 올림공부 내단기법 전통에 어떻게 수용되고 수진도에 반영되며 합치되고 있는지를 구체적으로 제시하였다.

수진도에서 표현하고자 하는『대동진경』의 체내신들은 인체 내의 39개 특정 부위에서 수호신의 역할을 주재하며『황정경』의 체내신들은 인체 내에서 간, 심, 비, 폐, 신, 담의 오장육부 기관에서 주신(主神)의 역할을 주재하고『등진은결』의 구진(九眞)은 기항부인 두정부의 니환궁에서 거주하며 중추적인 역할을 주재한다. 이는 종려파의 내단 호흡의 기운 이동 경로와 일치하며 수진도에서는 이를 도상으로 설명하고 있다.『대동진경』에서는 인진(咽津)이라고 하여 존사기법을 수행할 때 침을 삼킨다. 상청파 수행자가 존사 수련시 이 진액을 삼키면 진액은 체내신으로 변용되어 존사 이동 경로 과정을 통과하게 된다. 그리고 채내신은 인체 내 각 부위에 수호신으로 거주한다. 종려파에서는 이 진액이 금액이나 옥액으로 변용되어 내단 이동 경로를 통하여 단을 완성한다. 수진도에 표현된 상청파의 존사기법과 종려파의 내단기법이 수진도에 어떻게 수용되고 반영되고 있는지 살펴본 것이다.

상청파의 경전을 통해 살펴보았듯이 대부분의 신체 부위의 체내신를 임독맥을 통해 순환시키도록 하고 있다. 특히『대동진경』제2장은 옥침을 지키는 수호신인 태일신(太一神)의 존사법을 기록하고 있는데 "정수리 위의 보라색 운기를 들이마시고 세 번 들이 삼켜 혀 아래에 신(神)을 형상화하는데 수려한 선비상에 보라색 관을 쓰고 보라색 의복을 입고, 그 가 심장아래 강궁으로 내려가 아래로 미려를 뚫고 위로 협척으로 들어가 옥침을 지나 니환의 뒷문 뇌의 후골로 올라오도록 한다"라고 존사 경로를 제시하고 있다. 이는 상청파 존사기법의 체내신 이동 경로가 종려파 내단기법의 임독맥을 통한 기운의 이동 경로와 합치함을 의미하며 수진도의 삼관, 삼전 설명 부분에서도 위와 같이 이 체내신(體內神)이 심장 안 강궁으로 내려가 미려(尾閭)를 뚫고(穿) 등뼈 협척(夾脊)으로 들어가 니환(泥丸) 후문에 이르러 뇌(腦)의 후골(後骨)로 올라온다고 설명하고 있다. 또한 상청파 존사기법의 체내신 이동 경로가 명대 이후 종려파의 내단기법으로 12경락이나 기경팔맥의 임독맥과 연결하여 해석하고 있는 경향을 보이며 수진도에서 이를 수용하여 표현하고 있음을 알 수 있다.

　육조시대에서 송대에 이르기까지 『황정경』과 『대동진경』의 체내신 존사는 니환궁에서 시작하여 각 부위에 안착하는 것으로 끝났는데, 16세기 명대에 이르면 해석의 방향이 이와 같이 임독맥(任督脈)을 따라 신체의 앞뒤를 순환하도록 해석하고 있음을 알 수 있었다. 당말 내단 호흡기법에서는 『황정경』과 『대동진경』의 존사기법에서 체내신 이동 경로를 그대로 수용하며 체내신을 제거하고 임독맥을 통한 내단호흡 기법으로 변용하 되고 있음을 살펴보았는데, 이는 『황정경』과 『대동진경』의 주석가들이 종려파 내단기법의 『종려전도집』이나 『영보필법』을 차용하여 명대이후 해석하고 있음에 주목할 필요가 있음도 살펴보았다. 『종려전도집』, 「논내관」에서는 "만약 용호가 불속에서 수레를 끌고 올라가 삼관에 부딪치는 경우 삼관마다 각각 있는 병졸은 그 수를 헤아릴 수 없고 병기와 장비는 사람에게 두려움을 준다"고 하여 삼관에 대하여 언급하며, 『영보필법』에서는 미려혈(尾閭血)을 하관(下關), 협척(夾脊)을 중관(中關), 뇌(腦) 아래를 상관(上關)이라 하는데 비금정(飛金晶)을 시작하면 이 삼관을 통과 하는 것이고 금액환단을 하는데 이는 수진도에 표기된 삼관의 위치와 내단 호흡 수행법이 일치하고 있음을 알 수 있었다. 이와 같이 종려파의 내단기법의 기운 이동 경로는 상청파의 미려, 협척, 옥침에 대한 체내신의 이동경로와 일치하며 이는 상청파 존사기법 수행이 종려파의 임독맥의 기운의 이동 경로를 수행하는 내단기법으로 수용되고 있음을 살펴본 것이다. 수진도에는 상청파의 존사기법과 종려파의 내단기법이 설명되어 있으며, 상청파의 존사기법에서 체내신을 존사하는 이동 경로가 종려 내단학에서 기 흐름의 이동 경로에 반영되고 있음을 의미한다. 수진도에 표기된 미려, 협척, 옥침은 상청파 체내신의 존사 이동 경로이며 동시에 종려파의 내단 호흡 이동 경로임을 살펴 본 것이다.

특히 『종려전도집』과 『영보필법』에서 제시하듯이 옥액(玉液)과 금액(金液)은 신장과 심장 기운의 진액을 의미하며, 이 신장의 기운이 상승하여 심장에 도달하는데 기운이 교합하여 목구멍 중루를 지나 침이 혀와 이빨사이에 있는 옥지(玉池)에 가득 차므로 옥액이라 말하고 있다. 이 침을 삼키면 심장 안쪽 강궁 부위의 중단전으로 들어가 다시 하단전으로 들어가며 이를 옥액환단, 금액환단이라 하고 그 기가 상승하여 중단전으로부터 사지로 들어가는 데 이를 연형이라고 하며 단을 이루어 순환한다. 이는 상청파의 존사기법에서 체내신의 이동경로와 일치함을 의미함을 알 수 있다. 상청파의 수행자들이 존사기법을 수련 할 때 인액(咽液) 또는 인진(咽津)이라 하여 진액은 체내신으로 이미지 형상화하여 중단전 부위의 심장이나 강궁과 하단전 부위의 신장 명문으로 들어가 인체 사지로 퍼져 나가 안착하고 거주하며 신체의 각 부위를 보호하는 수호신이 된다. 이와 같이 종려파의 내단기법은 상청파의 존사기법의 이동경로와 같음을 알 수 있다. 다만 종려파는 상청파 체내신의 이미지 형상을 연형(煉形)개념으로 치환되었고 진액인 침은 옥액, 금액으로 치환하여 종려파가 상청파의 그 기운의 이동 경로를 변용하여 수용하고 있을 뿐이다. 이는 수진도에 표기된 삼관의 위치와 상청파 존사기법 경로와 종려파 내단기법 호흡 경로와 일치하고 있음을 보여준다. 또한 상청파의 존기법은 기경팔맥과 12경락과 관련이 있음을 도표로 제시하였다.

상청파 계통의 존사기법이나 종려파 계통의 내단기법 호흡을 연구하는 기존 연구자들은 존사기법의 일부인 부록(符籙), 송경(誦經), 주문(呪文), 고치(叩齒), 안마(按摩), 인액(咽液), 토식(吐息) 등에 초점을 맞추고 포일(抱一)이나 수일(守一)의 도(道)에 대한 관점에서 논할 뿐, 우주 자연의 신들을 체내신(體內神)으로 초대하여 합일시키는 과정의 이동 경로가 후대 내단기법 호흡 수련에서 체내신은 사라지고 체내신의 이동 경로는 기(氣) 흐름의 이동 경로로 수용되거나 변용되고 있다는 관점은 논하지 않고 있다. 또한 내단기법에서 중요시하는 호흡법의 연원을 상청파 수련자들이 행하는 존사기법의 주문법인 토식이나 육자결에서 그 호흡법의 연원을 찾기도 하였다. 따라서 본 논문에서는 명, 청대 이후 기존 연구자들이 논하지 않은 상청파 체내신의 존사 이동 경로가 동시에 종려파의 내단 호흡 이동 경로와 동일선상에 있다는 위와 같은 관점들을 재분석하였다.

본 논문은 상청파의 수행자들이 존사기법을 통하여 체내신의 신들을 어떻게 이미지화 하고 형상화(形象化)하는지 그 과정의 고찰이다. 형상화된 신(神)들의 인체 내 존사 이동 경로가 종려파의 내단기법에서는 체내신은 사라지고 대신에 호흡을 통한 기운의 이동 경로로 수용되고 있음을 알 수 있었으며 또한 이러한 기운의 흐름 경로가 수진도에 반영되고 있음을 알 수 있었다. 이는 존사와 내단의 경로라는 관점에서 상청파의 수행자들이 수련하는 존사기법의 체내신 이동 경로가 종려파 수련자들이 수행하는 호흡 이동 경로라는 내단학을 형성하는 이론적 배경이 되었음을 시사하며, 상청파의 체내신 이동 경로의 변용이라는 단초를 제공하는 것으로 앞으로 종려파 내단기법 호흡의 임독맥 이동 경로의 이론적 배경을 연구함에 있어서 그 기초적 자료로 활용할 수 있기를 기대한다. 또한 존사나 내단 기운의 경로 수련에 있어서 상청파 존사기법의 수련의 내림공부는 종려파 내단기법 호흡의 올림공부 수련과 동일 선상에서 공존하고 있음을 제시하는 것으로 이 두 가지 수련기법은 분리가 아니라 통합의 수행이라는 점에서 그 수련의 효과를 기대해 본다.

● 참고문헌

【원전】

『道德經』.
『周易』.
『莊子』.
『列子』.
『抱朴子』.
『淮南子』.
『黃庭經』.
『外景經』.
『登眞隱訣』.
『鍾呂傳道集』.
『靈寶畢法』.
『黃帝內經』.
『東醫寶鑑』.
『雲笈七籤』.
『修眞十書』.
『太素脈訣』.
『眉叟記言』.
『八仙列傳』.
『大寶積經』.
『父母恩重經』.
『俱舍論』.
『正統道藏』.
『中華道藏』.
『周易參同契』.
『性命圭旨』.

『慧命經』.
『修眞圖』.
『千金要方』.
『太乙金華宗旨』.
『金闕帝君三元眞』.
李中梓,『內經之要』.
『黃庭內景經』.
『地藏菩薩發心因緣施王經』.
『太上玉淸大洞玉經』.
『洞眞太上素靈洞元大有妙經』.
梁邱子 註,『太上黃庭內景玉經』.
梁丘子 撰,『黃庭內玉經註』.
『玉淸無極總眞文昌大洞仙經注卷之二』.

【번역서】

가노우 요시미츠 저, 조남호・김교빈・황희경 외 2인 역,『몸으로 본 중국사상』, 소나무, 1999.
강경화 외 3인 역,『形象醫學的 觀点에서 본 經絡理論의 臨床活用』, 동의대학교, 대한경락경혈확회지, Vol.21, 2004.
다케우치 슈지 저, 오시연 역,『인체구조교과서』, 보누스, 2019.
성낙기 역,『八十一難經解釋』, 고문사, 1974.
이시다 히데미 저, 이동철 역,『기 흐르는 신체』, 열린책들, 1996.
정우진, 황정경 역주,『몸의 신전』, 소나무, 2019.
최상용,『無極道』, 와이겔리, 2020.
홍원식 역,『黃帝內經靈樞解釋』, 고문사, 1973.
酒井忠夫 著, 최준식 역,『도교란 무엇인가』, 서울, 민족사, 1991.
吉岡義豊 著, 최준식 역,『중국의 도교』, 민족사, 1991.

이원국 저, 김낙필·이석명 외 2인 역, 『내단 심신수련의 역사1』, 성균관대학교 출판부, 2006.

空綠 金無得 註釋, 『大智觀坐禪法 摩何止觀』, 제4책, 운주사, 1995.

Jon C. Thompson 저, 안기찬 역, 『Netter's 근육뼈대계 간결해부학 2판』, 2011.

【국내 연구 저술 및 논문】

김경수, 『중국내단도교』, 도서출판문사철, 2020, 23쪽.

길희성, 『인도철학사』, 민음사, 2001.

김상태, 『일관도 왕각일(王覺一)의 삼교합일론』, 국제뇌교육종합대학원, 석사학위논문, 2020.

안 확, 「古朝鮮民族의 二大別」, 『동광』 제7호, 1926.

안동준, 「초기 내단학의 정립과 김가기」, 『도교문화연구』 제56집, 2022.

안동준, 「고구려계 신화와 도교」, 『백산학보』 제54호, 2000.

안진수, 『오수양 내단 사상의 선불합종적 경향』, 박사학위논문, 원광대학교, 2013.

이기훈, 『內經圖와 修眞圖에 대한 硏究 -韓醫學의 水升火降 원리를 중심으로 -』, 경희대학교, 박사학위 논문, 2013.

이상모, 『내단학(內丹學) 비교연구 - 종려 오수양 정렴의 내단학을 중심으로-』, 국제뇌교육종합대학원, 석사논문, 2014.

조남호, 「선조의 주역 참동계연구 그리고 동의보감」, 『仙道文化』 15권, 2013.

조남호, 「타오의 생활문화」, 『仙道文化』 23권, 2017.

조남호, 기철학연구1 강의록, 2021.

정우진, 「황정외경경과 황정내경경의 수행론의 비교연구」, 『동양철학』 제51집, 2019.

김지현, 「도교의 신체론과 의학적지식 - 『황정경』과 『대동경』을 중심으로-」, 『도교문화연구』 제43집, 2015.

최수빈, 『道敎 上淸派 大洞眞經 硏究 - 몸 우주 그리고 신비주의적 수행-』, 서강대학교, 박사학위 논문, 2013.

최현민, 『상청파의 수일사상-등진은결을 중심으로-』, SetonInter-religious Research Center, 1996.

【해외 연구 저술 및 논문】

馬禮堂, 『養氣功』, 湖北, 科學技術出版社, 1984. 참조.

蕭登福, 『黃庭經古注今譯』, 香港, 靑松出版社, 2017, 52쪽.

中國蘇州道敎協會 編, 『道敎大辭典』, 華夏出版社, 1994, p.76.

許 慎 著, 『說文解字注』, 上海, 上海古籍出版社, 1985.

陳偉強, 『意象飛翔 上淸大洞眞經 所述之存思修煉』, 香港浸會大學, 中國語言文學系, 中國文化硏究所學報, Journal of Chinese Studies No. 53, 2011.

麥谷邦夫, 『大洞眞經三十九章全的艾·中國古道敎史硏』, 吉川忠夫編 京者同明, 1992.

石井昌子, 『眞誥 に說く「靜室」について』, 秋月觀暎 編, 道敎と 宗敎文化, 東京: 平河出 版社, 1987.

慧 遠 著, 『觀無量數經義疏』.

智 顗 著, 『觀無量壽佛經疏』.

Catherine Despeux, *Taoisme and Self Knowledge, Chart for the Cultivation of Perfection (Xiuzhen tu)*, BRILL LEDEN BOSTON, 2018, p.70.

Catherine Despeux, *Taoisme et Corps Humain Le Xiuzhen Tu*, Paris, 1994.

Isabelle Robinet, *Taoist Meditation*, paris, 1993.

Henri Maspero, *Les procedes de Nourrir le Principe Vital dans la Religion Taoiste Ancienne* : Journal Asiatique Tome CCXXIX, 1937. p.194.

Louis Komjathy, *Mapping the Daoist Body, Part One: The*

Neijing in History, Journal of Daoist Studies (JDS) volume 1, 2008.

Richards, *Practical Criticism, A Study of Literary Judgment*, New York, Harcourt, Brace and Company, 1935, pp. 223-244.

【약어 Abbreviations】

DZCT: 아래 『正統道藏』 색인 분류에 따라 본 논문의 각주에 DZCT로 병기하여 표기한다.

DZ: Kristofer Schipper et al., Concordance du Tao Tsang (Paris: Ecole Francaise d'Extreme-Orient, 1975.)

CT: Daozang道藏. Refers to the Zhengtong daozang正統道藏(Daoist Canon of the Zhengtong Reign), the Ming dynasty Daoist Canon of 1445, including the 1607 supplement. Numbers follow TIDC, which parallel CT and Historical Companion to the Daozang by Kristofer Schipper and Franciscus Verellen et al. (Chicago: University of Chicago Press, 2004).

A study on the Xiuzhentu(修眞圖)
- Focusing on the route of Cunsi and Neidan -

Kim, Sang-Tae
Department of Kookhak
University of Brain Education

Xiuzhentu(修眞圖) is a body drawing that expresses two training methods, Cunsi(存思) and Neidan(內丹), in writing and pictures. Looking at the origins of Xiuzhentu, during the period of WeiJin South and North Dynasties, Cunsi Technique(存思技法) training corporation exists Shangqing school(上淸派) as a picture in 『Dadongzhenjing(大洞眞經)』. And the Neidan Technique(內丹技法), a Zhonglu school(鍾呂派) training corporation at the late Tang and five dynasties, exists in a 『Zhongluchuandaoji(鍾呂傳道集)』 as a literature. Later, in the end of the 19th century Qing Dynasty, the trainees of the Zhonglu denominations create a picture of Xiuzhentu, expressed the human body as a head (Shangdantian), chest (Zhongdantian), and lower abdomen (Xiadantian), crossing both legs(結跏) schematized the figure of the performer in writing and drawing, and recorded it in the inscription(碑文).

The purpose of this study was to analyze the iconography of Xiuzhentu, focusing on the movement route of energy, Cunsi and Neidan. In the era of Zhonglu trainees, the concept of the deity moving route of Shangqing changed into the concept of

Neidan breathing practices. In addition, the purpose is to look at the Shangqing school Cunsi technique as a top-down method(내림공부) and the Zhonglu school inner-dan technique as a bottom-up method(올림공부) and to suggest that the Cunsi and Neidan training methods coexist on the same line in terms of the moving route. For achieving its goals, Xiuzhentu was reviewed, analyzed and reinterpreted from the following three perspectives.

First, 『Dadongzhenjing(大洞眞經)』, 『Huangtingjing(黃庭經)』 and 『Dengzhen yinjue(登眞隱訣)』, which are scriptures of Shangqing denominations system, and Zhonglu school system, were reinterpreted as the background of the analysis of Zhonglu school system, 『Zhongluchuandaoji(鍾呂傳道集)』 and 『Lingbaopifa(靈寶畢法)』. 『Dadongzhenjing』 is composed of the 39 chapters, and the internal gods preside over the role of guardian spirits in 39 specific parts of the human body. 『Huangtingjing』 is composed of 36 chapters, and the internal gods preside over the role of the main god in the organs of the liver, heart, spleen, lungs, kidneys, and gallbladder. It consists of the lower part, and the immortals called Guijin(九眞) live in the Niwan Palace called Touding(頭頂), and preside over the central role of the human body. 『Zhongluchuandaoji』 consists of 18 theories, and 『Lingbaopifa』 consists of 10 chapters in the upper and lower volumes. It explains the three fields of upper dantian, middle dantian, and lower dantian, and presents the flow of energy inside the human body that occurs in Neidan technique training.

Second, when examining the performance of Shangqing school trainees' in the Cunsi technique, in 『Dadongzhengjing』, swallowing saliva when performing the Cunsi technique is called Yanjin(咽

ABSTRACT   299

津), and the essence (津液) is transformed into the body deity, and Niwan(泥丸), Jianggong(絳宮), and Kidney(腎臟), Weilu(尾閭), Jiaji(夾脊), Yuzhen(玉枕), etc., settled down and settled in each part of the human body as a guardian deity. 『Huangtingjing』 and 『Dengzhenyinjue』 only mention the name of the body deity and do not suggest the process of moving Cunsi technique. In the 『Zhongluchuandaoji』 and 『Lingbaopifa』 of the Zhonglu school, the jade liquid presented in 『Dadongzhenjing』 was transformed into jade liquid or gold liquid, and was converted into jade liquid haidan(玉液還丹) and gold liquid haidan(金液還丹). It was seen that the Dan(丹) was completed and circulated to Rendumai(任督脈) through the inner route of the three gates(三關), Weilu(尾閭, Jiaji(夾脊) and Yuzhen(玉枕). This means that the body deity presented by Shangqing school disappeared in the inner-dan technique of the Zhonglu school and was transformed into energy through breathing, which became the theoretical basis for inner-dan training. In particular, in Chapter 4 of the Jingwen(經文) of 『Dadongzhenjing』, it is suggested that god is transformed into Dan(丹), and in the Zhonglu school 『Zhongluchuandaoji』, 「lunneiguan」, the Shangqing school's concept of Cunsi technique is accepted as the concept of contemplation, sitting, and imagination.

Third, Xiuzhentu suggests Rendumai through Santian(三田) and Sanguan(三關). As it can be seen from the scriptures of Zhonglu school and Shangqing school, the practitioners of Zhonglu school circulate the movement of breath through the Sanguan and Santian Rendumai route with the inner dan technique, Shangqing school practitioners' Cunsi techniques allow most of the body's deity to circulate through the path of Rendumai. It can be seen that the Cunsi technique and the inner breathing technique have a close relationship with each other in terms of the moving route of energy and are reflected in Xiuzhentu.

In addition, this study shows that the flow paths of these two energy flows, namely the internal body deity and internal breathing, are reflected in Xiuzhentu, so that the Shangqing school's Top-down method(내림공부) and the Zhonglu school's Bottom-up method(올림공부) are training methods that are on the same line. therefore, this study can be used as the basic data for Shangqing school's Cunsi training and Zhonglu school's Neidan training as well as research related to Xiuzhentu from the viewpoint of the route of Cunsi and Neidan.

中文摘要

修眞圖 研究
− 以存思法和內丹法爲中心 −

金相兌 博士
國際腦教育綜合大學院 國學科

　　修眞圖是以圖文的形式存在，並體現存思法和內丹法兩種修行方法的身體圖面。根據資料記載，修眞圖的起源可追溯到魏晉南北朝時代，此時上清派的修行方法稱爲存思法，且以圖譜的形式收錄於『大洞眞經』中。而唐末五代鍾呂派的修行方法稱爲內丹法，以文獻的形式收錄於『鍾呂傳道集』中。此後，19世紀清晚期，尊崇鍾呂派的修行者繪製出修眞圖。修眞圖中，將人體分爲頭部（上丹田），胸部（中丹田），下腹部（下丹田），且兩腿交叉，以結跏趺坐的修行者形象用圖文的形式記錄在碑文上。

　　本文通過分析修眞圖的圖文，以存思和內膽中元氣的移動路徑爲主要研究目的。上清派的修行者以存思法爲修行理念，隨着鍾呂派時代的到來，出現了體內神存思術轉變爲內丹呼吸修行的情況，這也爲內丹術的形成提供了理論背景。同時，上清派的存思術可以視爲下向式修行方法，而鍾呂派的內丹術可以視爲上升式修行方法。提出這一點的目的在 於存思術和內丹術在氣的移動路徑側面來看是可以共存的。爲了達到這一目的，本文從以下三個角度對修眞圖進行考察，分析和再解析。

　　第一，以上清派系的經典書籍『大洞眞經』，『黃庭經』，『登眞隱訣』和鍾呂派系的經典書籍『鍾呂傳道集』和『靈寶畢法』爲重點，作爲對修真圖進行分析的理論背景，對其重新詮釋。『大洞真經』全書由39章經構成，體內神在人體特定的39個部位承擔守護神的職責。『黃庭經』全書共36章，其體內神在人體的心・肝・脾・肺・腎・膽五臟六腑器官中發揮主神作用。『登真隱訣』由上・中・下卷構成，有九真之稱的神仙住在頭頂部的泥丸宮（奇恆之腑），起到控制人體中樞的作用。『鍾呂傳道集』全文共18論，『靈寶畢法』全文分上・下卷共10章。對三關（尾閭，夾脊，玉枕）和上丹田，中丹田，下丹田進行了說明，揭示了內丹術修行中體內產生的元氣的走向。

第二，從上清派修行者的存思術修行方法來看，根據『大洞真經』中修行存思術時吞嚥唾液稱爲咽津，津液變身爲體內神並且通過泥丸，絳宮，腎臟，尾閭，夾脊，玉枕 等存思路徑在人體內各部位作爲守護神安身居住。『黃庭經』和『登真隱訣』 中只提及了體內神的名字，並沒有指出存思移動的過程。鍾呂派系的 『鍾呂傳道集』和『靈寶畢法』中指出 『大洞真經』 裏提及的津液轉變爲玉液或金液，通過龍虎交媾形成玉液還丹和金液還丹。轉化爲丹以後，作爲肘後飛金晶通過尾閭，夾脊，玉枕這三關的內丹移動路徑循環到任督脈。這便意味着，在鍾呂派的內丹術中上清派提出的體內神消失不見，通過呼吸轉變元氣的方法成爲內丹修行的理論基礎。特別是在『大洞真經』 第四章經文中提出神仙轉變爲丹，鍾呂派的 『鍾呂傳道集』《論內觀》中提到，上清派的存思概念由內觀、坐忘、存想的概念所容納。

第三，修真圖提出了通過三田和三關打開任督脈。通過鍾呂派和上清派的經典可以看出，鍾呂派的修行者通過內丹術通過三關和三田打開任督脈，使得元氣通過任督脈流通。而上清派修行者的存思術則是大部分體內神通過任督脈途徑循環。由此可見,修真圖中反映出的存思術和內丹術在元氣移動路徑方面具有密切的關聯性。

此外，本研究體現了修真圖中體內神的存思和內丹呼吸這兩種元氣的流動路徑，表明上清派的下向修行的存思法和鍾呂派上升修行的內丹法互爲同線的修行方法。因此，本研究從存思和內丹的角度出發，不僅可以活用於與修真圖相關的研究, 還可以作爲上清派的存思修行和鍾呂派的內丹修行基礎參考資料。

關鍵詞：修真圖, 存思, 內丹, 黃庭經, 大洞真經, 鍾呂傳道集, 下向式修行法, 上升式修行法

부록

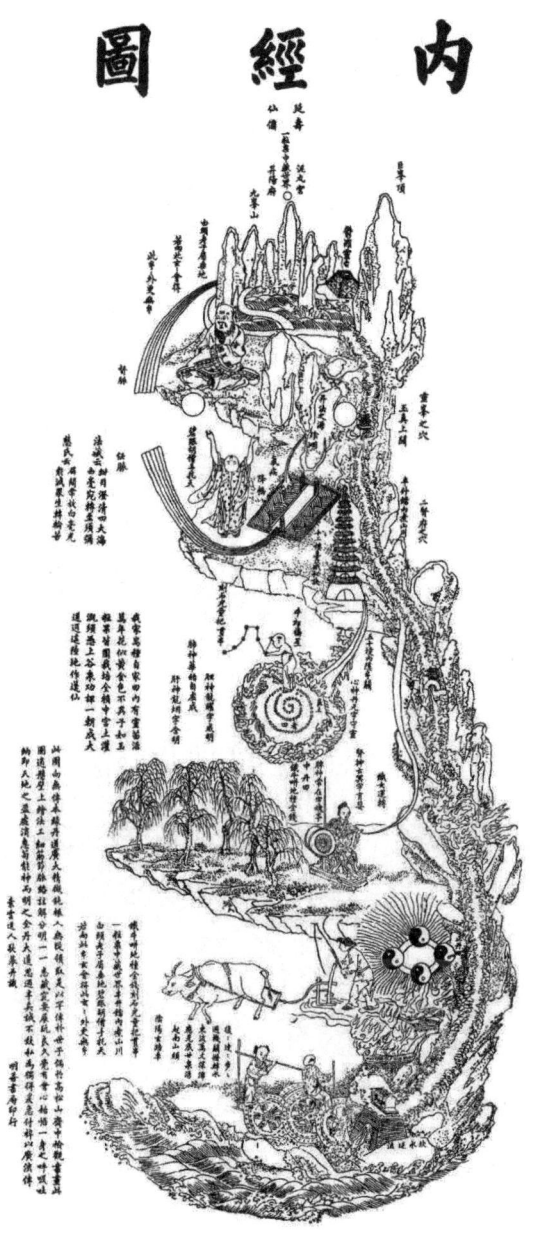

내경도 해석

위 『내경도』는 북경 백운관 판본으로 카트린 데스페(Catherine Despeux)[1])와 루이스 콤자티(Louis Komjathy)[2])의 논문 판본을 저본으로 해석하였으며 본 연구자는 이를 1.상단전(上丹田), 2.중단전(中丹田), 3.하단전(下丹田), 4.호흡토납(呼吸吐納)으로 구분하여 해석, 분석하였고 원문은 아래와 같이 주석으로 표기하여 주해하였다.

1. 상단전(上丹田)

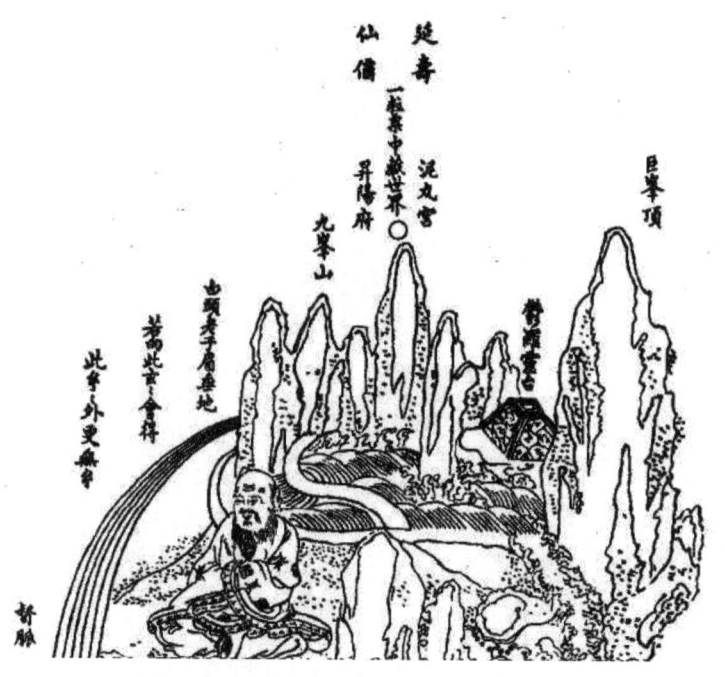

---

1) Catherine Despeux, *Taoisme et Corps Humain Le Xiuzhen Tu*, Paris, 1994, pp.44-48.
2) Louis Komjathy, *Mapping the Daoist Body, Part One: The Neijing in History*, Journal of Daoist Studies (JDS) volume 1, 2008, pp.76-77.

"거대한 봉우리 정상에 명(命)을 이어 니환궁(泥丸宮) 좁쌀 알 하나 가운데에 세계가 감추어져 있으니 선불(仙佛)이 빛 고을에 올라 구봉산, 울라영대(鬱羅靈臺), 백두노인은 눈썹이 늘어지고, 만일 이 가운데에 현(玄)을 얻게 한다면, 이 현(玄)외에는 더욱더 현(玄)이 없다."3) "독맥"4)

위 상단전 부분에 표현된 구봉산(九峯山)은 니환구궁(泥丸九宮)을 가르킨다. 니환의 구궁은 명단궁, 동방궁, 니환궁, 류주궁, 옥제궁, 천정궁, 극진궁, 현단궁, 천황궁이다. 『황정경주해』에는 "양미간 1촌을 들어가면 명단궁이라 하고 2촌 들어가면 동방궁이라 하며, 3촌 들어가면 니환궁, 4촌 들어가면 류주궁, 5촌 들어가면 옥제궁이라 한다. 명당궁 위 1촌이 천정궁이며, 동방궁 위 1촌이 극진궁, 니환궁 위 1촌이 현단궁, 류주궁 위 1촌이 천황궁이라 한다."5) 라고 설명하고 있다.

또한 위『내경도』상단전 부분에 표기된 백두노자(白頭老子) 눈썹, 현현 표현은 순양여조 시구에서 인용된 문구로 아래와 같다.

"철소는 경작지에서 돈을 심고, 돌을 새기면 어린아이가 관통하게 된다. 한 알의 기장 속에 세계가 숨겨져 있고, 2리터 안에 산과 강을 끓인다. 백두노인은 눈썹이 늘어지고, 푸른 눈꺼풀이 하늘을 가리켰다. 만일 이 중현을 얻게 한다면, 이 현외에는 더욱더 현상이 없다."6)

---

3) "巨峯頂, 延壽, 泥丸宮, 一粒粟中藏世界, 仙佛, 昇陽府, 九峯山, 鬱羅靈臺, 白頭老子眉垂地, 若向此玄玄會得, 此玄玄外更無玄."
4) "督脈.": 寄經八脈
5) 『黃庭經註解』: "兩眉間入一寸爲明堂宮, 入二寸爲洞房宮, 入三寸爲泥丸宮, 入四寸爲流宮, 入五寸爲玉帝宮, 明堂宮上一寸爲天庭宮, 洞房宮上一寸爲極眞宮, 泥丸宮上一寸爲玄丹宮, 流珠宮, 上一寸爲天皇宮."

『태을금화종지』, 「천심」에서는 위 상단전 울라영태(鬱羅靈台)을 울라소태(鬱羅蕭台)라고 표현하는데 이 부분에 대한 내용을 다음과 같이 설명하고 있다.

"여조(呂祖)께서 말씀하시길,……중략……금화란 곧 빛을 말한다. 빛이 과연 무슨 색인가? 금화라고 하는 상징을 취한 것이며 그 안에 하나의 빛이라는 글자를 비밀스럽게 담고 있으니 그 안에 선천의 최상의 참된 기가 있음을 말하는 것이다. 이는 『입약경(入藥鏡)』이라는 문헌에서 '물을 고향으로 삼는 납[鉛]은 그 맛이 한 가지이다.' 라고 하는 것이 바로 이것이다. 납은 감(☵)괘의 두 음효(--) 사이에 있는 양효(-)에 해당한다. 빛을 되돌려 비추는 수행의 공을 이루는 것은 온전히 역수반원의 방법을 사용하는 것으로 하늘의 중심(天心: 상단전이나 하단전, 여기에서는 상단전)에 생각을 모두 집중하는 것이다. 하늘의 중심은 해와 달 사이에 있는데 『황정경』에서는 "사면이 한 자 정도 되는 집의 가운데 있는 사방 한 치 정도 되는 평평한 곳이 힘차게 살아 나오고 있는 참된 기[眞氣]를 다스릴 수 있다(寸田尺宅 可治生)고 말하였다. 한 면의 길이가 한 자 정도 되는 집이란 얼굴을 말하는 것이니 얼굴 위에 있고 사방이 한 치 정도 되는 평평한 곳이란 바로 하늘의 중심이 아니고 어디이겠는가? 사방 한 치 정도 되는 그 가운데에는 약초들이 빽빽하게 널려 자라고 있는 높은 대와 천계에 있는 옥경단궐의 기이함을 갖추고 있으며 나아가 지극히 텅 비고 신령한 신(神)이 집중하는 곳으로서 유가에서는 허중이라고 하고 불가에서는 영대라고 하며 도가에서는 조사라고 하고 황정, 현관, 선천규라고 한다."[7]

---

6) 呂祖, 『七言・铁牛耕地种金钱』: "铁牛耕地种金钱, 刻石时童把贯穿, 一粒粟中世界, 二升铛内煮山川, 白头老子眉垂地, 碧眼胡儿手指天, 若向此中玄会得, 此玄玄外更无玄."
7) 『太乙金華宗旨』, 「天心」: "呂祖曰,…중략…金華即光也, 光是何色, 取象金華, 亦祕一光字, 在內是天仙太乙之真氣, 水鄉鉛只一味者, 此也. 回光之功, 全用逆法, 注想天心, 天心居日月中, 黃庭經云, 寸田尺宅可治生, 尺宅面也, 面上寸田, 非天心而何方寸, 中具有鬱羅蕭台之勝, 玉京丹闕之奇, 乃至虛至靈之神

또한 『전통도장』,「동진부」에 기록된 『원시천존설득도료신경』에 울라소태(鬱羅蕭台)에 대하여 아래와 같이 기록하고 있다.

"그때, 원시천존(元始天尊)은 옥청성경(玉清聖境) 청미천궁(清微天宮) 울라소태(鬱羅蕭台)의 가운데 삼라만상(森羅萬象)의 깨끗함과 깊은 위에 있었다. 허무자연 원시천존(元始天尊)이 유위(有爲)로서 나타나서 眞聖(진성)에게 원시(元始) 무극대도(無極大道)를 넓혔으며, 혼돈에서 선천(先天)이 분화되지 않은, 참으로 오묘한 이론과 맑고 깨끗한 무위(無爲)의 참된 천도(天道)를 명백하게 드러내 보였으며, 여러 천상계의 신선들을 위하여, 이 『생천득도전신료신경(生天得道全眞了身經)』을 설하였다."8)

2. 중단전(中丹田)

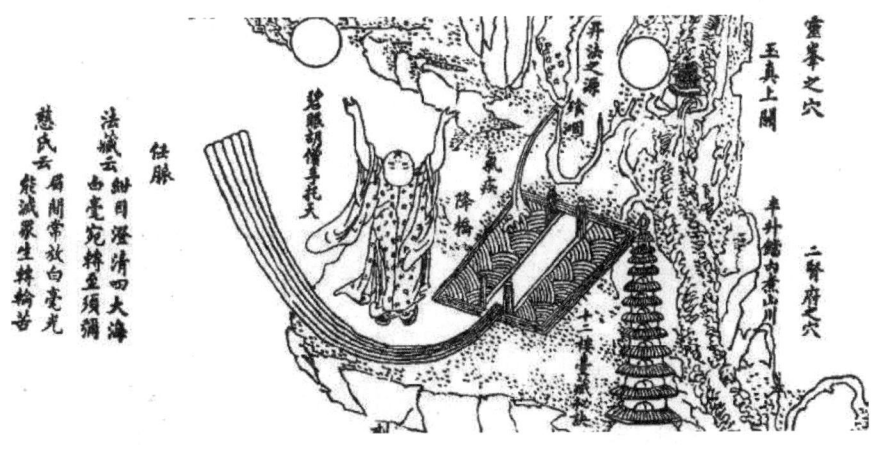

所注, 儒曰虛中, 釋曰靈台, 道曰祖土, 曰黃庭, 曰玄關, 曰先天竅."

8) 『正統道藏』「洞眞部」, 元始天尊說得道了身經 又名 生天得道全眞了身經: "撰人不詳, 似出於宋元時期一卷.底本出處:『正統道藏』洞眞部本文類, 『元始天尊說得道了身經』"爾時, 元始天尊在玉清聖境清微天宮鬱羅蕭臺之中, 森羅淨泓之上, 現虛無自然有為眞聖相, 恢元始無極大道, 闡揚混沌未分先天眞奧妙論, 清靜無為全眞大道, 為諸天仙眾說此『生天得道全眞了身經』."

"신령스러운 봉우리의 혈 자리 진실로 옥액이 상관으로 이어지는 근원의 법이니 후두 목구멍으로 두 신장부의 혈 자리에 이르러 솥 가마에 산천을 달이니 12누대에 비결이 감추어져 있다. 기병(氣病)9)이 내리는 다리이다. 푸른 눈의 승려가 하늘을 손으로 받쳐 들고 있다.10) 임맥으로 법장에 이르기를 검푸른 맑은 눈은 사해를 청정하게 하고 눈썹 사이의 흰털은 수미산보다 5배나 된다.' 미륵부처님이 이르시길 눈썹 사이에 백호의 빛이 방사하니 능히 중생의 윤회 고통을 멸한다."11)

위 원문 『내경도』의 중단전 그림 부분을 살펴보면 상청파 존사기법과 종려파의 임독맥 내단기법을 설명하고 있는데 눈 푸른 수행승 즉 보리달마 조사가 손으로 하늘을 받치고 있는 모습을 삽화로 표현하고 있고 불교 우주론인 수미산을 인용하며, 『관무량수경』에 서술된 미륵부처님의 흰 눈썹 백호(白毫) 형상을 설명하고 있다. 이는 『내경도』가 『수진도』에서 설명하고 있는 존사기법과 내단기법을 수용하고 있음을 보여준다. 또한 위 표현은 존

---

9) 『제병원후론(諸病源候論)』, 기병제후(氣病諸候): "장부와 경락(經絡)의 기기(氣機)가 고르지 못한 병증. 기분이 울적하거나 근심, 걱정으로 생기는 병이다."
10) 손으로 하늘을 받치고 있는 푸른 눈의 스님 그림에는 허리를 뒤로 젖히고 얼굴을 위로 향하게 하고 두 손을 하늘을 든 것처럼 승려의 모습이 그려져 있다. 내경도의 수행자이다. 수행자의 영성은 인간의 기초이므로 자연으로 돌아가기 위해 "영"을 수행하는 것은 수행자가 부처를 수행하는 것과 같다. 사람의 본성은 하늘에 있음을 알기에 하늘의 '공허함'은 본성을 단련하는 길이다. 두 손으로 하늘을 잡고 있는 자세는 하늘과 연결되어 있다는 뜻이다. 그리고 두 눈이 하늘을 올려다보고 있고, 그 눈에 하늘색 맑은 하늘이 반사되어 푸른 눈의 호승(胡僧)이라고 한다. 『황제내경』의 그림을 인용하고 있다.
11) "靈峯之血, 玉眞上關, 承法之源, 殨咽, 二腎府之穴, 牟昇鐺內煮山川, 十二樓臺藏祕訣, 氣病, 降橋, 碧眼胡僧手托天, 任脈, 法藏云, 紺目澄清四大海, 白毫婉轉至須彌, 慈氏云, 眉間常放白毫光, 能滅衆生轉輪苦,"

사기법 중 체내신을 존사 할 때 침이 두정에서 상관(上關)과 하관(下關) 두 혈자리를 지나 인후의 12중루를 거처 하단전인 두 신장으로 내려오는 존사기법을 내단기법으로 설명하고 있음을 알 수 있다. 위『내경도』에서 인용하고 자씨(慈氏)는 미륵부처님의 성(姓)인데 부처님을 인용하는 것으로 보아『내경도』와『수진도』의 저자는 삼교회통을 주장하는 종려내단파를 수행하는 이들의 저작임을 알 수 있다. 천태종의 혜원(慧遠)의『관무량수경소주』와 지의(智顗)의『관무량수불경소』에는 "아미타불의 크기는 수미산의 높이와 너비의 5배라고 한다. 무량불경(大佛經 2, 3, 4, 3)에 나오는 부처의 몸에 대한 아홉 번째 견해로 눈썹 사이의 흰털이 오른쪽으로 도는 것이 다섯 배나 되는 수미산과 같다. 높이 336만 리로 폭과 폭이 모두 같으며 아미타불이 이보다 5배나 더 많아 오수미(五須彌)라 부르는데, 이는 5개의 수미산을 지칭하는 것이 아니다.12) 라고 설명하고 있다. 또한 송대 택영(擇瑛) 선사는 위『무량수경』을 인용하여 7언시를 썼는데 다음과 같다.

"아미타부처님의 몸은 황금색으로 그 모습이 빛나고 밝으니 비교할 수 없고, 백호는 마치 수미산의 5배로 전환되니 검푸른 맑은 눈은 사해를 맑게 하고, 빛 속에서 셀 수 없는 부처님으로 화신하고 보살로 화신하니 역시 무변이다. 중생을 제도하기 위해 48가지 원을 세우니 피안에 오르는 구품 연대와 같다."13)

---

12) 慧遠 著,『觀無量數經義疏』, 智顗 著,『觀無量壽佛經疏』: "謂阿彌陀佛之毫相大小猶如五倍須 彌山之高廣, 出自觀無量壽佛經之第九佛身觀 (大一二·三四三中), 眉間白毫, 右旋宛轉, 如五須彌山, 須彌山舉高三百三十六萬里, 縱廣亦然, 而彌陀之毫相超過此五倍, 故稱五須彌, 非指五座不同之須彌山."
13) "阿彌陀佛身金色, 相好光明無等倫, 白毫宛轉五須彌, 紺目澄清四大海, 光中化佛無數億, 化菩

"오십 경내에 현관(玄關)에 은거하니, 심신의 이름은 단원이요 자는 수영이다. 견우가 은하수 다리를 건너니 어진 선비이며 밭을 일구는 자이다. 돌을 새기는 아이는 집중한다. 담신의 이름은 용요요, 자는 위명이다. 폐의 신은 화호이고 자는 허성이다. 간신은 용연이고 자는 함명이다. 나의 집은 스스로 밭을 가꾸니 안에 싹이 있으면 만년을 살 수 있다. 꽃은 황금색과 같고 다르지 않으니, 씨앗은 마치 옥알 같아 과위가 모두 원만 하다. 묘목을 심는 것은 모두 중궁(中宮)의 토에 의뢰하니 관개 수로는 곡천이 증빙한다. 공과는 하루아침에 대도를 이루니, 한가로이 육지를 거닐며 봉선을 이룬다. 직녀가 운전하니 신신의 이름은 상재요, 자는 혼정이다. 중단전에 쇠소가 밭을 갈고 황금을 심는다."14)

薩衆亦無邊, 四十八願度衆生, 九品咸令登彼岸."

14) "五十境內隱玄關, 心身丹元字守靈, 牛朗橋星, 良士, 田者, 刻石兒童把貫串, 膽神龍曜字威明, 肺神華皓字虛成, 肝神龍烟字含明, 我家嵩種自家田, 內有靈苗活萬年, 花似黃金色不異, 子如玉粒果皆圓, 栽培全賴中宮土, 灌漑須憑

위 내경도의 설명은 『황정경』의 오장육부의 체내신 이름을 기록하고 있는데 『수진도』에 기록된 체내신 이름과 같다. 이는 상청파의 체내신을 설명하고 있음을 알 수 있다. 견우와 직녀를 설명하며 중궁을 중요시 여겨 관계수로에 비유하고 있으며, 중단전을 "쇠로된 소가 밭을 일군다"라고 표현하고 있어 내단기법을 설명하고 있다.

3. 하단전(下丹田)

"정단전, 감(坎)괘 물이 역류하니 연이어 만 길 깊은 못은 바닥을 드러내고. 감천이 남산 꼭대기에서 솟아오르다. 음양의 신비로운 물방아와 쇠소는 밭을 갈고 황금을 심는다. 어린아이가 중심을 꿰뚫어 잡고 한 톨의 좁쌀에 세상이 감추어져 있으며 솥 안에 산천을 삶으며 짝하니, 백두노인이 눈썹을 휘날리고 눈 푸른 호승이 손으로 하늘을 받드니, 이 현현한 것을 얻으면, 이 현현한 것 밖에는 더

上谷泉, 功課一朝成大道, 逍遙陸地作蓬仙, 織女運轉, 腎神玄冥字育嬰, 脾神常在字魂亭, 中丹田, 鐵牛耕地種金錢,"

욱 현현한 것이 없다."15)

4. 호흡토납(呼吸吐納)

此圖向無傳本綠丹道廣大精微鈍根人無從領取是以平偉於世子偶於高松山齋中檢觀書畫此
圖適懸壁上繪法工細筋節脈絡註解分明一一忠藏究要展玩良久覺有會心始悟一身之呼吸吐
納即天地之盈虛消息筍能神而明之金丹大道思過半矣誠不敢私為獨得爰急付梓以廣演傳

素雲道人敬摹并識

明善書局印行

---

15) "正丹田, 坎水逆流, 復復連連步走, 萬丈深潭應見底, 甘泉湧起南山頭, 陰陽玄踏車　鐵牛耕地種金錢, 刻石兒童把貫串, 一粒粟中藏世界, 牛昇鐺內煮山川, 白頭老子眉垂, 碧眼胡僧手手天托天, 若向此玄玄会得, 此玄玄外更無玄."

"이 내경도는 전하지 않으니, 본연의 단도(丹道)가 넓고 정밀하다. 선근이 둔한 사람은 받을 길이 없으니 이로써 희귀한 것을 세상에 널리 알린다. 뜻하지 않게 고송산(高松山) 재중에 마주하고. 내경도의 글과 그림를 검열하니 이 그림을 벽에 걸기에 적합하고 묘법이 정교하고 세밀하며 근절맥락의 주해가 분명하다. 주요점이 하나하나 자세히 숨겨져 있으니 노니는 마음에 회심을 느낀다. 깨달음의 시작은 일신의 토납호흡(吐納呼吸)에 있으니, 즉 천지의 영허한 소식이다. 신(神)을 능히 밝힐 수 있으면 금단대도는 반쯤 이루었다 생각하니 감히 사사로이 홀로 갖지 못하고 완급이 널리 전한다. 소운도인이 새긴 것을 경모한다. 명선서국인행"16)

---

16) "此圖向無傳, 本緣丹道廣大精微, 鈍根人無從領取, 是以罕傳於世, 子偶於高松山齋中, 檢觀書畫, 此圖適懸壁上, 繪法工細, 筋節脈絡註解分明, 一一悉藏竅要, 玩良久覺有會心, 始悟一身之呼吸吐納, 卽天地之盈虛消息, 苟能神而明之, 金丹大道思過半矣, 誠不敢私爲獨得, 緩急付梓以廣流傳, 素雲道人敬摹幷識, 明善書局印行."

김상태

나주에서 태어나 고려대 중어중문학과를 졸업하고 프랑스 파리4대학 소르본대고등종교과학원(EPHE Section Sciences religieuses)에서 Taoïsme 수학, 국제뇌교육종합대학원(UBE) 석사, 국학박사, 스리랑카 샹카불교대학 명예불교철학박사, 일관도 교육원장 및 일관대학 도가학과 교수.
논문으로 「일관도 왕각일 조사의 삼교합일론」, 「수진도에 관한 연구」, 「일관도 천명관에 관한 소고」, 「왕각일의 삼교합일론에 내함된 유불도의 핵심사상」, 「일관도의 삼보심법론」 등이 있으며
그의 연구 방향은 한국 선도와 중국도가사상 및 중국민간종교사상, 유불선 삼교합일사상이다.

수진도(修眞圖) 연구

초판인쇄 2023년 11월 23일
초판발행 2023년 11월 30일

저 자 김상태
펴낸곳 혼속출판사
펴낸이 김재천

등 록 2021-000019호
서울 성북구 동소문로10길 30, 3층
(삼선동4가)
전화) 02-822-6294
팩스) 02-815-8680

ISBN 979-11-973758-7-3

값 18,000원